Der Klang von Dunkel und Licht

Conny Lüscher
Constanze de Forest

Der Klang von Dunkel und Licht

Fantasyroman

Natürlich ist in diesem Fantasyroman alles frei erfunden. Obwohl – das stimmt so nicht ganz. Denn Feewyn, Woreen, Tulka und all die anderen haben mich regelrecht dazu gezwungen, ihre Geschichte aufzuschreiben. Also in Tagland und Westland gibt es sie wirklich.

Erstausgabe

Kontakt: conny@connyluescher.ch
Website: www.connyluescher.ch
ISBN: 978-3-9525662-3-7
Cover Design: RUDOLFBADEN.KI

Lektorat: Regine Weisbrod

Inhalt

Es begann vor siebzehn mal zwölf Monden

„Kannst du es spüren? Sie sind schon ganz nah.“ Edin tastete nach der Hand ihrer Schwester.

„Wir können ihnen nicht beistehen“, erwiderte Nama.

Sie standen nebeneinander in der klammen Stube ihrer Hütte, die immer mehr zerfiel. So, als fräße sich das Böse, das man ihnen angetan hatte, unaufhaltsam weiter durch die Mauern. Nagend wie mit Zähnen bis unter das Dach.

Hand in Hand traten sie vor das Haus und starrten mit ihren blinden Augen in die Richtung, aus der die Geräusche kamen. Sie kamen von weit her, aber ihr feines Gehör nahm sie wahr. Und auch wenn ihre Schwester Nomed ihnen das Augenlicht genommen hatte, konnten Edin und Nama immer noch hellsehen. Schemenhaft wie durch Schneegestöber, aber der Fluch hatte ihre Gabe nicht völlig ausgelöscht.

„Kehrt um! Flieht!“, schrie Nama.

Edin ließ sie gewähren, obwohl sie wusste, dass es sinnlos war.

Nomed und ihre Schergen waren schon ganz nah, Cassia konnte ihnen nicht entkommen.

Nama sank weinend auf die Knie und raufte sich die Haare. „Verflucht sollst du sein, hörst du mich, Nomed? Verflucht und für alle Zeiten mit deinen Dämonen im Feuer brennen!“

Edin zog sie hoch, nahm sie in die Arme und streichelte ihr den bebenden Rücken. Einst hatte man die drei Schwestern geachtet und hochgeschätzt. Die weisen Frauen, Hexen mit uraltem Wissen und gewaltigen Kräften. Um Rat und Beistand gebeten von den Menschen, den Leibwandlern und sogar vom König der Meereswesen. Bis zu jenem Tag, als Nomed dem König des Westlands verfiel und Edin und Nama mit einem Bann belegte. Ihnen das Augenlicht und ihre Kräfte nahm und an König Brons Seite zu einem finsteren Wesen wurde, dessen Herz sich in einen Stein verwandelt hatte.

Eine Dienerin des Königs, der die Clans unterjochte, das Volk der Leibwandler fast ausgelöscht und aus den Überlebenden Sklaven für seine Minen gemacht hatte. Und dem es nach mehr dürstete. Nach der alleinigen Herrschaft über die Völker.

Und solange Nomed ihm treu ergeben war, blieb Bron unbesiegbar.

„Flieht! Flieht! Kehrt um!“, schrie Edin, und Nama stimmte ein.

Auch wenn es vergebens war, es war das Einzige, was sie tun konnten.

Kalter Nebel legte sich über ihre Gesichter und gefror zu einer dicken Eisschicht.

Ihre Rufe verstummten.

Cassia lag unter Felldecken begraben auf dem Karren und stöhnte leise. Das Kind in ihrem Bauch trat heftig um sich.

„Still, still", flüsterte Cassia und strich über die Wölbung. An der Wange spürte sie den Atem ihres zweijährigen Sohnes, der so tief schlief, dass er das Rütteln des Wagens gar nicht wahrnahm, als er über ein paar Löcher auf dem Pfad rumpelte.

Cassia war dankbar, dass er schlief. Sie war von der beschwerlichen Reise zutiefst erschöpft, aber sie durften nicht rasten. Eine innere Unruhe, die Vorahnung eines Unheils, das sie einholen könnte, trieb sie weiter.

Wäre Cassia nicht schwanger gewesen, hätte sie in der Gestalt eines Pferdes ihren Sohn auf dem Rücken zu den Hexen getragen, in Sicherheit gebracht.

Doch Frauen, die ein Kind unter dem Herzen trugen, konnten ihre Gestalt erst nach der Geburt wieder wandeln. Und Kinder erlangten die Gabe erst bei der Geschlechtsreife.

Falls sie überlebten. Falls sie entkommen konnten. In den Dörfern gab es kaum noch einen Erwachsenen, der ihnen beistehen konnte.

Und nun hatte Brons Heer ihre Stadt eingenommen. Ameer, einen Ort des Friedens zerstört. Cassias Heimat verbrannt, vernichtet bis auf ein paar traurige Ruinen, aus denen auch noch nach Tagen schwarzer Rauch hoch in den Himmel stieg.

Diejenigen, die beim Kampf nicht den Tod gefunden hatten, waren verschleppt worden. Und Cassia wusste, wie ihre Zukunft aussah.

Als Sklaven mussten sie König Bron dienen. In den Minen, auf den Feldern oder an seinem Hof, ohne Hoffnung, bis der letzte Funke Leben in ihnen erlosch.

Cassia wollte nicht aufgeben. Seit ihr Gemahl in einem Gefecht ums Leben gekommen war, war sie die Herrin der Leibwandler. Eine Bürde, die sie kaum mehr zu tragen vermochte. Aber sie musste es tun. Denn niemals mehr konnte sie den Anblick ertragen, wenn auf einen der ihren das Netz fiel.

Das Netz aus Kettar. Die Pfeilspitzen aus Kettar.

Sobald ein Leibwandler von diesem Metall berührt wurde, konnte er keine andere Gestalt mehr annehmen. Er wurde zu einem gewöhnlichen

Menschen, der nur noch die kümmerlichen Waffen in den Händen zur Verfügung hatte.

Ihr Volk hatte als Löwen gegen die Schergen gekämpft, die Angreifer als riesige Wildschweine mit scharfen Hauern niedergemetzelt, aus der Luft in Gestalt von mächtigen Greifvögeln gepackt oder als Schlangen gebissen und gewürgt.

Doch dann hatte Bron eine Waffe gefunden, gegen die sie machtlos waren. Kettar, ein Eisen, das nun von ihrem eigenen Volk aus dem Stein der Minen gehauen wurde.

Es gab nur noch einen Menschen, der verhindern konnte, dass ihre Art vollkommen ausgelöscht wurde.

König Wart, der Herrscher des Taglands.

Schon einmal hatte Cassia – damals gemeinsam mit ihrem Gemahl – bei ihm um Audienz gebeten. Damals, als sich die Zeichen gemehrt hatten.

Dass Bron die Grenzen überschritt. Verbrannte Erde und unzählige Tote hinterließ.

Doch König Wart hatte ihre Befürchtungen nicht ernst genommen. Wollte ihnen nicht zuhören.

„Ich verstehe Eure Sorgen“, hatte er gesagt und sich hilfesuchend nach seinen Beratern umgeblickt. „Aber könnt ihr Euch vollkommen sicher sein, dass Bron für diese Gräuel verantwortlich ist? Ich meine, es gibt leider viele gewissenlose, mordende Banden, die durch die Lande ziehen. Und was erwartet Ihr denn von mir?“ König Wart hatte sich weit nach vorne gebeugt und sie fast entschuldigend angeschaut.

Auf seinem juwelengeschmückten Thron sitzend, am Ende der großen Halle, in der jedes Wort nachhallte, als sprächen Geister aus den Wänden, wirkte er klein und schmächtig. Als würde er von all dem Prunk um ihn erdrückt.

„Sagt mir, was soll ich Eurer Meinung nach tun? Soll ich mit meinen Truppen bis an die Grenze marschieren? König Bron etwas unterstellen, wofür es keine Beweise gibt? Ihm drohen? Den Krieg erklären?“ Er verließ den Thron und stieg die Stufen zu ihnen herunter.

„Ich verstehe Eure Sorge, edle Dame, edler Herr. Aber Ihr müsst auch mich verstehen. Ich muss mich um das Wohlergehen meines Volkes bemühen. Wir leben nun schon so viele Jahre in Frieden, und nichts läge mir ferner, als diesen Frieden in Gefahr zu bringen.“

Cassia hatte die Angst in seinen Augen gesehen. Angst vor Bron, Angst um sein Königreich und Angst um seine Haut.

Unverrichteter Dinge waren sie heimgekehrt.

Cassia streckte den Kopf unter dem Fell hervor und blinzelte in das trübe Licht des schwindenden Tages. Über ihr ragten die mit Schnee beladenen Äste der Bäume in den Himmel, ihr Atem stieg wie feiner Dampf in die Luft. Es nahte die längste Nacht des Jahres, aber davor würde sie ihr Kind gebären. Es war unruhig, bewegte sich, als wolle es nicht mehr lange warten.

Sie würde nicht bei ihm bleiben können. Sie musste das Kind und seinen Bruder bei den weisen Frauen zurücklassen, damit sie sich erneut auf den Weg zu König Wart machen konnte, um ihn um Hilfe anzuflehen.

Cassia hatte die weisen Frauen noch nie aufgesucht, und es gab niemanden, der ihnen in den letzten Jahren begegnet war. Sie kannte nur die Geschichten, die man über die Schwestern erzählte, und Cassia hoffte auf ihre Güte und ihren Schutz.

Der Wagen hielt an, und Cassia richtete sich auf. „Sind wir da?"

Smelda, ihre Gefährtin und Vertraute seit Kindertagen, ließ den Zügel los, an dem sie das Ross durch den Wald geführt hatte, und eilte zu ihr.

„Etwas stimmt hier nicht", sagte Smelda und deutete nach vorne.

Cassia kniff die Augen zusammen. „Nebel, dichter Nebel. Aber das ist doch nicht ungewöhnlich um diese Jahreszeit?"

„Da sind seltsame Schatten. Und ich kann das Haus der Hexen nirgends sehen! Doch ich bin mir ganz sicher, dass es da vorne stehen müsste."

„Vielleicht haben wir uns verirrt?" Cassia hoffte, dass es so war, doch die böse Vorahnung, die sie die ganze Zeit begleitet hatte, richtete sich auf wie eine Schlange.

Das Ross, das vor den Karren gespannt war, schüttelte die Mähne und wieherte unruhig. Es war Cal, ein Knecht, der die Gestalt eines Pferdes angenommen hatte, um seine Herrin an diesen Ort zu bringen.

Cassia versuchte, etwas zu erkennen, aber außer den Nebelschwaden, die der Wind vor sich hertrieb, konnte sie nichts sehen.

„Lass uns etwas näher heran gehen", sagte sie und kletterte schwerfällig aus dem Karren. „Vielleicht haben die Hexen ja einen Schutzzauber um ihr Haus errichtet. Vielleicht ist das der Grund, dass man nur die Nebelschleier sehen kann." Es fiel ihr schwer, ihren eigenen Worten zu glauben, aber Smelda wirkte erleichtert.

„Ja, wahrscheinlich hast du recht", sagte sie und griff nach dem Zügel. „Komm, alter Mann, lass uns weitergehen."

Cassia hielt sich am Wagen fest, sie konnte kaum Schritt halten. Ihr Mantel schleifte über den Schnee und schien immer schwerer zu werden. Doch es war die bleierne Müdigkeit, die sie seit Tagen umfing.

„Das scheint mir ein mächtiger Schutzzauber zu sein", sagte Smelda und starrte auf das angsteinflößende Gebilde, das sich vor ihnen auftürmte.

Eine hohe Kuppel, geformt aus kalkweißen Stämmen, die aussahen wie Knochen, aus denen tausende winzige Dornen ragten. Sie glitzerten wie Eissplitter.

Cal stampfte mit den Hufen und warf den Schädel hin und her.

„Dem alten Mann gefällt das auch nicht", sagte Smelda.

Das, was ich die ganze Zeit befürchtet habe, ist schon geschehen, dachte Cassia. Es gibt keine Zuflucht mehr. Keinen Schutz.

Sie wurde von Schwindel erfasst und taumelte. Smelda hielt sie fest, bevor sie zu Boden sinken konnte.

Aus den Augenwinkeln sah Cassia, wie sich der Nebel an einer Stelle verdichtete. Verdunkelte, und schließlich eine Form annahm, die sie nicht einordnen konnte, die ihr widernatürlich vorkam.

Sie zweifelte schon an ihrem Verstand, als sich eine Frauengestalt aus den Schwaden schälte. Gekleidet in ein schwarzes Gewand, schillernd wie das Gefieder eines Raben. Dunkle Haare fielen ihr

bis zur Taille und umrahmten ein blasses, schönes Gesicht, in dem graue Augen funkelten.
Nein, die Augen waren grün. Oder doch rot? Cassia konnte den Blick nicht von ihnen abwenden. Fühlte sich wie gelähmt, denn vor ihr stand ein Wesen aus der Finsternis. Wie unter Wasser hörte sie Cal wiehern, als hätte man ihn gepeitscht. Smeldas Rufe, ihre Hände, die an ihrem Mantel zerrten, schienen weit weg.

„Willkommen, Herrin der Leibwandler“, sagte die Gestalt und näherte sich ihr. „Ich habe schon auf dich gewartet.“

Cassia versuchte zu sprechen, aber es war, als hätte sich ihr Körper in Eis verwandelt. Die Zunge klebte wie festgefroren an ihrem Gaumen.

Hinter der Frau tauchten vier Männer auf. Sie trugen die Uniform der Leibgarde König Brons. In den Händen hielten sie Ketten, an denen Rothunde mit weit aufgerissenen Mäulern zerrten.

Vor ein paar Wochen war Cassia zum ersten Mal diesen missgestalteten Tieren begegnet. Sie hatte vor Entsetzen aufgeschrien und wäre fast von einem Pfeil aus Kettar niedergestreckt worden. Die Hunde waren größer als wilde Eber, ihr Fell borstig, ihre gespaltenen Hufe messerscharf, und aus den Mäulern, die mit zwei Reihen spitzer Zähne bestückt waren, troff gelber, faulig riechender Speichel. Die Bestien waren schnell und hatten in der Stadt Ameer gewütet wie in einem Blutrausch. Jeden, der sich ihnen in den Weg stellte, rissen sie in Stücke. Wesen, geschaffen von Dämonen. Und diese Frau war ihre Herrin. Daran gab es keinen Zweifel.

„Du wolltest Nama und Edin um Schutz bitten, doch deine Reise war umsonst, meine Schwestern können dir nicht helfen."

Die Stimme klang sanft, und mit einem Schlag wurde Cassia klar, wen sie vor sich hatte.

Eine der Hexen. Nomed. Was war mit ihr geschehen? Was aus ihr geworden?

Sie konnte sich noch immer nicht rühren, nicht sprechen und musste hilflos mit ansehen, wie sich Nomed dem Pferd näherte.

„Ich kann dich da drin sehen, alter Mann", sagte Nomed und lachte. „Ganz umsonst hast du dich den weiten Weg bis hierher geplagt, treuer Diener."

Cal stieg auf die Hinterbeine und schlug mit den Vorderhufen nach ihr. Seine Augen rollten panisch, und Schaum flog ihm aus dem Maul.

„Es ist gleich vorbei, du wirst ihren Hunger stillen", sagte Nomed und gab den Männern ein Zeichen.

Die Hunde stürzten sich jaulend auf Cal und rissen ihn zu Boden.

„Nein! Nein! Ihr Mörder, ihr Bestien!", schluchzend klammerte sich Smelda an Cassia.

Cals Schmerzensschreie klangen menschlich, bis sie endlich verstummten, und dann war da nur noch ein heiseres Bellen und Knurren, der Schnee unter seinem zuckenden Körper rot von Blut. Die Hunde ließen nicht von ihm ab, es schien, als wollten sie ihn vollständig verschlingen.

Cassia schloss die Augen. Sie hatte solche Gräuel schon oft mit ansehen müssen, aber nun konnte sie es nicht mehr ertragen. Ihr Herz schlug immer langsamer, es fühlte sich an, als wollte es brechen. Tränen rollten ihr über die Wangen, und endlich löste sich ihre Zunge.

„Lauf weg, Smelda“, flüsterte sie. „Bring dich in Sicherheit. Mir kannst du nicht mehr helfen.“

Smelda sah sie verzweifelt an. „Deinen Sohn, ich kann ihn nicht zurücklassen.“

„Auch ihn kannst du nicht retten. Sie haben schon seine Witterung aufgenommen.“

Einer der Rothunde hatte vom Kadaver abgelassen und näherte sich mit gesenktem Kopf dem Karren. Aus seiner Schnauze tropfte Blut, die Nasenlöcher blähten sich.

„Cassia, oh meine Cassia!“ Smelda wollte sie nicht loslassen.

„Tu, was ich dir sage, ich bitte dich. Wenn es dir gelingt zu fliehen, kannst du anderen helfen. Es sind nicht mehr viele von uns übrig. Geht gemeinsam zu

König Wart und berichtet ihm, was geschehen ist. Er muss euch jetzt beistehen.“

Nomed hatte teilnahmslos zugesehen, wie Cal stürzte, und sich ein paar Schritte entfernt. Sie stand vor der Kuppel, die sie um ihr Haus errichtet hatte. Fast zweihundert Jahre lang war es ihr Heim gewesen. Leicht streifte sie mit den Fingern über die winzigen Dornen. Die Spitzen bewegten sich, richteten sich auf und suchten den Kontakt zu ihrer Haut. Ein kleiner Tropfen Blut fiel herab und ließ sie wachsen.

„Spürt ihr meine Nähe?“, fragte Nomed und versuchte das dichte Geflecht mit Blicken zu durchdringen.

Sie wusste, dass ihre Schwestern noch lebten. Doch sie waren gealtert. Nun, da sie ihrer Kräfte beraubt waren, machte die Zeit nicht mehr vor ihnen Halt. Nomed konnte ihre Schwäche fühlen. Bald würde der Tod sie einholen wie gewöhnliche Menschen.

Tief in ihrem Herzen verspürte Nomed ein leises Bedauern. All die Jahre hatten sie zusammen verbracht, Freuden und Leiden geteilt, gefährliche Zeiten überstanden und aufeinander aufgepasst.

Bis zu dem Tag, als König Bron bei ihnen vorgesprochen und um Hilfe für seine kranke Königin gebeten hatte.

Nomed hatte ihm in die Augen gesehen und war diesem Menschen augenblicklich verfallen. Noch nie hatte sie etwas Ähnliches erlebt. Sie wurde von ihren Gefühlen für den König überwältigt, regelrecht verschlungen von der Gier nach ihm.

Über all die Jahre hatten sich die Schwestern immer mal wieder mit einem Liebhaber vergnügt. Alle drei waren von einer alterslosen Schönheit, und an Verehrern hatte es ihnen nie gemangelt. Dabei waren sie sich stets bewusst gewesen, dass die Zeit mit ihnen beschränkt war. Denn auch der kräftigste Bursche wurde mit den Jahren zu einem alten Mann und musste sterben.

Doch Nomed wollte nicht, dass ihr Geliebter jemals den Tod finden würde. Alles, wirklich alles war sie bereit zu tun, um das zu verhindern.

Ihre Schwestern hatten versucht, sie aufzuhalten, als sich Nomed immer mehr den dunklen Mächten zuwandte. Sich in verbotene Schriften vertiefte und Dinge zum Leben erweckte, die widernatürlich waren. Gefährlich und böse.

„Komm zur Vernunft!“, hatten Edin und Nama sie angefleht. „Was du tust, übersteigt deine Kräfte, es wird uns alle vernichten!“

Doch Nomed konnte nicht einhalten. Längst teilte sie das Lager mit Bron. Die Königin würde bald sterben, dafür hatte sie gesorgt. Und an Brons

Seite würde sie in eine Zukunft schreiten, die ewig währen konnte.

Als Edin und Nama sich gegen sie erhoben, ihr mit vereinten Kräften Einhalt gebieten wollten, zeigte sich Nomeds neu gewonnene Macht. Es war ein Leichtes gewesen, die Schwestern zu überwältigen, den Fluch über sie zu legen und sie unter die Knochenkuppel zu bannen.

„Bereut ihr, dass ihr euch gegen mich gewendet habt?“, wisperte Nomed.

Sie spürte, wie eine Welle des Zorns an das Geflecht brandete.

„Anscheinend nicht“, sagte sie und wandte sich ab.

„Geh jetzt! Schnell! Sie kommt zurück“, sagte Cassia. Mit Tränen in den Augen gab sie Smelda frei. Deren Körper wurde von einem blauen Leuchten durchdrungen, die Kontur ihres Leibes schmolz und verformte sich, zog sich zusammen, und dann stand sie in der Gestalt einer Nachtkatze im Schnee. Gelbe Augen leuchteten erfüllt von Trauer und Angst aus dem tiefschwarzen Fell. Mit einer Flanke streifte sie Cassias Knie und machte sich bereit zum Sprung.

Der Rothund, der knurrend den Karren beschnüffelt hatte, wandte den Kopf. Als er die Katze erblickte, stieß er ein zorniges Heulen aus und preschte auf sie zu.

Genau, als er sie erreicht hatte und sie mit seinen scharfen Zähnen packen und zermalmen wollte, sprang Smelda über ihn hinweg und floh in die Richtung des Flüsterwalds. Den Ort, von dem noch niemand zurückgekehrt war.

Smelda hoffte, dass man sie dahin nicht verfolgen würde. Sie wollte nur ein paar Schritte in seinen undurchdringlichen Schatten laufen, ihre Verfolger abschütteln und dann umkehren.

Die Baumgrenze lag etwa zweihundert Schritte hinter der Knochenkuppel, und in weiten Sätzen jagte Smelda darauf zu. Trotz aller Angst und Schrecken fühlte es sich gut an, die Kraft einer Nachtkatze zu spüren. Die geschmeidigen Bewegungen, alles fühlte sich leicht und fließend an.

„Schießt ihr Dummköpfe, schießt!“ Nomeds Schrei gellte ihr in den Ohren, und fast im selben Moment flogen die Pfeile.

Die Spitzen aus Kettar.

Smelda schlug einen Haken, ihre breiten Pfoten stemmten sich in die Schneedecke, und sie flog in einem weiten Bogen durch die Luft.

Es kam ihr so vor, als könne sie das Flüstern, das Zischeln der Bäume schon hören, als sie ein alles verschlingender Schmerz zu Boden warf.

Einer der Pfeile hatte ihr Ohr und ihren Nasenrücken gestreift, er lag neben ihr im Schnee, und ihr Blut funkelte an seiner Spitze.

Es fühlte sich an, als stünde ihr Fell in Flammen. Der Schmerz loderte über ihren Kopf, züngelte über ihren breiten Rücken bis zu der Spitze ihres langen Schwanzes, der zuckend auf den Boden peitschte.

Sie wälzte sich auf dem Schnee, versuchte, ihre Qual abzustreifen wie ein Gewand. Ihr feines Gehör nahm Cassias Stimme war. Sie weinte um sie.

Und würde bald selbst in den Tod gehen. Cassia, ihr Sohn und ihr ungeborenes Kind.

Es darf nicht umsonst sein!

Der Gedanke verlieh Smelda eine ungeahnte Kraft. Sie konnte wieder atmen und kroch auf dem Bauch auf die Bäume zu, die ihre Anstrengungen zu beobachten schienen.

Näher, immer näher kam sie ihnen, ohne zu wissen, was sie dort erwartete. Und ob sie jemals wieder zurückkehren konnte. Doch Smelda hatte keine Wahl, sie konnte das Hecheln der Rothunde hören, die man offenbar wieder losgehetzt hatte, als man erkannt hatte, dass sie noch am Leben war.

Schneller! Schneller!

Sie kam torkelnd auf ihre vier Beine und erreichte mit letzter Kraft einen der knorrigen Bäume. Neben seinem Stamm brach sie zusammen.

„Was ist das? Was ist das?“ Ein Zischeln, ein Wispern, ein Raunen ertönte um sie.

„Nur ein Tier, nur ein sterbendes Tier.“

Die Rothunde hatten den Waldrand erreicht und wichen jaulend zurück. Knurrend und verunsichert jagten sie auf und ab, wagten sich nicht hinein, grunzten vor Wut.

„Lasst sie“, rief Nomed. „Sie liegt im Sterben.“

Die Hunde rannten zurück zu ihrer Herrin.

Smelda konnte kaum noch atmen, die Welt löste sich vor ihren Augen auf. Eine nie gekannte Kälte umfing ihren Körper und legte sich über ihr brennendes Fell, als die Dunkelheit sie verschlang.

Die Hunde kehrten zurück und krochen auf dem Bauch winselnd um ihre Herrin. Sie hatten versagt, die Beute entwischen lassen. Nomed kümmerte sich nicht um sie, trat vor Cassia und griff nach ihren Mantelaufschlägen.

„Bringt mir den Jungen!“, befahl sie, und einer der Soldaten eilte zum Karren.

„Nein, bitte, ich bitte dich. Lasst meinen Sohn in Frieden. Er ist doch nur ein unschuldiges Kind, ich flehe dich an.“ Cassia verlor alle Hoffnung, als sie in die Augen der Hexe sah. Darin war nichts. Kein Mitleid, kein Gefühl, nicht einmal Wut oder Hass. Nur eine erschreckende Leere.

Nomed schlug den Mantel zurück und betrachtete Cassias Bauch. „In ein paar Stunden hätte es das Mondlicht gesehen. Oder die Sonne.“

Der Soldat kam mit dem Buben auf dem Arm zu ihr, der verwirrt, aber auch neugierig alle Umstehenden betrachtete. Aus seiner Nase löste sich ein winziger Tropfen, der an seiner Oberlippe hängen blieb.

„Warum tut ihr das?“, rief Cassia voller Verzweiflung und ohnmächtiger Wut. „Was haben wir euch bloß getan, dass ihr uns so sehr hasst und auslöschen wollt?“

„Warum?“ Nomed zog einen kleinen Dolch aus dem Gürtel ihres Kleides. Er war schwarz wie verbrannte Kohle, auf seinen Schaft waren fremdartige Zeichen graviert. „Du fragst warum? Weil mein Geliebter Bron es so will.“

„Hast du nicht den Schwur geleistet das Gute zu bewahren, so wie deine Schwestern?“

Nomed lachte. „Schwur? Es gibt keine Schwüre, keine Gesetze, keine Grenzen für Hexen. Nichts außer dem freien Willen.“

„Freier Wille?“ Cassias Stimme vibrierte vor Verachtung. „Eben hast du gesagt, dass du des Königs Wunsch erfüllst. Du bist nichts weiter als eine Dienerin, eine Sklavin, die die Befehle ihres Herrn ausführt!“ Cassia spuckte ihr ins Gesicht.

„Es sind auch meine Wünsche“, erwiderte Nomed und wischte sich über die Wange. „Schon bald werde ich als seine Gemahlin an seiner Seite herrschen, und du und deinesgleichen, ihr seid nur ein loser Faden in der Geschichte. Es wird eine neue Zukunft geben, ein neues Reich. Aber das kannst du nicht verstehen.“ Sie hob den Dolch, und Cassia blickte zu ihrem Sohn.

Das Kind lachte und zupfte am Bart des Soldaten. Unschuldig, unwissend.

„Hüte dich davor! Wenn du ihnen etwas antust, gibt es für dich kein Entrinnen mehr! Die Finsternis wird dich verschlingen!“

Die Stimmen ihrer Schwestern hallten wie Donnerschläge in ihrem Kopf und Nomed zuckte zurück. Mit beiden Händen griff sie sich an die Stirn und versuchte, sie zu vertreiben.

„Hüte dich, Schwester, hüte dich!“

Wie ist das möglich? Woher nehmen sie die Kraft? Nomed konnte nicht begreifen, wie es Nama und Edin noch immer gelingen konnte, in ihre Gedanken einzudringen wie durch eine offene Tür.

Sie musste etwas übersehen haben, als sie blind vor Verlangen gehandelt hatte. Und das war nicht das Einzige, wovor sie die Augen verschloss. Da war auch die Furcht, wie ein erkaltetes Feuer in ihrem Inneren, das immer wieder aufloderte, seit sie die verbotenen Tore geöffnet hatte.

Und sich die Zeichen auf ihrer Haut manifestiert hatten.

Am Anfang war es nur ein kleiner Flecken auf der Innenseite ihres Schenkels gewesen. Ein bräunliches, unförmiges Mal, das zu bluten begann, als sie versucht hatte, es abzukratzen. Es war gewachsen, schuppig geworden wie die Haut einer verdorrten Schlange. Und immer mehr solcher Male wucherten auf ihrem Körper. Auf dem Rücken, den Schienbeinen und den Oberarmen. Juckend, nässend, mit keiner Tinktur und keinem Zauber zu vertreiben.

Das war der Grund, weshalb sie seit Monaten nicht mehr das Bett mit Bron geteilt hatte. Er durfte diese Geschwüre nicht sehen. Er würde sich voller Ekel von ihr abwenden, und das könnte sie niemals ertragen.

Was würde aus ihr werden? In was für ein Geschöpf verwandelte sie sich?

„Hüte dich!“

Es hatte schon begonnen. Nomed umklammerte den Dolch.

Ein sonniger Tag

König Bron stand in der Halle und betrachtete den riesigen Wandteppich, der hinter dem Thron hing. Sonnenstrahlen blitzten durch die Bleifenster und brachten die längst stumpf gewordenen Farben ein wenig zum Leuchten.

Die Welt, so wie man sie kannte, hatten vor ewigen Zeiten fleißige Frauenhände zu einem Bild verwoben. Westland und Tagland bildeten zusammen ein fast ebenmäßiges Dreieck. In der Mitte geteilt durch den goldenen Fluss, der aus einer Quelle im Flüsterwald entsprang und die Grenze zwischen den Ländern markierte. An der Südspitze des Dreiecks lag die Stadt Ameer, die er vor siebzehn Jahren hatte zu Fall bringen können, nachdem Nomed die Herrin der Leibwandler, Cassia, getötet hatte. Um die Länder wogte das Meer, in dem ein paar bewohnte Inseln lagen.

Bald würde Bron sich zum alleinigen Herrscher über diese Welt machen, die die Form einer stumpfen Pfeilspitze bildete.

Doch er wollte mehr. Denn es gab mehr. Hinter dem Flüsterwald, der sich wie eine unüberwindbare Mauer von Westen nach Osten zog. Seit

Generationen hatte man versucht ihn zu durchdringen.

Doch alle, die das gewagt hatten, blieben für immer verschwunden.

Natürlich hatte man es auch auf dem Seeweg versucht. Doch auch die Schiffe waren nicht zurückgekehrt. Es war, als hätte sich der Wald mit dem Wasser des Meeres und den Winden verbündet. Die Schiffe wurden von Stürmen erfasst und an den Klippen zerschmettert.

Sie konnten ihre Länder nicht verlassen. Es gab etwas, das stärker war als all ihre Bemühungen. Mächtiger noch als seine Hexe. Doch das würde sich ändern, sie hatte es ihm versprochen.

Nomed. Sie war der Grund, weshalb Bron nicht mehr alterte, seine Kräfte ihn nicht verließen. Im Gegenteil, er hatte neue dazugewonnen.

Nomed. Mit Bedauern dachte Bron an die Zeit, als sie miteinander das Bett geteilt hatten. Wie Tiere waren sie übereinander hergefallen, hatten sich unersättlich der Lust hingegeben. Er hatte fast den Verstand verloren, wenn er sie nur ansah.

Doch dann, vor siebzehn Jahren, hatte sie ihn nicht mehr zu sich gelassen. Ihre Tür vor ihm verschlossen. Er hatte befürchtet, dass ihre Liebe zu ihm erloschen wäre, dass Nomed ihn verlassen würde und zurückkehren zu ihren Schwestern.

Er begehrte und brauchte sie. Denn ohne ihre Kräfte würden sich all seine Pläne zerschlagen.

Eines Nachts beobachtete er Nomed, als sie in dem kleinen Teich hinter der Burg ein Bad nahm. Er war ihr nachgeschlichen, weil er befürchtete, dass ein anderer Mann sich mit ihr vergnügte.

Im Mondlicht hatten ihre schönen Haare geschimmert, wie gerne hätte er sie angefasst. Mit den Händen darin gewühlt und ihren Kopf an sich gezogen und ihre weichen Lippen geküsst. Er hatte an sich halten müssen, als das Kleid von ihren Schultern glitt, und sich hinter einem Strauch versteckt. Glühwürmchen tanzten um ihren Körper, und er wagte kaum zu atmen.

Dann sah er es.

Ihre Haut war wie von Flechten überzogen, die seltsam schillerten. Die lebendig schienen, abstoßend.

Nun begriff er. Das also hatte sie vor ihm zu verbergen versucht. Aber was hatte das zu bedeuten? War das nicht mehr seine Geliebte, die da geschmeidig ins Wasser glitt? Sollte er hervortreten und ihr offenbaren, dass er ihr Geheimnis kannte?

Er war von einem heftigen Widerwillen erfasst worden, Furcht war in ihm aufgekeimt, und er war davongeschlichen.

Die Zeit verging, und es war Nomed selbst, die manchmal eine der Unberührbaren aussuchte und zu ihm brachte. Mädchen, mit denen er sich vergnügen konnte und die er danach nicht wiedersah.

Er ließ es geschehen, er hatte seine Bedürfnisse. Für ihn zählte einzig, dass Nomed an seiner Seite blieb und ihre Liebe zu ihm nicht erlosch.

„Vater, bist du bereit für die Audienzen?“

Bron wandte sich um. Vor ihm stand sein Sohn Gelon. Neunzehn Jahre alt und ein kräftiger Bursche, der ganz nach ihm kam. Ein kantiges Gesicht mit einer markanten Nase, blonde Haare, die sich kaum bändigen ließen, genauso wenig wie seine ungestüme, aufbrausende Art.

„Mir ist nicht danach, übernimm du das“, sagte Bron.

„Aber sie wollen den König sprechen!“

„Und das bist eines Tages du.“ Bron legte ihm die Hand auf die Schulter und lächelte. Eines Tages, dachte er, eines Tages. Mit Nomeds Hilfe wird das noch viele Jahre dauern. Vielleicht werde ich sogar meine eigenen Kinder überleben.

„Wie du möchtest, Vater“, sagte Gelon und ließ sich mit gespreizten Beinen auf den Thron fallen. „Was soll ich den Bauern sagen? Ich weiß, dass sie hier sind, um sich zu beschweren. Es geht um ihre Herden. Sie behaupten, dass unsere Adler zu viele von ihren Schafen reißen. Sie wollen eine Entschädigung."

„Sag ihnen, sie sollen nach Hause gehen. Und sag ihnen, falls sie das nicht tun, werden wir sie selbst an die Adler verfüttern oder an die Rothunde."

Bron ging kopfschüttelnd davon, und Gelon sah seinem Vater nach. Ja, dachte er. Das würdest du tun, ohne einen Wimpernschlag zu zögern.

Sein Vater hatte ein kaltes Herz, noch nie im Leben hatte Gelon Wärme oder Zuneigung in dessen Augen gesehen. Außer, wenn er Nomeds Gesicht betrachtete. Dann leuchtete etwas in ihnen. Sehnsucht? Liebe?

Gelon konnte sich nicht vorstellen, dass sein Vater zu solchen Gefühlen überhaupt fähig war. War er so geworden, als er unbarmherzig für seine Ziele gekämpft hatte?

Einst war Bron ein verarmter Adliger gewesen, der kaum Land besaß und mit seiner Familie in seiner Burg hauste, die dem Verfall geweiht schien. Doch Bron hatte mit List und Geschick die Clans gegeneinander aufgewiegelt, die Kämpfe zu seinen Gunsten genutzt. Er hatte die Anführer umgebracht, die ihm misstrauten und den Treueeid nicht leisten wollten, und sich schließlich selbst zum König gekrönt.

Gelon kannte nur die alten Erzählungen aus jener Zeit. Er war als Königssohn geboren worden. Zwei Jahre später erblickte seine Schwester Woreen das Licht der Welt, und ihre Mutter siechte dahin, bis sie schließlich ihren Weg ins Grab fand.

Sein Blick fiel auf ein Gemälde von ihr, das in der Halle hing. Sie hatte große Ähnlichkeit mit ihrer Tochter. Ein zartes Gesicht, schöne Augen, die ihn kummervoll zu mustern schienen. Gelon hatte keine Erinnerungen an seine Mutter. An der Seite seines Vaters kannte er nur Nomed.

Eine Hexe. Eine Zauberin.

Alle wussten, was sie war, und fürchteten sie. Auch Gelon. Denn es gingen seltsame Dinge vor sich. Bizarre Wesen tauchten auf und verschwanden wieder.

Und doch waren sie da, lauerten in dunklen Winkeln.

Als er seinen Vater danach gefragt hatte, bekam er eine ausweichende Antwort. „Kümmere dich nicht darum, mein Sohn“, hatte Bron gesagt. „Wenn die Zeit kommt, wirst du sehen, was Nomed für uns erschaffen hat. Mach dich bereit, eines Tages ein unbesiegbarer Herrscher zu sein.“

Eines Tages, eines Tages, dachte Gelon und schnaubte. Das konnte noch ewig dauern. Es gab keinerlei Anzeichen, dass sein Vater müde oder schwach geworden war von all den Jahren, die er schon gelebt hatte. Kein Zeichen, dass er so wie alle Menschen alterte.

Nomeds Werk.

Gelon wurde aus seinen Gedanken gerissen, als die Seitenpforte aufflog und Feewyn hereinstürmte.

Gekleidet wie ein Bursche, mit Hosen aus Hirschleder, und einer Leinenbluse, über die eine Weste geschnürt war. Ein Mädchen, frisch erblüht zur Frau, wie die Knospe eines Apfelbaums.

Gelons Herz machte einen Sprung.

„Ich dachte, Ruven wäre hier“, sagte Feewyn und blieb stehen, als sie ihn auf dem Thron entdeckte.

„Wie du siehst, habe ich heute die Ehre, mich anstelle meines Vaters mit dem Bauernvolk abzuplagen“, sagte Gelon und richtete sich auf. „Hast du ein Anliegen?“

Die Eifersucht war wie ein Nadelstich.

Ruven, Ruven! Ständig trieb sie sich mit seinem Halbbruder herum. Einem der Bastarde seines Vaters, von denen es wahrscheinlich unzählige gab. Aber diesen hatte er unter seinem Dach großgezogen. Gelon einen gleichaltrigen Knaben zur Seite gestellt, einen Spielgefährten, mit dem er seine Kräfte messen konnte, und Gelon hatte sich gefreut. Erst spät hatte er begriffen, dass Ruven nicht aus dem Schoß seiner Mutter geboren worden war. Es spielte jedoch keine Rolle, denn er war der Thronfolger, und Ruven schien immer zu wissen, wo sein Platz war. Sein Bruder liebte seine Freiheit und hatte keinerlei Ambitionen.

Alles war gut gewesen, bis seine Schwester Woreen nach einer Gefährtin verlangte, die in ihren Gemächern schlafen sollte. Die Dienerinnen waren ihr nicht gut genug. Mit fünfzehn Jahren wollte sie eine gleichaltrige Freundin, mit der sie ihre Träume und Wünsche teilen konnte.

Ihre Wahl war damals auf Feewyn gefallen, obwohl die beiden Mädchen so verschieden waren wie Tag und Nacht. Wie Feuer und Wasser.

Feewyn war im Haus der Unberührbaren aufgewachsen, bei den Mädchen und Frauen, die man verschleppt hatte. Diese waren dazu bestimmt, eines Tages mit einem Adligen oder Clanführer vermählt zu werden – oder ihnen einfach nur als Gespielin zu dienen. Schöne Geschöpfe, die verschachert wurden. Manch eine von ihnen, die aus ärmlichen Verhältnissen kam, war froh darüber. Glücklich, an einem sicheren Ort zu leben, schöne Kleider zu tragen und immer genug zu essen zu haben. Man lehrte sie all die Dinge, die eine gebildete Frau wissen sollte. Auch wenn ihnen das nichts nützen würde, falls sie das Pech hatten, den Rest ihres Lebens mit einem grobschlächtigen Tölpel verbringen zu müssen.

Feewyn würde dies erspart bleiben. Gelon wollte sie zur Frau und eines Tages eine Königin aus ihr machen.

Seit Gelon sie das erste Mal gesehen hatte, als siebzehnjähriger Jüngling, der gerade entdeckt hatte, welche Lust der Körper einer Frau ihm verschaffen konnte, war er besessen von ihr. Er wollte sie besitzen. Dieses wilde Mädchen, das reiten konnte wie ein Dämon auf einem Blitz. Das vor nichts Angst zu haben schien und sogar den Kampf mit dem Schwert erlernen wollte.

Ruven hatte sich erweichen lassen und ihr ein wenig beigebracht, während Woreen kopfschüttelnd und besorgt dabei zugesehen hatte. Gelon hatte seine Gefühle für Feewyn nun zwei lange Jahre vor allen verborgen, er musste warten – bis sie alt genug war, und auf den richtigen Augenblick, um seinen Vater zu überzeugen. Dass er seine Entscheidung getroffen hatte und nichts ihn davon abbringen konnte.

Bald war es so weit, denn nun war aus Feewyn eine junge Frau geworden.

„Hat es dir die Sprache verschlagen? Sag endlich, was du willst“, fragte Gelon und spürte, wie die Wut wieder in ihm aufstieg.

Denn in ihrer Miene spiegelte sich von neuem, was ihn so verletzte und erzürnte. Ablehnung, Argwohn und etwas, das er nicht zu deuten wusste. Es war da, seit er versucht hatte, sich ihr zu nähern. Sie in die Arme zu schließen, wie ein Freund oder Bruder es niemals tun würde. Nun wich sie ihm aus, wo sie nur konnte.

„Ich wollte mit Ruven zum Gehege. Ich habe gehört, dass die Adlerreiter erfolgreich waren. Ich wollte dabei sein, wenn die Küken schlüpfen."

„Wolltest du, ach ja." Er erhob sich und ging auf sie zu. Feewyn trat einen Schritt zurück, und das versetzte ihn noch mehr in Wut.

„Es ist langsam an der Zeit, dass du aufhörst dich herumzutreiben wie ein Stalljunge. Dass du dich endlich standesgemäß kleidest und dich darauf besinnst, wer und was du bist."

Ihre grünen Augen funkelten, als er nach dem dicken Zopf griff, zu dem sie ihre goldbraunen Haare geflochten hatte. Mit einem Schwung warf sie ihn sich über die Schulter und er griff ins Leere.

„Du hast mir nichts zu sagen!", zischte sie.

„Glaubst du? Ich wäre mir da nicht so sicher. Ich bin der Sohn des Königs, hast du das etwa vergessen? Und hast du auch vergessen, welche Zukunft dich vielleicht erwartet? Dich, eine Unberührbare?"

Feewyn unterdrückte die Verbitterung, die ihr die Kehle zu schnürte. Das Gefühl von Ohnmacht, das sie fast um sich schlagen ließ, wenn sie daran dachte.

„Woreen, sie wird für mich sprechen“, sagte Feewyn trotzig. „Sie wird nicht zulassen, dass … ganz egal, was ihr für mich geplant habt.“

Gelon lachte. „Ach du dummes Ding! Du überraschst mich, ich hätte dich nicht für so einfältig gehalten. Du musst doch wissen, dass auch Woreen genau das tun muss, was ihr befohlen wird. Und sie wird ohne Widerrede gehorchen. Ich verrate dir wohl kein Geheimnis, wenn ich dir sage, dass unser Vater große Pläne mit ihr hat.“

Woreen! Bei dem Gedanken an ihre Freundin vergaß Feewyn einen Moment ihre ungemütliche Lage. Gelon hatte sie Schritt für Schritt bis an die Mauer gedrängt.

Nun spürte sie die Kälte des Steins am Rücken und hob die Hände, um Gelon von sich wegzudrücken, der ihr so nahe war, dass sich ihre Körper fast berührten. Er war einen Kopf größer als sie, und er blickte mit einem Ausdruck auf sie herab, den sie fürchtete.

Mit einer Gier, einer Entschlossenheit, die ihr schmerzlich bewusst machte, wie machtlos sie war. Sie war ein Nichts, ein Niemand, eine Schachfigur derer, die über ihr standen und nach Belieben über sie verfügen konnten. Und Gelon war der Sohn des Königs. Niemand durfte sich ihm widersetzen.

„Keine Angst, mein ungestümes Mädchen. Das Schicksal einer Unberührbaren wird dir erspart bleiben. Deine Zukunft wird an meiner Seite sein.“ Sein Gesicht berührte ihre Wange, seine Bartstoppeln kratzten über ihre Haut, als sie versuchte, den Kopf wegzudrehen. Er presste sie mit dem Körper an die Wand und packte ihr Kinn.

„Willst du dich nicht mit einem Kuss für diese Ehre bedanken? Nur ein Kuss, ein einziger Kuss.“ Seine Hand wanderte über ihren Körper.

„Gelon. Hör auf!“ Sie versuchte, ihren Widerwillen zu unterdrücken und sanft zu sprechen. „Bitte. Ich mag und schätze dich wie einen Bruder, ich bin dir dankbar, aber ich …“

„Bruder?“ Er sah ihr in die Augen. „Du wirst lernen mich auf eine andere Weise zu lieben und zu schätzen, glaub mir.“

Er presste grob die Lippen auf ihren Mund, zerrte an ihrer Weste und begann zu keuchen.

Feewyn drehte den Kopf weg und schlug ihm ins Gesicht.

Er ließ von ihr ab und starrte sie an. „Wie kannst du es wagen“, knurrte er. Die Wut trieb ihm die Röte ins Gesicht. „Es scheint, dass dich die Privilegien, die du an Woreens Seite genossen hast, in die Irre geführt haben. Ich könnte dich in Ketten legen lassen. Dich in die Minen schicken oder einem Säufer zur Frau geben!“ Er schlug mit der Faust dicht neben ihrem Kopf an die Wand. Feewyn rührte sich nicht, und er trat einen Schritt zurück. „Ich werde dir schon beibringen, wer dein Herr ist, glaub mir. Und du wirst mir dankbar sein.“

Feewyn schob sich an ihm vorbei. „Kann ich gehen?“, fragte sie mit gesenktem Kopf.

Er schlenderte zum Thron und wedelte mit der Hand. „Ja, geh. Und überlege dir gut, wie du dich in Zukunft mir gegenüber verhältst. Noch einmal werde ich dir das nicht durchgehen lassen.“

Feewyn floh durch das Seitenportal.

Gelon ließ sich auf den Thron fallen und versuchte sich zu fassen. Sie hatte ihn abgewiesen, ins Gesicht geschlagen! Ihn, den Prinzen. Er würde sie wohl mit Gewalt zu ihrem Glück zwingen müssen. Andererseits könnte das sogar ganz vergnüglich sein.

„Wache! Bringt endlich die verdammten Bauerntölpel herein!“, brüllte er.

Feewyn drängte sich mit geballten Fäusten und fast blind vor Tränen durch das Gewusel aus Menschen und Tieren im Hof. Die Tore der

Burgmauern standen weit offen, und schwer beladene Karren rollten heran. Bauern trieben Schweine, Ziegen und Kühe vor sich her, Schafe blökten und Federvieh flatterte in Käfigen. Einmal im Monat wurden die Tribute gebracht.

„Feewyn! Feewyn!“, rief Ruven, als er sie entdeckte.

Sie konnte ihn nicht hören, denn all der Lärm, den dieser Auflauf verursachte, wurde noch übertönt von den Männern, die mit Bauarbeiten beschäftigt waren.

Seit ein paar Jahren ließ Bron weitere Flügel anbauen, neue Türme erhoben sich in den Himmel, längst hatte die Burg jede Ähnlichkeit mit dem alten Familiensitz verloren. Bronsburg verwandelte sich in ein Schloss.

„Feewyn!“, brüllte Ruven und rannte zwischen erschrocken quiekenden Schweinen durch. „So warte doch!“

Sie drehte sich nach ihm um und blieb stehen. Sein Herz wurde schwer, als er ihr Gesicht sah. Er konnte es sich schon denken, trotzdem fragte er, als er sie erreicht hatte. „Was ist los?“

„Nichts“, sagte Feewyn mit einem falschen Lächeln.

Am liebsten hätte sie sich ihm an die Brust geworfen und geweint. In seiner Gegenwart fühlte sie sich stets sicher und geborgen. Unbeschwert und frei. Ruven brachte sie zum Lachen und nahm sie mit in die Welt außerhalb der Mauern, die sie bis vor zwei Jahren nur aus Erzählungen gekannt hatte. Wenn sie auf ihren Pferden nebeneinander über die Wiesen galoppierten, wollte sie gar nicht mehr umkehren.

In letzter Zeit hatte sich Feewyn gefragt, ob diese Zuneigung zu ihm, die Wärme in ihrer Brust, wenn sie mit Ruven zusammen war, vielleicht das war, wovon Woreen die ganze Zeit sprach.

Liebe. Woreen konnte stundenlang darüber reden. Von ihr singen und davon träumen, dass schon bald ein Mann um ihre Hand anhalten werde. Ein Mann, der ganz genauso war wie in den schönen Geschichten, die sie las.

„Es ist also nichts geschehen?“, sagte Ruven. „Du ziehst nur ein böses Gesicht, weil heute so ein schöner, sonniger Tag ist? Etwas seltsam, aber ganz interessant. Ja, wieso soll man lächeln, wenn die Sonne scheint und die Speisekammern gefüllt werden?“ Er klopfte einem vorbeilaufenden Schwein auf den Rücken. „Ja, dich meine ich, du saftiger Braten.“

Feewyns Mundwinkel zuckten, und dann grinste sie ihn an. „Zufrieden?“

„Ich weiß nicht so recht", erwiderte er und runzelte die Stirn. „Vielleicht bist du doch hübscher, wenn du ein grimmiges Gesicht machst."

„Schwätzer!" Nun musste sie lachen, und Ruven stimmte ein.

„Also was ist?", fragte er. „Willst du dabei sein, wenn die Küken schlüpfen?"

„Was für eine Frage!" rief Feewyn und rannte ihm voraus zu den Pferdeställen.

Das Leben konnte herrlich sein.

Tulka stand breibeinig vor einem der Stalltore. In der Hand hielt sie eine brennende Pfeife, die einen süßlichen Duft verströmte. Sie wirkte geradezu lächerlich klein in ihrer riesigen Faust.

Alles an Tulka war riesig. Manch einer bezweifelte, dass sie eine Frau war. Sie überragte auch den größten Mann um eine Handlänge, ihr kantiger Kopf wuchs aus einem dicken Hals. Ihre Beine sahen aus wie Baumstämme, und mit ihren Armen könnte sie eine ausgewachsene Ziege zerquetschen, falls es ihr in den Sinn käme. Ihr Körper steckte in einer ledernen, abgewetzten Uniform, die zu reißen drohte, wenn sie die Muskeln spielen ließ.

Es war besser, wenn man sich nicht mit ihr anlegte. Sie wirkte einschüchternd, bedrohlich, doch mit Tieren ging sie um wie eine Mutter mit ihren Kindern. Liebevoll und fürsorglich. Und man munkelte, dass sie sogar mit ihnen sprechen konnte. Der wildeste Hengst, die launischste Stute und das scheuste Fohlen wurden in ihrer Gegenwart zum Lämmchen. Deshalb war sie auch die Stallmeisterin.

Niemand wusste, woher Tulka gekommen war, und es fragte auch niemand danach. Es war, als wäre sie schon immer dagewesen.

Feewyn und Ruven kamen auf sie zu, und tiefe Furchen gruben sich in Tulkas gebräuntes Gesicht, als sie lächelte.

Tulka lächelte selten, und lachen hatte man sie kaum gehört. Es gab ja auch keinen Grund dazu. Die Welt war ein hässlicher Ort. Und es war schlimmer geworden. Die Hexe, die sich in Bronsburg eingenistet hatte, war schuld daran.

In letzter Zeit gingen seltsame Dinge vor sich. Man konnte es spüren, förmlich in der Luft riechen. Früher waren es Ratten gewesen, die sich im Stall herumgetrieben hatten. Aber nun scheuten und wieherten die Pferde in der Nacht und Tulka konnte nicht sehen, was sie so beunruhigte. Schatten, flink wie Wiesel, Bissspuren an den Fesseln und Flanken der Pferde, als hätte man versucht, ihnen das Blut auszusagen.

Tulka verabscheute Hexen und alle widernatürlichen Wesen zutiefst. Doch auch mit den

Menschen konnte sie wenig anfangen. Denn die meisten Männer konnte Tulka nicht ausstehen, und für die Frauen hatte sie nur Bedauern übrig. Schwach und hilflos waren sie. Blätter im Wind.

Als Kind hatte Tulka manchmal unter ihrem Wuchs gelitten, dann aber schnell erkannt, dass er ihr ein Leben ermöglichte, das sie als Frau niemals hätte führen können. Sie schnitt sich die Haare bis auf ein paar Stoppeln ab, lernte zu reiten, zu kämpfen und sich durchzusetzen. Und nun war sie Stallmeisterin auf Bronsburg. Noch nie zuvor hatte eine Frau ein solches Amt innegehabt, und Tulka war mächtig stolz.

„Ihr seht aus, als hättet ihr noch etwas vor an diesem sonnigen Tag", sagte sie.

„Wir wollen zum Gehege." Feewyn strahlte sie an.

„Dann braucht ihr wohl zwei Pferde." Tulka wandte sich um und versetzte einem Burschen, der auf einem Haufen Stroh vor sich hin gedöst hatte, einen leichten Tritt.

„Aufwachen, du Faulpelz, sattle die Pferde für die Herrschaften!"

„Nein, lass nur, ich kann das selbst", sagte Feewyn und rannte hinter dem Jungen in den Stall.

Ruven grinste und ging ihr nach.

Natürlich kannst du das, dachte Tulka und zog an ihrer Pfeife. Du hast viele Dinge gelernt, für die andere Mädchen in deinem Alter nicht das geringste Interesse haben. Du kannst vieles, nur nicht in Freiheit leben.

Ihr Herz wurde schwer, als sie daran dachte, dass Feewyn genauso enden würde wie die anderen Unberührbaren. Sie empfand eine tiefe Zuneigung zu ihr, Feewyn erinnerte Tulka ein wenig an sich selbst, als sie jung gewesen war. Und auch Ruven mochte sie sehr, er war ganz anders als sein Bruder, dieser hochmütige, grobschlächtige Klotz, der eines Tages auf den Thron steigen würde.

Die beiden wären ein schönes Paar, dachte Tulka, als sie auf ihren Pferden an ihr vorbeiritten. Aber was geht mich das an? Habe ich etwas zu sagen? Nein.

Tulka spuckte auf den Boden und klopfte ihre Pfeife aus.

Bron stand vor der Tür zu Nomeds Gemächern. Sie hätte längst in die Räume in einen der neu erbauten Flügel ziehen können. Doch Nomed zog es vor, hier zu bleiben, umgeben von den alten Mauern, die selbst im Sommer feucht blieben, und hinter Fenstern, die kaum Sonnenlicht hereinließen. Sie hatte sich schon lange nicht mehr blicken lassen, und er vermisste sie. Er vermisste sie Tag und Nacht. Wenn auch nur das, was sie einmal gewesen war.

Er wollte gerade die Hand heben, um anzuklopfen, als die Tür aufschwang. Einer ihrer Gehilfen hielt sie ihm auf, und Bron schauderte. Er konnte sich nicht an den Anblick dieser kleinwüchsigen, missgestalteten Körper gewöhnen. An die graue Haut und die unförmigen Glieder. An das sich wölbende Fleisch in den Gesichtern, in dem winzige Augen funkelten wie schwarze Edelsteine. Und schon gar nicht an die großen Hände mit ihren klauenartigen Fingern und den spitzen, schwarzen Fingernägeln. Wo waren dieses Ding und seine Gefährtin hergekommen? Denn es schien sich um ein männliches Exemplar zu handeln. Bron wollte es gar nicht wissen.

„Willkommen, mein König", lispelte das Wesen, und seine Fratze verzog sich zu etwas, das wohl ein Lächeln sein sollte. „Meine Herrin hat Euch schon erwartet. Folgt mir."

In den Räumen herrschte Dunkelheit, als hätte man die Fenster zugemauert. Fackeln loderten Schatten malend an den Wänden, und Bron kniff die Augen zusammen.

Wo sind all die Möbel und Gegenstände? Es kam ihm vor, als schreite er durch leere Räume. Seine Schritte hallten, und er lief weiter und weiter und begriff, dass er sich längst nicht mehr in seiner Burg befand.

Endlich tat sich vor ihm ein Raum auf, der ihm vertraut schien. Und da stand sie aufrecht an einem Fenster.

Nomed. Eine schmale Silhouette, das schöne Gesicht dem Licht zugewandt.

„Nomed“, sagte er, und sie wandte sich lächelnd zu ihm.

„Mein König.“

„Nenn mich nicht so, meine Liebste“, erwiderte er und küsste sie auf die Wange. Sie war immer noch zart und makellos. Und an das, was sie unter ihrem Kleid verbarg, wollte er nicht denken.

„Du kommst gerade richtig“, sagte sie und entzog sich ihm. „Ich muss dir etwas zeigen. Es hat mich viel Kraft und Schmerzen gekostet, doch endlich ist es mir gelungen. Niemand mehr kann sich uns in den Weg stellen. Tagland wird fallen, die Insel der Delfen uns gehören, und wir werden endlich die Grenze des Flüsterwalds überwinden.“

Längst wäre Bron in Tagland einmarschiert und hätte König Wart gestürzt. Doch eine Seuche, gegen die auch Nomed machtlos gewesen war, hatte seine Pläne durchkreuzt. Er hatte nicht genug kampffähige Männer, um offen anzugreifen.

„Komm mit“, sagte Nomed. „Tarr, geh voran und leuchte uns.“

Jetzt fiel es Bron wieder ein. Tarr und Latann, so hießen diese Missgeburten, die seit einem Jahr wie Hunde ihrer Herrin folgten.

Tarr hinkte mit einer Fackel in der Hand voran durch einen langen Gang. Als hätte man sie erwartet, öffnete sich eine Eisentür, und Latann verneigte sich vor ihnen. „Es ist alles bereit, Gebieterin." Ihre Stimme klang dunkel und feucht, als wäre ihr etwas Grässliches im Hals stecken geblieben.

Bron eilte angeekelt an ihr vorbei. Mitten in der Finsternis des Raums befand sich ein steinerner Tisch, auf dem unter einem Tuch eine Gestalt lag. Die Umrisse ließen den Körper eines Mannes vermuten.

Latann blickte zu ihrer Herrin, und als Nomed nickte, schlug sie das Tuch zurück.

Verständnislos starrte Bron auf den fast völlig verwesten Leichnam eines Mannes. Zu Lebzeiten war er wohl groß und kräftig gewesen, aber davon war nicht mehr viel zu sehen. Augenhöhlen wie schwarze Löcher, die restlichen Zähne gebleckt zu einem furchteinflößenden Lächeln.

„Was soll das?", fragte er angewidert. „Wen sehe ich mir an?"

„Einen Namenlosen." Nomed lächelte. „Einen Niemand. Tarr hat ihn mir gebracht, wie so viele vor ihm."

„Leichname? Ich verstehe nicht, was hast du mit den Toten zu schaffen?“ Bron zuckte zusammen, als Tarr und sein hässliches Weib zu kichern begannen.

„Gleich wirst du es sehen, tritt einen Schritt zurück.“ Nomed öffnete die Faust, und darin lag eine winzige Dose. Nomed klappte sie auf und entnahm mit den Fingerspitzen die Prise einer Substanz, die aussah wie rotes Salz.

Mit geschlossenen Augen leise murmelnd streute sie das Salz über den Körper. Als die Körner den Leichnam berührten, flammten sie auf, hüllten ihn in ein rotes Leuchten und erloschen.

Einen Moment herrschte absolute Stille, und Bron wollte gerade fragen, was das solle, als er es bemerkte.

Die Finger des Toten bewegten sich.

Das ist unmöglich, dachte Bron von Entsetzen gepackt. Das muss eine Sinnestäuschung sein! Er schloss die Augen, und als er sie wieder öffnete, sah er, wie sich nun die Hände der Leiche bewegten. Suchend über den Stein tasteten.

„Die Götter stehen uns bei!“, stöhnte er. Nomed musste sich mit dem Fürsten der Finsternis verbündet haben.

„Die Götter?“, lachte Nomed. „Meinst du die, die sich schon vor Jahrhunderten von uns abgewandt haben? Die, deren Namen längst in Vergessenheit geraten sind?“

Bron brachte kein Wort heraus, als er sah, wie sich der Tote aufrichtete. Auf dem Stein saß, den Kopf drehte und ihn mit den leeren Augenhöhlen anzustarren schien. Niemand mehr in Westland hatte noch einen Glauben, betete zu irgendeinem Gott, das war längst Vergangenheit. Er konnte es sich selbst nicht erklären, weshalb ihm das herausgerutscht war. Vielleicht weil es gottlos war, was hier geschah. Unvorstellbar.

Der Mann richtete sich auf, stand einen Moment schwankend auf den Beinen, doch dann machte er zwei Schritte auf sie zu. Bron wich zurück und griff nach seinem Schwert.

„Bleib stehen“, sagte Nomed, und der zum Leben erweckte Leichnam gehorchte wie ein Soldat dem Feldherrn.

„Verstehst du nicht?“, fragte Nomed und nahm Brons Hand. „Ich kann dir eine Armee erschaffen. Ich werde auf die Totenfelder gehen und sie erwecken. Sie werden dir dienen und für dich in den Kampf ziehen.“

Bron versuchte, seine Gedanken zu ordnen. Der Schrecken hatte sich etwas gelegt, als er gesehen hatte, dass der zum Leben erweckte Tote dem Befehl gehorchte. Aber konnte man sich darauf verlassen, dass er das auch weiterhin tun würde? Und bei dem Gedanken wie sich Hunderte,

Tausende aus der Erde gruben, packte ihn das nackte Grauen.

„Unsere Feinde werden sich kampflos ergeben“, sagte Nomed, als hätte sie seine Gedanken gelesen, seine Angst und Zweifel erkannt.

„Natürlich werden sie das“, erwiderte Bron. „Und wahrscheinlich den Verstand verlieren beim Anblick dieser…“ Er rang nach Worten.

„Bringt ihn zu den anderen“, sagte Nomed, und Tarr und Latann scheuchten den Mann durch eine Tür, die sich wie von selbst geöffnet hatte.

„Es gibt noch andere?“, fragte Bron.

„Oh ja“, erwiderte Nomed. „Inzwischen sind es vielleicht drei Dutzend. Als ich begonnen habe, sind die meisten nach ein paar Stunden wieder in ihren ursprünglichen Zustand gefallen. Doch nun bleiben sie am Leben. Verharren bewegungslos in den Kammern, bis ich sie rufe.“

„Können wir wieder gehen?“ Bron nahm ihre Hand, und Nomed führte ihn zurück in das Zimmer, das den Anschein erweckte, dass er sich in einer ihm vertrauten Welt befand.

„Ich bin eigentlich hergekommen, um dich zu bitten, heute Abend das Mahl mit uns zu teilen“, sagte er. „Woreen ist jetzt alt genug, und es gibt noch einen anderen Weg, um in den Besitz des Thrones von Tagland zu kommen. Ohne Kampf und Blutvergießen. Ich werde meine Tochter mit Prinz

Ewan vermählen. König Wart scheint nicht abgeneigt, doch er hat ein paar Bedingungen, auf die ich selbstverständlich eingehen werde." Bron lachte.

„Die Minen?"

„Ja, natürlich die Minen und noch so manches mehr. Aber ich will dich damit nicht langweilen, denn sein Leben und das seiner Gemahlin werden nicht mehr von langer Dauer sein. Und es wird eine kurze Ehe für Woreen werden. Du siehst, auch ich war nicht untätig."

Ihre Augen schimmerten in einem seltsamen Licht, als Nomed ihn anlächelte.

„Wir werden sehen", sagte sie und hauchte ihm einen Kuss auf die Wange. „Und wir werden vorbereitet sein."

Die zwei Küken, groß wie frischgeborene Kälber, waren schon geschlüpft, als Feewyn und Ruven beim Gehege ankamen. Ihr Daunenkleid war verklebt von gelbem Dotter, und sie stießen klagende Laute aus, da es ihnen nicht gelang, sich aufzurichten. Fünf Männer vom Clan der Adlerreiter räumten die zerbrochenen Schalen weg, und dann wurden sie das erste Mal gefüttert. Aus Eimern in denen sich zerkleinerte, blutige Fleischstücke befanden und die schnell geleert waren.

Die ausgewachsenen Adler saßen auf ihren Felsen und blickten dem Treiben neugierig zu. Ihr gelbes Gefieder leuchtete wie pures Gold im Sonnenlicht. Nur noch drei waren übrig von denen, die man gezähmt hatte und die mit ihren mächtigen Schwingen einen Mann durch die Lüfte tragen konnten. Seit einigen Jahren paarten sie sich nicht mehr in Gefangenschaft, und so musste man die Eier der wild brütenden Adler aus den Nestern stehlen. Ein Unterfangen, das schon viele das Leben gekostet hatte. Denn die Nester befanden sich hoch auf den Klippen, unter denen das Meer toste. Und das Schiff, mit dem man anzulegen versuchte, war kaum auf Kurs zu halten. Die besten Kletterer waren es, die sich hinaufwagten, während zwei Reiter auf ihren Adlern die Eltern abzulenken versuchten, fort scheuchten von der begehrten Beute. Nicht nur die Männer, auch die Adler trugen schwere Wunden davon, wenn die Kämpfe in der Luft entbrannten.

Diesmal hatten die Adlerreiter es geschafft, zwei der Eier zu stehlen, und man würde alles tun, damit die Küken überlebten und später wieder für Nachwuchs sorgen konnten.

Feewyn war fasziniert, hingerissen von den wunderschönen, majestätischen Tieren.

„Ich wünschte, ich könnte eines Tages auf einem von ihnen in den Himmel steigen. Das muss wunderbar sein“, sagte sie verträumt.

Dabei wusste sie natürlich, dass das niemals der Fall sein würde. Es war nur wenigen gestattet, die Adler zu reiten. Und schon gar keiner Frau.

„Wer weiß?", sagte Ruven und kaute auf einem Strohhalm. „Man darf seine Träume niemals aufgeben."

Sie saßen nebeneinander auf einem Stein und beobachteten die Küken in ihrem nach allen Seiten gesicherten Gehege. Als Feewyn nicht antwortete, blickte er sie an.

Sie hielt den Kopf gesenkt, ein paar Strähnen ihrer rotbraun schimmernden Haare hatten sich beim Ritt aus dem Zopf gelöst und fielen ihr ins Gesicht. Trotzdem sah er, dass ihre Augen feucht schimmerten.

„Ich habe nicht das Recht, Träume zu haben", flüsterte sie. „Ich bin ein Niemand, eine Unberührbare."

Ruven legte ihr den Arm um die Schultern. „Erzählst du mir jetzt, was vorhin vorgefallen ist?"

Sie brach in Tränen aus. „Gelon", stammelte sie.

Er hatte es geahnt, hatte längst gesehen, wie sein Bruder sie anstarrte. Regelrecht verschlang mit seinen Blicken, und jedes Mal wäre er ihm am liebsten an die Gurgel gegangen. Gelon war immer mehr zu einem Mann geworden, für den Ruven keine Achtung mehr empfinden konnte. Böse, hinterhältig und rücksichtslos. Immer mehr wie sein

Vater, der sich nahm, was immer er wollte. Und er konnte nichts dagegen tun.

Ruven fühlte sich genauso hilflos wie Feewyn, und das machte ihn fast wahnsinnig. Doch vielleicht gab es eine Möglichkeit. Er musste seinem Bruder zuvorkommen.

Er griff nach Feewyns Hand. „Was würdest du sagen … wenn, wenn ich den König fragen würde, also nur, falls du einverstanden wärst … ich meine heiraten?"

Feewyn sah ihn verständnislos an, und er kam sich vor wie der größte Dummkopf. „Also ich wollte sagen, wenn ich den König bitten würde, dass ich dich zur Frau nehmen darf." Hastig fügte er hinzu: „Ich verlange nichts, du musst mich auch nicht lieben, und du könntest an meiner Seite ein freies Leben führen."

Feewyns Augen leuchteten, und sein Herz schlug schneller.

Sie nahm seine Hand. „Ich danke dir, Ruven, ich danke dir von ganzem Herzen, dass du mir helfen willst", sagte sie traurig. „Ich empfinde sehr viel für dich, und nur zu gerne würde ich mein Leben mit dir teilen. Aber Gelon wird das niemals zulassen. Niemals, und das weißt du."

Ja, das wusste er. Und fühlte sich elend.

Der Tribut der Tochter

Auf der reich gedeckten Tafel dampften die Schüsseln neben den Weinkrügen, und ständig wurden weitere, köstlich duftende Speisen von den Dienern auf die Teller geschöpft.

Am Kopfende saß Bron und trommelte mit den Fingern. Woreen, Gelon und Ruven warfen einander Blicke zu. Sie wussten, auf wen er wartete. Vielleicht wieder vergeblich. Nomed hatte sich schon lange nicht mehr bei Tisch blicken lassen.

Doch dann betrat sie den Saal, und Brons Miene erhellte sich.

„Ich kann nichts essen, wenn dieses Scheusal in der Nähe ist“, flüsterte Woreen ihren Brüdern zu und schüttelte sich angeekelt beim Anblick ihres Dieners.

Tarr blieb an der Tür stehen und sah mit glitzernden Augen zu ihnen her.

„Schau ihn einfach nicht an“, flüsterte Ruven zurück.

„Ich weiß nicht, wer das hier alles essen soll“, murrte Gelon und schüttelte den Kopf. „Gibt es was zu feiern?“

Nomed setzte sich an Brons rechte Seite, aufrecht und schweigend, eine ungekrönte Königin.

„Lasst uns die Kelche erheben“, sagte Bron. „Heute ist der Tag der Tribute.“

Sie folgten seinem Beispiel, und der Wein schmeckte süß wie Honig.

„Und ja, wir haben etwas zu feiern.“ Er wandte sich Woreen zu, die ihn unbehaglich ansah.

Was hat das zu bedeuten?

Sie nestelte nervös an dem weizenblonden Zopf, den sie sich wie eine kleine Krone um den Kopf geschlungen hatte.

„Mein Kind, du bist zu einer ansehnlichen jungen Frau herangewachsen und jetzt in einem Alter, in dem es an der Zeit ist, dich zu vermählen.“

„Was?“ Woreens Gedanken überschlugen sich. Gab es jemanden, der um ihre Hand angehalten hatte? Wieso wusste sie nichts davon! Und wer sollte das sein? Niemand hatte ihr den Hof gemacht, so, wie sich das doch eigentlich gehörte. Eine böse Ahnung kroch in ihr hoch. Man wollte sie in einen der Clans abschieben. Dort würde sie im Hinterland den Rest ihres Lebens unter schäbigsten Umständen versauern.

Wütend schob sie ihren Teller weg.

Bron lachte. „Langsam, mein liebes Kind. Ich weiß, was du befürchtest. Aber keine Angst, ich habe für dich eine glänzende Zukunft geplant. Prinz Ewan ist für dich auserkoren, und eines Tages wirst du zur Königin von Tagland. Na, was sagst du?“

Ruven und Gelon starrten ihre Schwester an, aus deren Gesicht alle Farbe gewichen war. Waren die Länder einander nicht feindselig gegenübergestanden?

Gelon grinste. Was für ein teuflischer Schachzug, dachte er. Er wusste, dass es hier nicht nur um eine Heirat ging. Das war der Anfang von etwas viel Größerem.

„Ich will meinen Mann selbst auswählen", rief Woreen zornig. Rote Flecken blühten auf ihrer Wange. „Und ganz abgesehen davon, dass ich mich nicht wie eine Unberührbare verkaufen lasse, diesen Prinzen werde ich niemals heiraten! Niemals! Man erzählt, dass er im Geiste zurückgeblieben ist. Ein Kind im Körper eines verunstalteten Mannes. Soll ich eines Tages selbst solche Missgeburten austragen? Das kannst du nicht von mir verlangen!"

„Leider stimmt das, was man über den Prinzen sagt." Nomeds Stimme klang sanft. „Doch vielleicht tröstet es dich zu wissen, dass solch schwache Menschen kein sehr langes Leben haben."

„Niemals!", schrie Woreen und sprang auf. Ihr Stuhl kippte mit einem lauten Knall auf den Boden.

Bron schlug mit der Faust auf den Tisch und erhob sich. „Du wirst gehorchen", sagte er, und seine Stimme vibrierte vor Zorn. „Du bist meine Tochter, und du wirst wie alle in Westland dem

König deinen Tribut entrichten. Wir reisen übermorgen nach Tagland, und du, mein Kind, wirst bereit sein."

Woreen sah hilfesuchend zu ihren Brüdern, ihre Unterlippe zitterte, und ihre Augen füllten sich mit Tränen. In der plötzlichen Stille hörten sich Tarrs keuchende Atemzüge unnatürlich laut an.

Schluchzend stürmte Woreen an ihm vorbei aus dem Saal.

„Lasst uns unser Festmahl genießen", sagte Bron und setzte sich wieder.

Ruven starrte auf das gebratene Huhn auf seinem Teller und rang mit sich. Es war wohl nicht der richtige Augenblick für sein Anliegen. Brons Gesicht lag immer noch in Zornesfalten. Vielleicht war es klüger, bis nach dem Essen zu warten. Vielleicht würde der Wein ihn milder stimmen.

„Wenn wir schon über Vermählungen sprechen", sagte Gelon und ließ sich den Becher nachfüllen. „Auch ich habe Pläne."

„Du?" Bron musterte ihn verblüfft. „Ich habe gedacht, dass ich dich eines Tages mit Gewalt an eine Frau ketten muss."

Gelon lachte. „Nicht an diese. Diese nehme ich freiwillig."

Ruven wollte ihn unterbrechen, weil er wusste, wessen Name nun fallen würde, doch Bron gebot ihm zu schweigen.

„Ich kann mir schon denken, wen du dir auserkoren hast“, sagte er und grinste. „Wer dir den Kopf verdreht hat. Euch beiden!“, fügte er hinzu und deute auf Ruven. „Glaubt ihr, ich hätte nicht bemerkt, wie ihr Woreens Gefährtin anschaut? Ihre Nähe sucht?“

Ruven hielt den Atem an. Nicht nur das Schicksal seiner Schwester, auch Feewyns Zukunft würde sich an diesem Abend entscheiden.

„Ich kann das gut verstehen“, fuhr Bron fort. „Feewyn ist nicht nur sehr ansehnlich, sie ist auch eine außergewöhnliche junge Frau mit vielen Talenten. Doch sie wird niemals eine Königin.“

Ruven atmete erleichtert aus.

„Vater!“, rief Gelon wütend. „Ich habe mich entschieden! Ich will sie oder keine.“

Bron schüttelte den Kopf und warf theatralisch die Hände in die Luft. „Was habe ich falsch gemacht mit euch? Weshalb glauben meine Kinder, sie könnten sich mir widersetzen?“ Seine Augen funkelten.

„Sie ist eine Unberührbare“, sagte Nomed. „Wir wissen nicht, woher sie kommt, was in ihr steckt.“

„Das ist mir gleichgültig!“, schrie Gelon. „Ich werde …“

Bron richtete sich auf, und Gelon wich zurück. Er stand vor dem Mann, dem sich noch niemand widersetzt hatte, ohne es mit dem Leben zu bezahlen. Dessen Kiefer nun mahlte vor Wut.

„Ich werde dir niemals erlauben, eine Unberührbare zur Frau zu nehmen. Die Clanführer haben viele Töchter, die nur darauf warten, dass du sie erwählst. Wir brauchen die Clans und werden sie nicht mit solchen Dummheiten erzürnen. Aber …“ Bron legte die Hand auf Gelons Schulter, „… ich gestatte dir, Feewyn zur Gespielin zu nehmen, bis du ihrer überdrüssig wirst.“

„Nein! Das darfst du nicht tun!“, rief Ruven. Ihm wurde übel, der Geruch der Speisen stieg ihm in die Nase, wie vergorenes Fleisch. „Du darfst Woreen nicht von ihrer Freundin trennen! Nicht jetzt, wo du sie nach Tagland schickst in eine Zukunft, vor der sie sich fürchtet, die sie nicht will. Sie braucht eine Vertraute an ihrer Seite, dann wird sie sich fügen, glaub mir.“

„Du warst schon immer sehr klug und besonnen, mein Junge“, sagte Bron und setzte sich wieder hin. „Vielleicht hast du auch diesmal recht. Ja, ich glaube, Feewyn an Woreens Seite könnte vieles einfacher machen.“

Die Erleichterung war grenzenlos, seine Beine wollten ihn kaum mehr tragen. Mit einem schiefen Lächeln hob Ruven das Glas. „Auf unsere

Schwester“, sagte er. „Auf eine zukünftige Königin.“

Gelons hasserfüllte Blicke trafen ihn wie giftige Pfeile.

Feewyn lag auf dem breiten Bett, das sie seit zwei Jahren mit Woreen teilte, und träumte vor sich hin. Von den Gelbadlern, ihren funkelnden, neugierigen Augen und dem golden glänzenden Gefieder. Und davon, eines Tages mit ihnen davonzufliegen - über alle Grenzen, über das Meer und vielleicht sogar über den Flüsterwald in die Welt, die niemand kannte. Nordöd.

Sie erschrak, als die Tür aufflog und Woreen hereinstürmte, gefolgt von einer händeringenden Dienerin.

„Scher dich weg!“, schrie Woreen und zerrte am Gürtel ihres kostbaren Kleides.

„Lasst mich Euch beim Entkleiden helfen“, versuchte die Frau sie zu beruhigen.

„Ich brauche keine Hilfe!“ Woreen hatte sich in eine Furie verwandelt und versuchte, sich das Kleid vom Leib zu reißen. Als es ihr nicht gelang, zog sie die Nadeln aus den Haaren, und der schwere Zopf pendelte wie eine Schlange hin und her. Die Magd ergriff die Flucht.

„Was ist passiert?“, fragte Feewyn und rutschte vom Bett. So hatte sie Woreen noch nie gesehen, so völlig außer sich.

„Was passiert ist?“, kreischte Woreen. „Mein Vater will mich verschachern, als wäre ich eine Kuh! Als wäre ich eine Unbe…“ Im letzten Moment hielt sie inne. „Er will mich verheiraten“, stieß sie hervor und ließ sich weinend aufs Bett fallen.

Feewyn setzte sich zu ihr und streichelte ihr den bebenden Rücken. „Verheiraten? Mit wem?“

„Mit Prinz Ewan!“, heulte Woreen. „Mit diesem Hohlkopf, dieser Missgeburt!“

„Bist du ihm denn schon mal begegnet? Hast du mit ihm gesprochen?“

„Nein! Und das will ich auch nicht! Ich will ihn nicht heiraten, ich will nicht!“ Woreen konnte sich nicht beruhigen. Selbst wenn sie den Rest ihres Lebens heulte und schrie, sie würde sich dem Willen ihres Vaters beugen müssen, also versuchte Feewyn ihr Mut zu machen.

„Vielleicht ist er ja ganz nett? Vielleicht stimmt gar nicht, was die Leute reden. Ewan ist ein Prinz, und du kommst an einen Ort, an dem es dir an nichts mangeln wird.“ Es klang hilflos.

Woreen richtete sich auf, zog ein Tuch aus ihrem Ausschnitt und schnäuzte sich laut.

„Wenn ich ein Mann wäre, müsste ich mir nicht alles bieten lassen. Kannst du mir vielleicht erklären, warum das so ist? Warum man über uns Frauen einfach verfügt? Wo steht geschrieben, dass wir weniger wert sind?“

Das hatte Feewyn sich auch schon oft gefragt.

„Ich weiß es nicht“, antworte sie und schüttelte den Kopf. „Vielleicht, weil es schon immer so war oder weil sie uns körperlich überlegen sind?“

„Ach was!“, rief Woreen unwirsch. „Es gibt oder, besser gesagt, es gab ein Volk, bei dem die Männer und Frauen die gleichen Rechte hatten. Bei den Leibwandlern wurde sogar eine Frau zur Herrin bestimmt, nachdem ihr Mann gefallen war.“

Feewyn hatte von ihnen gehört, den Feinden Westlands.

„Vielleicht hat man sie deswegen bekämpft und versklavt“, sagte sie. „Weil man nicht wollte, dass auch in Westland die Frauen solche Rechte in Anspruch nehmen.“ Vorstellen konnte sie sich das. Man brachte einander aus weitaus nichtigeren Gründen um.

Woreen schüttelte den Kopf. „Nein, man hat Angst vor ihnen. Weil sie jede Tiergestalt annehmen können, die ihnen in den Sinn kommt. Weil sie keine Tribute entrichten wollten und nur nach ihren eigenen Gesetzen lebten. Und ...“ Sie beugte sich zu Feewyn und senkte die Stimme. „Man erzählt sich, dass sie in der Gestalt von Raubtieren Menschen anfallen, sie töten und ihr Fleisch vertilgen.“

Feewyn riss entsetzt die Augen auf. „Menschenfleisch?“

„Ach, egal.“ Woreen wedelte mit der Hand. „Die meisten arbeiten nun für uns als Sklaven, und die, die man nicht erwischt hat, wagen sich nicht mehr aus ihren Löchern.“ Sie seufzte tief. „Wenn ich diese Fähigkeit hätte, dann würde ich mich jetzt in einen Vogel verwandeln und davonfliegen. Und niemals wieder zurückkehren.“ Sie begann wieder zu schluchzen und klammerte sich an Feewyn. „Du musst mich begleiten, bitte, Feewyn. Du musst mir beistehen!“

„Wenn dein Vater es erlaubt, von Herzen gerne“, erwiderte Feewyn. Sie empfand tiefes Mitleid für Woreen, aber bei dem Gedanken, die Burg und sogar das Land zu verlassen und eine neue Welt kennenzulernen, schlug ihr Herz vor Freude schneller.

„Er kann versuchen, mich an den Haaren fortzuschleifen, aber ohne dich gehe ich nicht!“, schniefte Woreen.

Gelon schäumte noch immer vor Wut, als sein Vater und Ruven den Saal verließen. An einem einzigen Tag hatte man ihn zwei Mal gedemütigt! Ihn behandelt wie einen dahergelaufenen Gaukler, der nichts zu sagen hatte. Feewyn, die ihn abgewiesen und ins Gesicht geschlagen hatte, und nun sein Vater, der sich von dem Sohn, der nicht mal von seinem Blut war, Ratschläge erteilen ließ.

Ich! Ich bin der zukünftige König! Gelon warf seinen Becher an die Wand, wo er laut zerschellte. Die Diener duckten sich ängstlich. Nur allzu oft hatte er seine Wut schon an ihnen ausgelassen.

Nomed stand so plötzlich an seiner Seite, dass er zusammenzuckte.

Wie macht sie das?, fragte er sich wie so oft. Man hörte sie nicht, sah sie nicht kommen, sie tauchte auf wie ein Geist. Er konnte das nicht ausstehen, es machte ihn nervös.

„Komm“, sagte Nomed lächelnd. Ihre unergründlichen Augen funkelten. „Ich will dir etwas zeigen, das dich von deinem Liebeskummer heilen wird.“

„Was?“ Gelon wäre lieber alleine gewesen. Um etwas zu tun. Sich an irgendjemanden abzureagieren.

Sie antwortete nicht, und er folgte ihr widerwillig. Tarr lief voran, hüpfte auf und ab wie ein Hündchen in Erwartung einer saftigen Belohnung.

Gelon war lange nicht mehr im alten Teil der Burg gewesen und schockiert darüber, wie es darin aussah. Finster wie in einem Verlies, es roch nach Fäulnis und etwas Unaussprechlichem.

Wie kann sie nur hier hausen? Er konnte das nicht begreifen. Aber im Grunde konnte er nichts verstehen: Weder Nomed noch all ihre dunklen Geheimnisse, und schon gar nicht seinen Vater, der diese Hexe wahrhaftig zu lieben schien.

„Ist es noch weit?", fragte er. Ihm kam es so vor, schon viel zu weit gegangen zu sein, als dass er sich noch in der Burg befinden könnte. Sein Herz klopfte unruhig.

„Wir sind da, mein Herr", lispelte Tarr und öffnete eine Tür.

Kerzen brannten, Möbel, Bilder und Kissen leuchteten in einem goldenen Licht. Gelon wusste nicht, was er erwartet hatte, aber ganz sicher nicht einen so gemütlichen Raum.

„Das also ist dein Reich", sagte er.

„Ja", erwiderte Nomed lächelnd. „Eines davon."

„Was wolltest du mir zeigen?", fragte er und sah sich neugierig um.

Nomed trat an ein steinernes Becken. Das Wasser darin verströmte einen süßlichen Duft, als wäre es parfümiert.

„Du leidest, weil deine Liebe nicht erhört wird. Weil du nicht bekommen kannst, was du so sehr begehrst", sagte sie.

Faszinierend beobachtete er ihre langen, weißen Finger, die über die Wasseroberfläche strichen. War es eine Sinnestäuschung, oder verwandelte es sich tatsächlich in etwas, das aussah wie flüssiges Blei? Er trat näher heran. Er hatte sich nicht getäuscht. Denn nun konnte er ihre beiden Gesichter darin sehen wie in einem trüben Spiegel.

„Du glaubst, Feewyn ist rein, weil sie eine Unberührbare ist", flüsterte Nomeds Stimme wie aus weiter Ferne. „Du hast dich von ihrer Schönheit blenden lassen, von ihrem unschuldigen Gesicht, den glänzenden Haaren und ihrem falschen Lächeln. Doch ich zeige dir nun, wer und was sie wirklich ist. Eine Hure!"

Gelon wollte etwas sagen, doch er brachte kein Wort heraus, als er auf der spiegelnden Fläche etwas sah, das er kannte.

Eine Ecke in den Pferdeställen, in der sich die Strohballen türmten. Neben einer Gabel lag das Heu ausgebreitet. Er hörte das Schnauben der Pferde und ein animalisches Stöhnen.

Gelon blinzelte und erstarrte.

Da lag sie. Feewyn. Nackt. Die Haare ausgebreitet um den Kopf, das Gesicht vor Lust verzerrt. Die Beine um den Körper eines grobschlächtigen Mannes geschlungen, der sie nahm wie ein Tier.

Wut und Ekel fluteten wie Galle in seinen Mund, und er schloss schwankend die Augen. Als er sie wieder öffnete, war das Bild verschwunden, und Nomed ergriff seine Hand.

„Sie ist es nicht wert“, sagte sie und sah ihm in die vor Zorn blitzenden Augen. „Eine Hure und deiner nicht würdig.“

Gelon entriss ihr die Hand und stürmte davon.

„Er wird sie töten, Herrin“, sagte Tarr mit einem verschlagenen Lächeln.

„Ja, das wird er“, erwiderte Nomed und fuhr sich mit beiden Händen über die Unterarme. Die schuppige Haut unter dem kostbaren Stoff schmerzte unerträglich. „Gelon wird mich von ihr befreien.“

„Und Ihr wascht Eure Hände in Unschuld!“ Tarrs Lachen hallte laut in dem Raum, der nun wieder nichts weiter war als ein dunkler Ort.

Gelon war blindlings davongestürmt, und nun stand er, nach Atem ringend, vor den Mauern der Burg. Er wusste nicht, wie er hergekommen war, konnte sich an nichts erinnern, vor seinen Augen sah er nur dieses Bild, Feewyns Gesicht. Ihr Stöhnen und die grunzenden Laute des Mannes klangen noch immer in seinen Ohren.

Er fühlte sich besudelt wie noch nie in seinem Leben. Mit geballten Fäusten sah er in den Nachthimmel. Selbst die Sterne schienen ihn zu verhöhnen.

„Dafür wirst du büßen“, flüsterte er. „Am Ende wirst du auf den Knien im Dreck rutschen und darum betteln, dass ich dich töte. Und ich werde dich töten, doch darum wirst du lange bitten müssen!“

Er stieß einen heulenden Schrei aus.

Die beiden Wachen auf der Zinne, die beobachtet hatten, wie Gelon aus dem Tor gestürmt war, sahen einander verstört an.

„Was ist los mit ihm? Ist er wahnsinnig geworden?“

„Das war er schon immer“, sagte sein Waffenbruder und spuckte über die Mauer.

Was aus einem Samenkorn wurde

„Ich kann dich nicht begleiten, nicht beschützen.“ Nama weinte, und Edin strich ihr über die Haare, die vollständig ergraut waren.

So wie ihre eigenen hatten sie im Laufe der vielen Jahre ihren Glanz und Schimmer verloren. Edins Haare hatten die Farbe von frisch gefallenem Schnee angenommen und fielen ihr wie ein weißes Tuch über die Schultern. Das konnten die Schwestern nun sehen, denn sie hatten ihre Sehkraft fast vollständig wiedererlangt. Und in der Knochenkuppel klaffte ein breites Loch, durch das man gehen konnte, wie durch eine Tür.

Ein Wunder, entstanden aus einem Samenkorn, das eine Wintermaus ihnen gebracht hatte.

Die Maus hatte sich verirrt, tief unter den Wurzeln der Knochenbäume hindurchgegraben und sich vor dem Haus der Hexen an die Oberfläche gewühlt. Edin hatte die leise trippelnden Schritte gehört, als das Tierchen neugierig schnuppernd durch die Tür gehuscht war.

„Komm zu mir“, hatte Edin sie gerufen und sich auf den Boden gekniet.

Die Wintermaus sprang ohne Scheu in die dargereichten Hände, und Edin hob sie hoch an ihr

Gesicht. Flüsternd sprach sie ihre Bitte in die winzigen Ohren. Die Barthaare kitzelten an Edins Wange, und sie spürte den schnellen Herzschlag des Tiers.

„Nun geh“, sagte Edin und setzte die Wintermaus wieder auf den Boden. „Und bring mir, worum ich dich gebeten habe.“

Blitzschnell huschte die Maus davon.

„Wird sie wiederkommen?“, fragte Nama.

„Oh ja, das wird sie. Und sie wird nicht alleine sein.“

Und Edin sollte recht behalten. Immer mehr Mäuse wühlten sich zu ihnen durch, brachten Samen, Kräuter und Beeren, aus deren Essenz sie heilende Tinkturen brauen konnten und immer mehr zu Kräften kamen. Und Edin tat etwas, was Nama zutiefst verängstigte. Sie nahm die verbotenen Bücher und las darin. Eignete sich etwas von dem Wissen an, das Nomed auf einen falschen Pfad geführt hatte.

„Tu das nicht!“, hatte Nama ihre Schwester angefleht. „Ich bitte dich, hör auf damit! Du wirst ein Unheil heraufbeschwören, über das wir keine Macht haben.“

„Das Unheil ist längst in dieser Welt angekommen. Ich muss es aufhalten.“

Vor zwei Wochen hatte Edin es gewagt und die Mäuse nach einem seltenen Pilz ausgesandt.

Wissend, dass diejenige, die ihn finden und ihr bringen würde, sein Gift nicht überleben würde.

Edin hatte das kleine Tier im Garten beerdigt. Und dann den Pilz zerrieben und zerquetscht, bis nur noch eine breiige Masse überblieb. Der beißende Geruch war kaum auszuhalten und trieb ihnen die Tränen in die Augen.

„Es ist nicht viel“, sagte Nama. „Ob es reichen wird?“

„Wir werden sehen“, erwiderte Edin und strich die Paste über einen der Äste der Knochenkuppel. Die winzigen Dornen, die sich gerade noch aufgerichtet hatten, um sie in die Finger zu stechen, erstarrten, verloren ihren Glanz und verblassten. Wurden dunkler und dunkler und vertrockneten. Die Stämme und Äste knarrten, rieben sich unter Qualen aneinander wie ein lebendes Wesen. Und unter ihren Füßen wanden sich die Wurzeln, während sich die Schwärze ausbreitete wie Fäulnis.

Dann war ein Stück der Kuppel zu Staub zerfallen wie eine Tür, die man aus den Angeln gerissen hatte, und sie waren hinausgetreten. Hatten nach siebzehn Jahren wieder reine Luft geatmet, hatten den Himmel über sich gesehen und waren einander weinend in die Arme gefallen.

Heute würde Edin gehen und Nama zurücklassen, die noch immer zu schwach war, um sie zu begleiten. Es war weit bis zum Ort ihrer Bestimmung.

„Soll ich ihn rufen?“, fragte Nama, und als Edin lächelnd nickte, begann sie zu singen. Ein altes Lied wurde vom Wind fortgetragen, weit hinein in die Wälder, und als sie geendet hatte, trat ein großer Hirsch aus dem Wald und sah sie aus dunklen Augen forschend an.

„Wirst du meine Schwester tragen?“, fragte Nama. Der Hirsch senkte das mächtige Geweih und kniete sich auf die Vorderbeine.

Sie umarmten einander. Edin musste sich von ihr befreien, denn Nama wollte sie nicht loslassen.

„Ich habe Angst um dich“, sagte Nama mit Tränen in den Augen. „Schreckliche Angst.“

„Das musst du nicht“, versuchte Edin sie zu beruhigen, obwohl ihr Herz laut schlug vor Furcht. Tief im Innersten zweifelte sie daran, dass sie sich Nomed entgegenstellen konnte. Aufhalten, was sie begonnen hatte. Und genug Kraft besaß, um das Unaussprechliche zu bezwingen, das Nomed in die Welt geholt hatte.

„Werde wieder gesund und stark, meine Schwester“, sagte Edin und stieg auf den Rücken des Hirsches. „Dann kannst du mir vielleicht folgen und beistehen. Aber auch wenn nicht, ich weiß, dass du immer an meiner Seite bist.“

„Das bin ich“, flüsterte Nama und sah ihnen nach, wie sie im Wald verschwanden. „Immer!“

Seltsame Träume

Die Nachtkatze lag mit von sich gestreckten Beinen im Schatten einer mächtigen Eiche. Ihr Schweif zuckte, spitze Krallen fuhren aus ihren Pfoten, als wolle sie nach Beute greifen. Ihr stumpfes Fell hob und senkte sich über ihrer Brust, und aus den Nasenlöchern drang ein leises Pfeifen.

Sie schlief und träumte von Dingen, die sie schon lange nicht mehr heimgesucht hatten. Die immer mehr verblasst waren in all den Jahren, in denen sie umhergestreift war. Versucht hatte zu überleben, während sie auf der Suche war. Nach etwas, woran sie sich kaum mehr erinnern konnte, das gar nicht mehr zu ihr gehörte. Und doch nach ihr rief.

Seit sie sich in der Nähe der Burg aufhielt, war der Ruf stärker geworden. Die Träume klarer und intensiver.

Sie lief wieder durch eine Stadt, konnte eine salzige Brise riechen, die vom Meer herangeweht wurde bis in die verschlungenen Gassen, an die sich schmale Häuser reihten. Sie konnte Lachen hören, Gläserklingen und Musik, die zum Tanz aufforderte. Sie konnte eine Sonne spüren, die hoch am Himmel stand und ihr auf den Kopf brannte. Auf Haare, die weit über ihre Schultern fielen.

Dann hörte sie die Schreie, und ihre Beine zuckten. Sie wollte rennen, um ihr Leben laufen und war wie gelähmt.

Kinder flohen weinend durch die Gassen, Pfeile flogen durch die Luft, Männer und Frauen gingen zu Boden, und Flammen schlugen aus den Häusern. Von allen Seiten ertönten Schreie, die kaum zu ertragen waren. Und das Knurren der Rothunde. Es kam näher, war ganz dicht an ihrem Ohr, und gleich würde man sie in Stücke reißen.

Hechelnd erwachte die Katze aus ihrem Albtraum und sah in ein knurrendes, fauchendes Gesicht. Eine ihrer Art, ein Weibchen, jung und kräftig mit glänzendem Fell, stand über sie gebeugt und entblößte die Fangzähne.

Sie war wohl in ihr Revier eingedrungen und würde sich nun einem Kampf stellen müssen. Mühsam erhob sie sich, versuchte, sich zu ihrer ganzen Größe aufzurichten, obwohl es ihr schwerfiel. Sie war halb verhungert und erschöpft.

Ihre Herausforderin schlich geduckt um sie herum, fixierte sie mit ihren gelb funkelnden Augen und wollte zum Sprung ansetzen, als ein Pfeil durch die Luft flog und sie zu Boden streckte.

Menschen!

Die Nachtkatze hetzte mit weiten Sprüngen davon. Es war nicht das erste Mal, dass sie vor ihnen auf der Flucht war. Es gab kein schöneres, kein kostbareres Fell als das ihrer Art, und es war ein Fehler, bei Tageslicht herumzustreifen. Die Katze lief Haken schlagend durch den Wald, hinter sich konnte sie das Getrampel und Geschrei ihrer Verfolger hören und hatte kaum Zeit, sich umzusehen.

Plötzlich stand sie vor einer Mauer. Die Burg! Sie konnte nicht umdrehen, also hetzte sie an den Steinen entlang, raste durch ein kleines Tor an einen Ort, der stärker nach Tieren als nach Menschen roch.

Pferde wieherten nervös, als sie sich mit letzter Kraft hinter Strohballen verkroch.

Sie war unvorsichtig gewesen, hatte sich zu weit in die Nähe ihrer Todfeinde gewagt, und nun war sie mitten unter ihnen.

Etwas hatte sie hierhergeführt. Ein Ruf aus einem anderen Leben.

Hochverrat

Feewyn wurde vom Geschnatter der Mägde aus tiefem Schlaf gerissen. Benommen richtete sie sich auf. Woreens Zofe Ariad scheuchte die Frauen herum.

„Packt alles in die Truhen, aber sorgfältig, passt auf, dass nichts zerknittert oder beschädigt wird!"

Feewyn staunte über die vielen Truhen und Kisten, die man angeschleppt hatte. Kleider, Schuhe, Pelze, Haarspangen, Bürsten und Kämme und die Schmuckschatullen wurden herumgetragen.

„Sie packen alles ein, das bedeutet, dass ich nicht mehr zurückkehren werde", sagte Woreen. Sie saß mit rotgeweinten Augen neben ihr auf dem Bett.

„Komm her", sagte Feewyn und schloss sie tröstend in die Arme.

„Wo sind deine Sachen?", fragte Ariad, und Feewyn deutete in eine Ecke, in der ihre Habseligkeiten lagen. Viel war es nicht. Die kleinste Truhe würde dafür ausreichen.

Also war es beschlossen. Sie durfte mitreisen. Woreen begleiten und ein neues Leben beginnen! Die Aufregung vertrieb Feewyn aus dem Bett, keinen Augenblick länger konnte sie hier noch ruhig sitzen bleiben. Sie zog sich ihre Hose aus

Hirschleder an, stopfte ihre wollene Bluse in den Bund und schlüpfte in ihre Stiefel.

„Willst du ausreiten?“, fragte Woreen.

„Ja, vielleicht“, erwiderte Feewyn. Sie wusste selbst nicht, wohin sie wollte. Wohin mit all der Unrast und Freude.

„Von mir aus, dann geh!“, maulte Woreen und ließ sich betrübt wieder in die Kissen fallen.

Nichts konnte sie aufheitern. Nicht einmal der Gedanke an die bevorstehende Schiffsreise. Erst die zweite in ihrem Leben. Mit Ross und Wagen würde die Reise nach Schloss Goldenstein mehrere Tage dauern. Doch mit den Schiffen entlang der Küste brauchte man keine zwei Tage zum Hafen von Tagland. Falls kein Sturm aufkam. Die Pferde, all die Präsente, der ganze Tross aus Bediensteten und Leibgarde würden ihren Platz in den Bäuchen der Schiffe finden.

Und ich, der Tribut, dachte Woreen und begann wieder zu schluchzen.

Feewyn saß an einem Holztisch in der großen Küche der Burg und aß einen süßen Brei, den ihr eine Magd hingestellt hatte. Noch nie hatte ihr etwas so gut geschmeckt. Es kam ihr vor, als leuchte die Welt plötzlich in den hellsten Farben, als hätten sich

Türen geöffnet, durch die sie nun einfach gehen konnte.

„Du sollst zu den Pferdeställen kommen", sagte eine der Mägde zu ihr. Sie hatte ein gerötetes Gesicht, denn sie stand schon seit aller Frühe am großen Feuer, über dem das Fleisch gebraten wurde.

„Hat Tulka nach mir gerufen?", fragte Feewyn und leckte den Löffel ab. Sie hätte gut und gerne noch zwei Schüsselchen vertilgen können.

„Ich glaube schon", brummte die Magd. „Einer der Stalljungen war hier, ich habe gar nicht richtig zugehört. Du siehst doch, wie viel ich zu tun habe!"

Feewyn griff nach der Schürze der Magd und wischte sich damit den Mund ab.

„Was fällt dir ein!", rief die Frau empört, und Feewyn rannte lachend davon. Sie fühlte sich so gut, regelrecht übermütig, am liebsten hätte sie die ganze Welt umarmt.

Zwei Männer der Leibgarde standen vor dem Tor zum Stall der königlichen Pferde. Gelons Männer.

Feewyn verlangsamte ihre Schritte.

Was hat das zu bedeuten? Sie wollte Gelon nicht über den Weg laufen. Nicht heute. Niemals wieder.

Unsinn, schalt sie sich. Tulka hat nach mir gerufen, und Gelon wird sich in ihrer Gegenwart benehmen.

Sie nickte den Wachen zu und betrat den Stall. Zwei gesattelte Pferde drehten neugierig die Schädel zu ihr. Staubkörnchen tanzten in den Sonnenstrahlen, die durch die Ritzen im Dach fielen, und außer dem Stampfen der Hufe war es still.

„Tulka?“, rief Feewyn. „Wo bist du?“

Sie ging weiter hinein und zuckte zusammen, als hinter ihr laut krachend das Tor zufiel.

„Tulka?“, rief sie erschrocken. Im diffusen Dämmerlicht konnte sie kaum etwas erkennen.

Ein Schatten löste sich von der Wand. „Da bist du ja, meine Schöne“, sagte Gelon und streckte die Hand nach ihr aus. „Die Schönste unter den Unberührbaren und eine Lügnerin. Eine falsche Schlange.“

Feewyn wich zurück. „Was … was redest du da?“, stammelte sie.

„Ich weiß, was du bist, und ich weiß auch, was du hier drin treibst.“

„Gelon, was ist denn los, was …“ Sie wich weiter vor ihm zurück, doch er folgte ihr, trieb sie vor sich her.

„Du hast alle getäuscht, du Hure! Und du hast es gewagt, mich zurückzuweisen. Mich zu schlagen!“ Er holte aus, und der heftige Schlag ins Gesicht ließ sie rückwärts zu Boden stürzen.

Sie hielt sich die brennende Wange und starrte ihn fassungslos an. Er hat den Verstand verloren, dachte sie entsetzt. Er stand über sie gebeugt, die Gesichtszüge waren eine Fratze aus Wut, seine Augen funkelten sie hasserfüllt an, und Feewyn wurde von Panik erfasst.

„Gelon, bitte! Ich weiß nicht, wovon du redest, ich habe nichts getan!"

Sie versuchte, sich aufzurichten, aber er packte sie an den langen Haaren und schleifte sie mit sich. Tränen schossen ihr in die Augen, und sie griff sich mit beiden Händen an den Kopf, um das unerträgliche Reißen auf der Haut zu mildern. Sie schrie und strampelte mit den Beinen, aber er zog sie unerbittlich weiter.

„Was hast du denn?", fragte er höhnisch lachend. „Ich bringe dich doch nur zu dem Platz, an dem du dich so gerne vergnügst, du dreckige Hure."

Sie landete auf Stroh, und er warf sich über sie. „Jetzt werde ich mich mit dir vergnügen, aber für dich könnte es schmerzhaft werden."

Sein Gewicht presste ihr die Luft aus den Lungen, sein keuchender Atem schlug ihr ins Gesicht, und einen Moment war sie wie gelähmt.

Sie war ihm ausgeliefert. Was auch immer sie jetzt noch sagen würde, es würde nichts nützen. Er war der Sohn des Königs. Auch wenn sie eine Unberührbare war und Privilegien genoss, sobald ihr eine Straftat vorgeworfen wurde, stand sie nicht mehr unter Schutz. Hatte keine Rechte mehr.

Ich bin ein Nichts! Ein Niemand! Eine unbändige Wut kochte in ihr hoch.

Gelon zerrte ihre wollene Bluse aus dem Hosenbund und schob sie hoch. Raue Finger fuhren grob über ihre Brüste, und sein Atem ging schneller. Als er sie küssen wollte, packte sie ihn an den Haaren und biss ihn die die Wange.

Gelon brüllte auf und ließ von ihr ab. Er wischte sich übers Gesicht und starrte auf das Blut an seiner Hand.

Feewyn versuchte sich unter ihm hervorzuwinden, aber er war schwer, saß wie ein Reiter auf ihren Schenkeln

„Ich schlag dich tot!“, zischte er. „Ich wollte dich noch etwas bei mir behalten. Mich mit dir vergnügen, bis ich deiner überdrüssig bin oder du dabei stirbst. Aber du wirst heute sterben, du Hure! Sobald ich mit dir fertig bin!“

Er holte zum Schlag aus, und Feewyn versank in einer gnädigen Schwärze.

Tulka runzelte die Stirn, als sie die beiden Wachen sah. *Was soll das?*

Noch seltsamer erschien ihr, dass um diese Tageszeit das Tor geschlossen war. Wer hatte das befohlen? Und wo zum Dämon waren die ganzen Stallburschen, die sonst um diese Zeit hier herumlungerten, während sie auf die Stallmeisterin warteten? In Tulkas Bauch rumorte ein Grummeln, das nicht von ihrem ausgiebigen Frühstück herrührte.

„Halt! Wir dürfen dich nicht durchlassen“, sagte einer der Wachen und versperrte ihr den Weg in den Stall.

Tulka war wie vom Donner gerührt. „Seid ihr verrückt geworden?“, brüllte sie. „Wisst ihr denn nicht, wer ich bin?“

Die Männer zogen den Kopf ein, als Tulka zornig auf sie herabblickte. Sie hatte noch jeden Kampf gewonnen. Auch gegen den stärksten Mann. Aber Befehl war Befehl, und sie würden nicht von der Stelle weichen.

„Das ist ein Befehl“, sagte einer der Wachen und richtete sich zu seiner ganzen Wichtigkeit auf. „Ein Befehl von Prinz Gelon. Niemand darf den Stall betreten, während er sich darin aufhält.“

„So, so“, sagte Tulka und stemmte die Hände in die Hüften. „Prinz Gelon also. Und was treibt er da drin Geheimnisvolles? Was darf denn niemand sehen?“

Der Mann zuckte mit den Schultern. „Das weiß ich nicht. Wir haben die Anweisung, dass wir niemanden außer dieser Unberührbaren, Prinzessin Woreens Freundin, hineinlassen dürfen."

Feewyn!

Eben war es noch ein sonniger Morgen gewesen, der Beginn eines Tages, der angefüllt war mit den Vorbereitungen für die Reise nach Tagland. Mit einem Mittagsschläfchen und ein paar Bechern Wein am Abend. Nun fühlte sich Tulka, als hätte man ihr einen Eimer kaltes Wasser über den Kopf gekippt.

Sie hatte sehr wohl gesehen, wie der Prinz um Feewyn geschlichen war – und wie Feewyn ständig versucht hatte, ihm auszuweichen. Und nun war sie alleine mit Gelon da drin!

Tulka drehte sich um und eilte davon. Es gab einen zweiten Eingang auf der Rückseite des Stalls, durch den der Mist auf den Karren hinaustransportiert wurde. Sie hoffte, dort nicht auch noch auf Wachen zu treffen, und sie hatte Glück. Es war niemand da. Sie schob das Tor ein wenig auf und schlüpfte hinein.

Es dauerte einen Moment, bis sich ihre Augen an das Dämmerlicht gewöhnt hatten. Dann setzte ihr Herzschlag aus.

Gelon hockte wie ein abscheulicher Dämon auf Feewyn und schüttelte sie an den Haaren.

„Wach auf, du Hure! Wach auf! Ich will, dass du mitbekommst, was ich jetzt mit dir mache!"

Feewyn warf stöhnend den Kopf hin und her. Ihre Arme fuchtelten ziellos durch die Luft.

Etwas in Tulka brach. Dieser Barbar war der zukünftige König. Sich ihm entgegenzustellen wäre Hochverrat und kam einem Todesurteil gleich. Aber sie konnte nicht zusehen. Sie mochte Feewyn mehr, als sie sich je eingestanden hatte. Tulka dachte oft an ihr totgeborenes Kind, entstanden aus ihrer einzigen Liebesbeziehung vor vielen Jahren. Eine Tochter. Die vielleicht so geworden wäre wie Feewyn.

Sollen sie mich doch umbringen, dachte sie und packte eine der Schaufeln neben der Tür.

Brüllend rannte sie auf die beiden zu. Gelon drehte erschrocken den Kopf nach ihr.

Ich bin tot! Ich bin so gut wie tot, dachte sie und schlug ihn nieder.

Blumen und böse Worte

Die Gärten von Schloss Goldenstein standen in voller Blüte. Der Duft der Rosen lag wie schweres Parfüm in der Luft, die Äste der Apfelbäume neigten sich fast bis zum Boden unter der Last ihrer Früchte. Tauben badeten in den Springbrunnen, umschwirrt von bunten Schmetterlingen.

„Wie kann man beim Anblick dieser Pracht ein solch grimmiges Gesicht machen", neckte Aivla ihren Mann.

Sie gingen nebeneinander auf den mit weißem Kies bestreuten Wegen in Richtung des Sommerpavillons, wo bereits die Diener mit einer kleinen Mahlzeit auf sie warteten.

„In zwei Tagen werden sie hier sein. Machst du dir denn keine Sorgen?", fragte König Wart.

Aivla seufzte tief und nahm seine Hand. „Natürlich mache ich mir Sorgen, aber haben wir denn eine Wahl?"

„Wenn wir uns nicht einem blutigen Kampf stellen wollen, bleibt uns nur diese Möglichkeit. Die Nachrichten von der Grenze sind beunruhigend. Auf der Seite von Westland haben sich weitere Truppen versammelt. Angeblich, um die Minen zu bewachen, aber wir wissen doch alle, was Bron im

Schilde führt. Er wird die Grenzen überschreiten, wenn wir nicht auf den Handel eingehen.“

„Handel, das klingt schrecklich“, rief Aivla und warf die Hände in die Luft. „Es geht um unseren Sohn, unser einziges Kind und seine Zukunft!“

„Das weiß ich, und deswegen versuche ich die beste Entscheidung für ihn zu treffen.“

„Vielleicht ist Brons Tochter ja ganz anders als ihr Vater. Vielleicht ist sie liebenswürdig und kann Sympathie für unseren Sohn empfinden?“

„Jetzt fehlt nur noch, dass du davon träumst, dass sie sich in ihn verliebt.“ Wart schüttelte den Kopf.

„Wieso nicht?“, rief Aivla empört. „Gibt es einen hübscheren jungen Mann als Ewan? Einen, der freundlicher, aufmerksamer und charmanter ist? Ein größeres Herz hat?“

„Nein“, seufzte Wart. „Den gibt es nicht.“

Das war die Wahrheit. Aber wahr war auch, dass ihr einziger Sohn, der nach vielen vorangegangenen Fehlgeburten das Licht der Welt erblickt hatte, anders war. Das hatte sich bereits nach wenigen Monaten gezeigt. Seine körperliche und geistige Entwicklung ging nur schleppend voran, und mit den Jahren mussten sie akzeptieren, dass ihm vieles nicht gegeben war.

Doch mit seinem Lächeln, mit seiner Fröhlichkeit und seiner Liebe für alles und jeden hatte er die Herzen erobert. Aber wie sollte er jemals den Thron und Tagland verteidigen? Als König sein Erbe antreten?

Das würde nur mit einer starken Frau an seiner Seite gelingen. Einer, die vom Volk akzeptiert wurde. Wart hatte die Fühler schon ausgestreckt, denn Ewan hatte bereits seinen zwanzigsten Geburtstag gefeiert. Und es gab einige Anwärterinnen, die da in Frage kämen.

Und nun Brons unerwartetes Angebot. Eine Möglichkeit, die Länder zu vereinen, den Frieden zu wahren. Die Generäle hatten ihm geraten, dieser Hochzeit zu zustimmen, während die Bruderschaft der Reinen sich zornig dagegenstemmte.

Und die Macht der Diener des reinsten Gottes durfte man nicht unterschätzen. Schon vor vielen Jahrzehnten, als man längst vom Glauben an die alten Götter abgefallen war, hatten sie in Abgeschiedenheit weiterhin zu ihrem Gott gebetet. Dem einzig wahren, dem reinen Gott. Damals waren es ein paar wenige Männer, die kahlgeschoren in roten Kutten auf Knien lagen.

Doch seit vor ein paar Jahren Jowar den Platz des Reinsten eingenommen hatte, verbreitete sich ihr Glaubensbekenntnis wie eine Seuche im Land. Unaufhaltsam. Ihre Tempel sprossen wie Pilze nach dem Regen aus dem Boden, immer mehr und vor allem junge Männer schlossen sich ihnen an und beugten sich den strengen Regeln und Gesetzen.

Selbst Frauen sah man inzwischen in roten Gewändern, die ihre Haare unter Kapuzen versteckten. Wenn sie zum Gebet in die Tempel strömten, sah es aus, als würden die Straßen und Gassen mit Blut getränkt.

König Wart war davon überzeugt, dass Jowar die Gewaltenteilung von Religion und weltlicher Herrschaft niederreißen wollte. Längst hatte er seine heuchlerische Frömmigkeit durchschaut. Dem Reinsten ging es einzig und allein um Macht. Das ganze Theater, das er um seinen Gott veranstaltete, diente nur dazu, noch mehr Gläubige um sich zu scharen. Die eines Tages Jowars Ambitionen – wenn nötig, mit Gewalt – durchsetzen würden.

Und da stand er und vergällte ihm den Tag.

Jowar. Die Hände unter den Ärmeln seiner Kutte verborgen, sah er ihnen entgegen. Sein kahler Schädel glänzte im Licht der Sonne.

„Was macht er denn hier? Ausgerechnet heute?“, fragte Aivla verärgert. Sie hatte sich auf ein ruhiges Mahl mit ihrem Gatten gefreut.

„Eingeladen habe ich ihn nicht“, brummte Wart. „Aber ich dachte mir schon, dass er wieder vorsprechen wird. Er wird sämtliches Übel beschwören, um die Hochzeit zu verhindern.“

„Mir ist der Appetit vergangen“, sagte Aivla. „Ich kehre zurück ins Schloss.“

„Nein, bitte.“ Wart legte ihr die Hand auf den Arm. „Bleib. Erstens würde es ihn vor den Kopf stoßen, wenn du dich jetzt entfernst, und zweitens …“ Er lächelte sie müde an. „… brauche ich jemanden an meiner Seite, dessen Anblick mich ein wenig aufheitert.“

„Ungern“, erwiderte Aivla, die allein der verschlagene Blick des Reinsten abstieß, die fleischigen Lippen, die immer feucht glänzten, als hätte er etwas Fettiges gegessen.

„Mein König, meine Königin“, sagte Jowar und verbeugte sich.

Nicht so tief, wie es sich eigentlich gehört hätte, doch Wart deutete ihm an, am Tisch Platz zu nehmen.

Die Diener eilten mit Krügen herbei.

„Für mich nur Wasser,“ sagte Jowar und hielt die Hand über den Becher.

„Ich bevorzuge diesen sommerlichen Wein aus den Blüten des Holunders“, sagte Wart, wohl wissend, dass er ihn damit verärgerte. „Sehr gesund.“

„Auf Euer Wohl“, sagte Jowar und hob seinen Becher.

„Ich muss wohl nicht fragen, was Euch zu mir führt, Bruder Jowar“, sagte Wart. Er wollte ihn so schnell wie möglich loswerden und auf das höfliche, zutiefst ermüdende Vorgeplänkel verzichten. „Die Hochzeit meines Sohnes, habe ich recht?“

Jowar stellte seinen Becher ab und sah ihn mit funkelnden Augen an. „Bitte verzeiht mir, mein König, aber Ihr sagt das, als handle es sich dabei um eine Kleinigkeit wie den Austausch von Ware. Ich muss Euch noch einmal mit aller Dringlichkeit warnen. Mit dieser Heirat öffnen wir die Tore für das Böse. Gottlosen Dämonen!“ Er redete sich in Rage, fuchtelte mit den Händen und sprang auf, als hätte ihn eine Wespe gestochen. „König Brons Geist wurde schon längst vergiftet von der Hexe, mit der er sein Bett teilt. Und Ihr wollt ihm nun gestatten, diese böse Saat in unserem Land aufgehen zu lassen? Euren Sohn in seine Hände geben und mit einer Frau vermählen, von der wir nicht genau wissen, ob sie nicht aus dem Schoß der Dämonin entbunden ist? Wollt Ihr wirklich die Seuche des Bösen mit offenen Armen willkommen heißen? Unser Volk dem Untergang weihen?“

Wart sah stirnrunzelnd zu ihm auf und gab sich einen Ruck, obwohl er wusste, dass jedes Wort an Jowar abprallen würde wie ein verirrter Vogel an einer Fensterscheibe.

„Nun setzt Euch doch wieder“, seufzte er, und Jowar gehorchte widerwillig.

„Ich kann Euch beruhigen“, sagte Wart. „Ich weiß mit absoluter Sicherheit, dass Woreen aus dem

Schoß der Königin gekommen ist. Die Folgen der Geburt waren am Ende ja auch der Grund, weshalb sie so jung verstorben ist. Glaubt nicht, dass ich Eure Bedenken nicht verstehe, auch ich bin davon nicht gefeit. Aber eine endgültige Entscheidung ist noch nicht gefallen. Lasst uns erst einmal König Bron und Prinzessin Woreen an unserem Hof willkommen heißen. Ich bin der Überzeugung, dass wir im persönlichen Gespräch sehr schnell herausfinden werden, wie die Zukunft aussehen soll. Und ich bin der Meinung …", fügte er mit einem Lächeln hinzu, „… dass Ewan und Woreen auch etwas dazu zu sagen haben."

Jowar wurde blass. „Ihr wollt eine so schwerwiegende Entscheidung Eurem Sohn überlassen?"

Aivla, die schweigend neben ihrem Mann gesessen hatte, zuckte zusammen. Jowars Stimme triefte geradezu vor Verachtung für Ewan. Am liebsten hätte sie ihn mitten in sein hochmütiges Gesicht geschlagen.

Stattdessen erhob sie sich. „Ich glaube, im Moment ist alles gesagt." Ihre Stimme klang ruhig. „Ich muss Euch jetzt bitten zu gehen."

Es war ein Befehl, dem sich Jowar nicht widersetzen konnte, und er verneigte sich verärgert.

„Meine Königin, mein König."

Wart blickte ihm sorgenvoll nach. „Er wird nicht lockerlassen, und er wird Unruhe stiften. Wir müssen ihn im Auge behalten."

Als er sich umdrehte, blickte er in das lachende Gesicht seines Sohnes. Ewan hatte sich angeschlichen und freute sich diebisch über den gelungenen Streich.

„Du hast mich mal wieder erschreckt, mein Sohn", seufzte Wart. „Komm, setz dich und iss mit uns."

Ewan ließ sich auf einen der gepolsterten Stühle plumpsen und deutete auf die Platten. „Bitte davon, und davon, und ja …, davon nehme ich auch noch."

Wart nippte an seinem Wein und beobachtete Ewan, während er aß und gleichzeitig mit seiner Mutter plauderte. Die weichen Gesichtszüge verliehen ihm einen fast kindlichen Ausdruck, der auch von den rötlichen Bartstoppeln, die neuerdings zwischen den unzähligen Sommersprossen sprießten, nicht gemildert wurde. Die roten Locken hatte er von seiner Mutter – und auch die blauen Augen, die häufig vor Lebenslust regelrecht funkelten. Warts Herz wurde schwer vor Liebe und Sorge.

„Was hast du denn heute noch vor?", fragte er.

„Ich treffe mich nachher mit Wulf und werde mit ihm über die Hochzeit reden. Ich muss mir noch über vieles Gedanken machen, bevor ich einen solchen Schritt tue. Es geht ja nicht nur um mich", sagte Ewan mit einer Ernsthaftigkeit, die Aivla und Wart verblüffte.

„Das stimmt mein Sohn", erwiderte Wart. „Wir haben ja schon ausführlich darüber geredet, aber ich bin mir sicher, dass du bei Wulf den Rat findest, den wir dir vielleicht nicht geben können."

Wart und Aivla schätzten den besten Freund ihres Sohnes sehr. Eine glückliche Fügung hatte ihn vor fünf Jahren an den Hof geführt.

Eine Gruppe Gaukler hatte sie mit ihren Darbietungen erfreut. Und Wulf, gekleidet in ein prächtiges Kostüm, hatte alle mit seinen verblüffenden Zauberkünsten in den Bann gezogen. Ewan war so fasziniert und begeistert gewesen, dass er Wulf gefolgt war wie ein neugieriger Welpe. Er hatte ihm Löcher in den Bauch gefragt, und Wulf hatte ihm ein paar Tricks beigebracht, die Ewan voller Stolz vorführte. Wulf war drei Jahre älter, ein Mann, der bereits viel erlebt hatte und ziemlich sicher einige Geheimnisse vor den Leuten verbarg. Doch die beiden verstanden sich auf Anhieb, und als die Gaukler weiterzogen, bat Ewan darum, dass Wulf am Hof bleiben konnte.

Und diese Bitte zu gewähren, entpuppte sich als eine der besten Entscheidungen, die Wart getroffen hatte. Wulf wurde zum Freund und engsten Vertrauten seines Sohnes. Zu einem Vorbild und

Lehrer, der ihn herausforderte, ihn dazu brachte, seine vermeintlichen Grenzen zu überwinden. Formte aus ihm den bestmöglichen Mann, der Ewan sein konnte. Wulf war nun dreiundzwanzig Jahre alt, und Wart hoffte inständig, dass ihn der Ruf der Gaukler nicht wieder in die Ferne zog.

Ewan riss ihn aus seinen Gedanken. „Vater, Mutter", sagte er und verbeugte sich.

Aivla sah ihm nach, wie er davoneilte und im Laufen noch einen Apfel pflückte. „Ich wäre zu gerne dabei", sagte sie, „um sie zu belauschen."

„Die Neugier hat schon so manchen in große Schwierigkeiten gebracht", erwiderte Wart und drückte sie lächelnd an sich.

Wulf

Wulf sah sich in seinem Zimmer um. Ein prächtiges Zimmer. Und es gehörte ihm. Noch immer kam es ihm unwirklich vor, und in der ersten Nacht hatte er kein Auge zu getan. Es war so still gewesen. Kein Rascheln in den Büschen, kein Käuzchen, das schrie, kein Windhauch, der in den Bäumen rund um die Wagen der Gaukler wisperte. Und keine Angst, hinterrücks von einer Horde Wegelagerer überfallen zu werden.

Stattdessen weiche Kissen und Decken, Felle auf dem kalten Steinboden, Teppiche an den Wänden und einen Krug mit Wein und eine Schale mit süßen Früchten auf dem Tisch. Nicht zu vergessen die Diener, die er jederzeit herbeirufen konnte.

Er hatte gedacht, dass er ein paar Wochen bleiben würde, nun waren fünf Jahre daraus geworden und sein vorheriges Leben zu einer verblassten Erinnerung.

Nun, nicht ganz. Wulf zog eine eisenbeschlagene Kiste unter dem Bett hervor und streifte sich die Kette mit deren Schlüssel über den Kopf. Er schloss auf, hob den Deckel und sah hinein.

Ein paar alte Bücher, getrocknete Kräuter und ein halbes Dutzend winziger Fläschchen. Steine, in die Runen graviert waren.

Das Erbe seiner Mutter.

Die man aus ihrer Hütte verschleppt, gepeinigt und verbrannt hatte. Wulf war zehn Jahre alt gewesen, als sie kamen. Männer in roten Gewändern. Sie stießen Flüche und Beschwörungen aus, während sie auf seine Mutter einprügelten. Er hatte versucht, sie zu beschützen, sich zwischen sie geworfen und auf die Männer eingeschlagen.

„Packt ihn!", hatte ihr Anführer gebrüllt. „Werft die Hexenbrut ins Feuer!"

Lauf mein Sohn! Rette dich und unser Erbe! Die Stimme seiner Mutter war laut und deutlich in seinem Kopf, obwohl sie vor dem Haus vor Schmerzen schrie.

Es war keine Bitte gewesen. Es war etwas, dem er sich nicht hatte widersetzen können.

Wie von selbst setzten sich seine Beine in Bewegung, schlugen Haken, wie von selbst duckte sich sein Körper unter den Händen der Häscher, und als er sich nach Atem ringend im Wald wiederfand, wusste er nicht, wie er dahin gekommen war. Doch er wusste, dass er seine Mutter niemals wiedersehen würde. Er verkroch sich wie ein Tier in einer winzigen Höhle, weinte, während ihm Erdkrümel auf den Rücken rieselten. Er wartete zwei Tage, dann wagte er sich zurück. Sie hatten die Hütte nicht niedergebrannt, aber alles darin zerstört, mit ihren Schwertern in kleine Stücke zerhackt.

Doch das Erbe hatten sie nicht gefunden. Wulf packte alles in einen ledernen Beutel, hing ihn sich über den Rücken und lief davon. Irrte ziellos umher, immer auf der Hut vor den Männern in roten Kutten. Sie zogen in kleinen Gruppen durchs Land, hielten in den Dörfern feurige Reden und predigten vom reinen Gott, der alle erlösen würde. Wulf hätte sich am liebsten auf sie gestürzt, den Tod seiner Mutter gerächt, aber was konnte er schon ausrichten? Er war doch nur ein Kind. Er musste im Verborgenen bleiben und hilflos mit ansehen, wie sie weitere Frauen aus den Häusern zerrten und verbrannten.

Ein einziges Mal gelang es ihm, einen von ihnen mit seinem Messer zu verletzen. Als er mitrannte in der Menge aufgebrachter Dorfbewohner, die sie mit Stöcken und Harken vertrieben, da sie eine ihrer Frauen verschleppen wollten. Die Brüder entkamen, aber einem hatte er eine tiefe Wunde geschlagen. Lange hatte Wulf auf das Blut auf der Messerschneide gestarrt und sich gewünscht, er wäre schon ein Mann. Dann hätte er sie verfolgt und umgebracht.

Drei Wochen später stand er halbverhungert an einem Bach. Er hatte seit Tagen keine Gelegenheit bekommen, etwas zu stehlen, und die Beeren, die er gesammelt hatte, konnten den nagenden Hunger nicht stillen. Blau schillernde Fische schwammen wie kleine Blitze im klaren Wasser, und er zog sich die Stiefel aus und krempelte die Hosenbeine hoch. Das Wasser war klar und kühl, die Steine unter seinen Fußsohlen rund und glatt. Er beugte sich hinab und blieb ganz ruhig stehen. Ein Fisch schwamm neugierig auf seine Wade zu, und er machte sich bereit, ihn zu packen.

„Mit bloßen Händen wirst du keinen erwischen, sie sind viel zu schnell“, sagte eine Stimme hinter seinem Rücken.

Wulf fuhr erschrocken herum. Im Gras stand eine alte Frau und lächelte ihn freundlich an. Ihr langes Kleid und das Tuch, das sie um die Schulter trug, leuchteten in bunten Farben. In die grauen, zu vielen Zöpfchen geflochtenen Haare hatte sie farbige Perlen geknüpft, und um den Hals und die Handgelenke trug sie glänzende Muschelschalen.

Wulf schielte zu seinem Beutel neben ihr im Gras. Seine ganze Habe. Sein Erbe!

„Keine Angst, mein Junge.“ Die Frau lachte freundlich. „Ich bin keine Diebin und werde dir auch nichts tun. Im Gegenteil!“

Wulf stapfte aus dem Wasser. „Dann lass mich in Ruhe!“, brummte er und schlüpfte in seine Stiefel.

„Das kann ich nicht“, erwiderte die Frau. „Die Runen haben mich hergeführt.“

Die Runen? Wulf musterte sie voller Hoffnung und Misstrauen. „Bist du eine Hexe?“

„Nein, wenn ich dieser Künste mächtig wäre, würde es uns vielleicht besser ergehen. Ich bin eine Heilerin und eine Seherin. Aber du …“ Sie stellte sich vor ihn und sah ihm tief in die Augen. „Du bist der Sohn einer Hexe, geboren, um eines Tages ihr Erbe anzutreten.“

Sie muss wirklich eine Seherin sein, dachte Wulf, wie sonst könnte sie das wissen?

„Nun schau nicht so“, sagte sie grinsend und tätschelte ihm die Wange. „Die Runen lügen niemals, mein Junge, und deswegen bin ich hier.“

„Und was willst du von mir?“, fragte Wulf.

„Ich? Ich will gar nichts von dir. Aber die Runen wollen, dass ich dich mitnehme. Du wirst so lange bei uns bleiben, bis sie etwas anderes sagen. Also folge der alten Catana, mein Kind. Ach, wie heißt du eigentlich?“

„Wulf. Haben dir das die Runen nicht verraten?“

„Hört ihn euch an, den kleinen Hexer!“, rief Catana und warf die Hände in die Luft. „Du wirst schon bald nicht mehr so vorlaut sein, mein Junge. Du wirst durch eine harte Schule gehen!“

Und Catana hatte nicht zu viel versprochen. Die Gaukler nahmen ihn auf, und das Erste, was sie ihm einbläuten, war: „Du musst lernen, wie man überlebt.“

Er lernte zu jagen, mit Schwert und Bogen zu kämpfen und den Umgang mit Messern. Darin wurde er ein wahrer Meister. Es dauerte nicht lange, und er konnte einen kleinen Vogel im Flug vom Himmel holen. Man brachte ihm bei, wie man Feuer schluckt, jongliert und auf einem Seil tanzt. Bald trat er mit ihnen auf und erntete viel Applaus.

Manchmal zog er sich zurück und studierte heimlich die Bücher seiner Mutter. Sie hatte ihn gelehrt, die Schriften zu lesen. Ihm ein paar der Geheimnisse offenbart, doch es war viel zu wenig. Nach zahllosen gescheiterten Versuchen musste er erkennen, dass er ohne ihre Hilfe niemals in ihre Fußstapfen treten konnte. Ein paar Dinge konnte er für seine Zauberkunststücke verwenden, ohne sich selbst und andere ernsthaft zu gefährden.

„Übertreibe es nicht!“, mahnte ihn Catana eines Abends, als er eine Feuersäule in der Form eines Bären vor dem staunenden Publikum tanzen ließ. „Du ziehst die Aufmerksamkeit der Bruderschaft auf uns!“

Erst da bemerkte Wulf die vielen roten Gewänder in der applaudierenden Menge. Finstere Gesichter, die ihn prüfend anstarrten. Noch in der Nacht waren die Gaukler weitergezogen.

„Bringt mir mein Pferd!“, brüllte eine verärgerte Stimme.

Wulf klappte den Deckel der Truhe zu und trat ans Fenster. Er wusste, wer sich unten im Hof aufhielt, wem die Stimme gehörte. Dem Mann, der seine Mutter umgebracht hatte.

„Dein Gesicht habe ich nicht vergessen“, murmelte Wulf. Er ballte die Fäuste, bis sich die Fingernägel in das Fleisch gruben. Es machte ihn rasend, so nahe an Jowar zu sein und trotzdem nichts ausrichten zu können. Der Reinste war stets von einer Schar kräftiger Männer umgeben, die nicht von seiner Seite wichen, und der Tempel wurde streng bewacht

Meine Zeit wird kommen, dachte Wulf und wandte sich ab. Er hatte sich sogar überlegt, das Glaubensbekenntnis abzulegen, um in Jowars engsten Kreis zu gelangen. Doch das konnte er Ewan und seinen Eltern nicht antun. So ein Verrat würde ihnen das Herz brechen. Er musste Geduld haben, und im Moment gab es ja wichtige Dinge. Eine Hochzeit!

Es wird Zeit, dachte er und legte die Kiste zurück in das Versteck. Ewan wartet bestimmt schon auf mich.

Auf der Nordseite des Schlosses befand sich ein weitläufiger Irrgarten, geschnitten aus mannshohen Hecken. Kaum jemand folgte den verschlungen Pfaden, denn es war dunkel, feucht und kühl – und etwas beängstigend, denn der Weg zum Ausgang war nicht leicht zu finden. Im Zentrum des Gartens lag ein aus Stein gehauener, schlafender Löwe, und wie erwartet saß Ewan schon auf seinem Rücken, als Wulf ankam. Es war sein Lieblingsplatz.

„Wir müssen Kinder zeugen, Woreen und ich. Thronerben", platzte er mit sorgenvoll gerunzelter Stirn heraus, als Wulf sich neben ihn setzte.

Wulf konnte sich das Lachen nicht verkneifen. „Ja, das wird eines Tages von euch erwartet", sagte er. „Aber inzwischen weißt du ja doch recht gut, wie man das macht."

„Ja, klar", erwiderte Ewan mit einer wegwerfenden Handbewegung. „Aber was, wenn die Prinzessin mich nicht mag? Wenn ich sie nicht mag? Was soll ich dann tun?"

Wulf legte ihm den Arm um die Schulter. „Ganz langsam, eins nach dem anderen. Du machst dir viel zu viele Gedanken. Jetzt lernt ihr euch erst einmal kennen. Und wenn ihr euch mögt, dann wird geheiratet, und ich verspreche dir, dann ergibt sich alles ganz von selbst. Und falls ihr euch nicht ausstehen könnt, dann wird dich dein Vater nicht zu einer Heirat zwingen. Da bin ich mir sicher."

Ewan sah ihn unglücklich an. „Aber ich muss doch. König Bron wird zornig werden, wenn wir seine Tochter abweisen. Seine Truppen stehen schon an der Grenze, und alle reden davon, dass er einen Krieg anfangen wird.“

Wulf hätte ihn gerne aufgemuntert, ihm die Last von den viel zu schwachen Schultern genommen, doch das konnte er nicht. Denn im Grunde war Ewans Zukunft längst vorbestimmt.

Die Flucht

Feewyn wurde unsanft auf die Füße gerissen. Alles drehte sich, ihre Wangen brannten, und mit dem rechten Auge konnte sie kaum etwas sehen.

„Komm schon, Mädchen“, sagte Tulka und schüttelte sie sanft. „Wir müssen hier ganz schnell weg. Kannst du stehen?“

„Ja.“ Feewyn hatte Mühe zu sprechen. Ihre Beine wollten sie kaum tragen, und sie blickte verwirrt auf Gelon, der neben ihr auf dem Boden lag. Seine Stirn blutete. Da erinnerte sie sich, was geschehen war. Tulka hatte sie gerettet, ihr Leben für sie aufs Spiel gesetzt!

„Tulka“, flüsterte Feewyn fassungslos.

„Wir verschwinden durchs hintere Tor“, sagte Tulka, eilte zu den beiden gesattelten Pferden und band sie los. Als sie sich wieder umdrehte, erstarrte sie vor Entsetzen.

Gelon hatte sich aufgerappelt und stand mit gezogenem Schwert vor Feewyn. Das Blut lief ihm über das hassverzerrte Gesicht.

„Schau genau hin, Stallmeisterin!“, brüllte er. „Schau, was ich mit der Hure mache! Denn so wirst auch du enden!“

Dann geschah alles so schnell, dass Tulka kaum begreifen konnte, was sich vor ihren Augen abspielte.

Sie hörte ein tiefes Grollen, knurrende Laute, und hinter den Strohballen tauchte eine Nachtkatze auf. Die Lefzen weit zurückgezogen kreiste sie fauchend um Gelon und Feewyn.

Bereit zum Sprung.

Ihr Schädel reichte Feewyn bis zum Bauch, und mit einem einzigen Bissen hätte die Katze ihr die Eingeweide herausreißen können. Doch das Tier rieb den Kopf an Feewyns Hüfte und stieß sie aus dem Weg.

Sie beschützt sie! Tulka konnte es nicht glauben, und doch war es so. Die Katze konzentrierte sich nun ganz auf Gelon, fixierte ihn mit ihren gelb glitzernden Augen. Aus dem Fauchen wurde ein fast menschlicher Schrei, als Gelon das Schwert hob und zuschlug.

Mit einer geschmeidigen Bewegung wich die Katze aus, sprang ihn mit ausgefahrenen Krallen an und brachte ihn zu Fall. Gelon lag hilflos auf dem Rücken und kreischte vor Schmerz, als sie ihm mit den Pranken ins Gesicht schlug.

Tulka hörte, wie hinter ihr das Tor aufgeschoben wurde, und konnte wieder denken. Sie zerrte die vor Panik augenrollenden Pferde an den Zügeln hinter sich her und packte Feewyn am Arm.

„Aufsitzen!“

Feewyn schwang sich mit letzter Kraft in den Sattel, und dann galoppierten sie davon.

Die Wachen blieben wie angewurzelt stehen, als sie den Prinzen sahen, der wie eine Beute unter der immer noch fauchenden Nachtkatze lag. Sie zogen ihre Schwerter und näherten sich ihr vorsichtig. Diese Katzen waren schnell, wendig, aber hier musste es sich um ein krankes Tier handeln. Anders war es nicht zu erklären, dass es sich in die Nähe von Menschen gewagt hatte.

Die Nachtkatze musterte sie prüfend, drehte sich um und jagte in weiten Sprüngen durchs Hintertor davon.

„Helft mir, ihr Dummköpfe!“, stöhnte Gelon und richtete sich auf. Er war übel zugerichtet, und die Männer eilten herbei und schleppten ihn aus dem Stall.

„Holt einen Heiler! Der Prinz ist verletzt!“

Das Gesinde machte ihnen mit erschrockenen Mienen den Weg frei, als sie Gelon in seine Gemächer brachten und vorsichtig auf das Bett legten.

Gelon gab keinen Laut von sich. Er spürte die Schmerzen kaum vor Wut und Hass auf die beiden Frauen. Erneut hatte man ihn erniedrigt, diesmal vor den Augen seiner Männer! Die Schmach brannte heftiger als seine Verletzungen.

Er nahm kaum wahr, wie der Heiler seine Wunden reinigte und mit Salben bestrich. Bemerkte nicht, dass sein Vater hereingekommen war, bis er ihn ansprach.

„Was ist passiert?", fragte Bron und beugte sich über ihn. „Wer hat dir das angetan?"

„Feewyn", stieß Gelon hervor. „Und Tulka. Sie hat der Hure geholfen!"

Bron zuckte zurück. „Was redest du denn da? Feewyn? Und Tulka, meine Stallmeisterin? Das kann doch nicht sein, das ist…"

„Willst du sagen, dass ich lüge?" Gelon richtete sich auf und schlug zornig nach der Hand des Heilers. „Geh! Lass mich!"

Erschrocken verbeugte der sich und eilte davon. Bron wandte sich an die Wachen. „Bringt auf der Stelle Feewyn und Tulka zu mir!"

Gelon lachte verbittert. „Sie sind geflohen! Mit unseren besten Pferden!"

Bron runzelte die Stirn. Also hatten sie sich doch etwas zuschulden kommen lassen? Oder sich einfach nur zur Wehr gesetzt? Tulka würde niemals ohne triftigen Grund einen solchen Frevel begehen. Und Feewyn? Sie war doch noch fast ein Kind. Bron kannte seinen Sohn nur allzu gut, und er war sich sicher, dass Gelon etwas wirklich Übles getan hatte.

„Was siehst du mich so an!“, knurrte Gelon, als er seine bohrenden Blicke bemerkte. „Feewyn ist keine Unberührbare, sie ist eine Hure, die sich mit den niedersten Knechten im Stroh gewälzt hat. Ich wollte sie zur Rechenschaft ziehen, zu einem Geständnis zwingen, und ich weiß nicht, was in Tulka gefahren ist, dass sie mich wegen diesem Abschaum angreift. Das Weib muss verrückt geworden sein!“

„Ja, das muss sie wohl“, erwiderte Bron. Er glaubte seinem Sohn kein Wort. Und es schmerzte ihn, dass nun das Todesurteil für die beiden gefällt war. Doch das ließ sich nicht ändern.

„Ich werde ein paar Männer entsenden“, sagte Bron verärgert. „Sie sollen einen der Rothunde mitnehmen. Man wird ihre Fährte schnell finden und sie zurückbringen.“

„Nein!“, brüllte Gelon und schlug mit der Faust auf einen Spiegel, der in tausend Scherben auf dem Boden landete. „Ich werde mir die Hure und die Verräterin holen! Und ich werde ihre Leichen zurückbringen und zur Schau stellen!“

„Das wirst du nicht!“, donnerte Bron. „Du wirst morgen zusammen mit uns reisen. Du wirst dich am Hofe König Warts von deiner besten Seite zeigen! Ich lasse nicht zu, dass wegen einer deiner Dummheiten ein Schatten auf die Hochzeit fällt.“

Gelons Brust hob und senkte sich. Er konnte sich kaum unter Kontrolle halten, doch er neigte den Kopf. „Wie du befiehlst, Vater“, sagte er, und Bron verließ kopfschüttelnd den Raum.

Als Ruven nach seinem Morgenausritt in den Hof der Burg kam, spürte er es sofort. Etwas war geschehen, es lag wie ein Flüstern und Raunen in der Luft. Er sah in bleiche Gesichter, die seine Blicke mieden.

War etwas mit seiner Schwester? Hatte sie sich in ihrer Verzweiflung wegen der Heirat etwas angetan? Ruven übergab sein Pferd einem Stallburschen und eilte zu ihr.

Woreen saß schluchzend inmitten eines Durcheinanders aus Truhen und Kisten auf dem Bett.

„Was ist denn los?“, fragte Ruven und nahm sie in die Arme.

„Feewyn!“, heulte Woreen.

Ruvens Herz krampfte sich zusammen. „Was? Was ist mit Feewyn?“

„Gelon sagt, sie wäre eine Hure und dass sie ihn angegriffen hätte! Und dass Tulka ihr geholfen hätte und dass er sie auf der Stelle umbringen würde, wenn er sie erwischt!“ Nun brachen alle Dämme, und Woreen weinte so heftig, dass ihr Körper durchgeschüttelt wurde wie ein kleines Bäumchen im Wind.

Ruven hielt sie fest und versuchte, einen klaren Gedanken zu fassen. Das alles war nichts als eine unfassbare Lüge. Gelons Werk! Doch was immer auch geschehen war, niemand würde ihnen glauben. Niemand das Wort des Prinzen anzweifeln. Man würde sie hinrichten.

Die Vorstellung war unerträglich, und mit plötzlicher Klarheit begriff er, wie sehr er Feewyn liebte. Schon immer geliebt hatte. Es gab keinen anderen Menschen in seinem Leben, an dessen Seite er sich glücklicher gefühlt hatte. Erfüllt von Freude und einer Wärme, die er nirgends sonst fand.

Ich muss sie suchen und irgendwo in Sicherheit bringen!

Die Tür flog auf, und Gelon stürmte ins Zimmer, gefolgt von zwei grobschlächtigen Männern, die keinesfalls die Befugnis hatten, sich hier aufzuhalten.

Toran und Gelt, Gelons Leibwächter und Kumpane, mit denen er seine Laster teilte. Verschwiegen und bereit, alles für ihn zu tun. Neugierig sahen sie sich um.

„Was soll das!“, rief Ruven, sprang auf und stellte sich vor Woreen, um sie vor den anzüglichen Blicken zu schützen. „Raus hier!“

Gelon schob ihn einfach zur Seite. Er sah schrecklich aus. Selbst wenn die Wunden in seinem Gesicht gut verheilten, er würde für immer entstellt bleiben.

Und das soll Feewyn getan haben?, schoss es Ruven durch den Kopf. Niemals!

„Wo sind Feewyns Sachen?“, rief Gelon und packte Woreen an der Schulter.

„Ihre Sachen? Da in der Kiste, aber ich verstehe nicht … was willst du denn damit?“, fragte Woreen verwirrt.

Gelon antwortete nicht, ging zu der Kiste und öffnete sie. Er zog ein Hemd hervor und drückte es an seine Nase. „Das sollte reichen. Vor einem Rothund wird sie sich nirgends mehr verkriechen können!“

Ohne ein weiteres Wort rannte er mit seinen Männern davon.

„Ich weiß nicht wie, aber du musst Feewyn helfen“, flüsterte Woreen verzweifelt.

„Das werde ich“, erwiderte Ruven und zermarterte sich den Kopf. Er musste schneller sein als Gelon und seine Männer. Doch wie sollte er sie finden? Wohin konnten sie geflohen sein? Er wünschte sich, er hätte sich mit Tulka auch noch über andere Dinge als Pferde und Ringkämpfe unterhalten. Er wusste nichts über sie. Nicht, wo sie herkam und ob es vielleicht einen Ort gab, an den Tulka eines Tages wieder heimkehren wollte.

„Hat Feewyn mit dir eventuell über einen bestimmten Ort gesprochen hat? Ich meine, einen Ort, an den sie sich alleine zurückgezogen hat? Einen geheimen Platz? Wo sich die beiden verstecken könnten?“

Woreen schüttelte traurig den Kopf. „Sie hat mir nie etwas darüber erzählt. Sie durfte sich doch alleine auch gar nicht weit entfernen.“

Ruven sank das Herz. Er sah eigentlich nur eine Möglichkeit, sich in Sicherheit zu bringen. Sie mussten zur Grenze und nach Tagland.

„Ich finde sie“, sagte er und drückte Woreen einen Kuss auf die Wange. „Ich werde nicht zulassen, dass sie in Gelons Hände gelangt.“

An der Tür prallte er mit Bron zusammen.

„Was hast du vor?“ Bron musterte die beiden mit grimmigem Gesicht. „Willst du dich etwa wie dein Bruder meinem Willen widersetzen und dem liederlichen Mädchen hinterherjagen?“ Er versetzte Ruven einen so heftigen Stoß, dass er zurück ins Zimmer taumelte.

„Feewyn ist keine Hure!“, rief Woreen. „Gelon lügt! Ich kenne sie, sie ist mir eine treu ergebene Freundin!“

„Bitte, ich muss Gelon aufhalten, hier geschieht ein schreckliches Unrecht“, sagte Ruven und hob die Hände. „Bitte, Vater, lass mich versuchen, es zu verhindern.“

Bron schüttelte den Kopf. „Was ist das nur mit diesem Mädchen? Sie macht euch anscheinend alle vollkommen verrückt! Aber Schluss jetzt damit! Gelon konnte ich nicht mehr davon abhalten, doch du, Ruven, wirst ihnen keinesfalls folgen. Du wirst morgen in aller Frühe die Reise mit uns antreten, wenigstens einer meiner Söhne wird an meiner Seite sein.“

„Ohne Feewyn gehe ich nirgendwo hin!“, kreischte Woreen.

„Oh doch, das wirst du“, sagte Bron und ging zur Tür. „Wachen! Schließt die beiden ein. Ihr seid mir persönlich dafür verantwortlich, dass sie morgen das Schiff besteigen. Falls es nötig sein sollte, dürft ihr Gewalt anwenden.“

Das Geräusch der Türriegel hallte laut in Ruvens Ohren. In ohnmächtiger Wut prügelte Woreen auf die Kissen ein.

Tarr strich mit verkrüppelten Fingern über das Wasser im Becken. Ob sich ihm auch etwas offenbaren würde, so wie seiner Herrin?

„Nimm deine dreckigen Finger da weg“, zischte eine Stimme an seinem Ohr.

Tarr erschrak fast zu Tode, doch es war nur seine Gefährtin.

„Wir sollten sie besser nicht reizen“, sagte Latann und schob sich eine ihrer dünnen Strähnen aus der Stirn. „Hast du gesehen, wie die Herrin aus der Fassung geraten ist, als sie gehört hat, dass eine Nachtkatze Feewyns Tod vereitelt hat?“

„Ja“, erwiderte Tarr und leckte mit seiner braunen Zunge das Wasser von der Hand. Er wusste nicht, was er erwartet hatte. Doch es schmeckte einfach nur nach Wasser. Nach nichts.

„Ich glaube sogar“, flüsterte Latann und riss die Augen auf, „obwohl es eigentlich undenkbar ist, doch ich glaube, es hat ihr Angst gemacht.“

Unvorstellbar. Doch Tarr hatte es auch gesehen. Die Furcht in Nomeds Augen.

Im Nirgendwo

Der Schaum aus dem Maul des Pferdes flog ihr ins Gesicht. Das Tier war genauso am Ende seiner Kräfte wie Feewyn, die sich kaum mehr im Sattel halten konnte. Stundenlang hatten sie die Pferde vorangetrieben, sich in dem Wissen, dass man sie verfolgte, nur eine kurze Pause gegönnt.

Feewyn versuchte, die Schmerzen zu ignorieren, konzentrierte sich mit zusammengebissenen Zähnen auf Tulkas breiten Rücken, die vorausritt. Sie waren eine Zeit lang im seichten Wasser eines Flusses der Strömung gefolgt in der Hoffnung, dass die Hunde ihre Spur verloren. Nun waren sie Richtung Küste unterwegs.

„Sie wissen natürlich, dass wir nur in Tagland vor ihnen sicher sind“, hatte Tulka gesagt. „Und ich hoffe, sie denken, dass wir auf direktem Weg zur Grenze reiten. Vielleicht haben wir eine Chance, wenn wir genau das nicht tun.“

Der Himmel über ihnen war ein Gemälde in Tintenblau, Orange, Rot und Gelb, als die Sonne unterging. Der Wald, der vor ihnen auftauchte, glich einer dunkelgrünen Mauer.

Tulka zügelte ihr Pferd und kniff die Augen zusammen. „Komm, dort drüben können wir ein wenig rasten und schlafen."

Der Platz war gut gewählt. Sollte sich in der Nacht jemand durch den Wald nähern, würden sie das hören. Und das offene Feld, das vor ihnen lag, bot niemandem ausreichend Schutz, der sich anschleichen wollte.

Feewyn rutschte aus dem Sattel und stürzte zu Boden. Ihre Beine konnten sie nicht mehr tragen.

„Bleib einfach liegen", brummte Tulka und befestigte die Zügel an einem Baum. Schnaubend rissen die Pferde die Grasbüschel um den Stamm heraus.

Tulka inspizierte die Satteltaschen und schüttelte den Wasserbeutel, der glücklicherweise gefüllt war.

„Viel ist es nicht", seufzte sie. „Aber besser als nichts."

Ein Kanten Brot, ein Stück getrocknetes Fleisch und ein paar Äpfel landeten neben Feewyn. Und ein Messer und ein Bogen.

„Kannst du mit etwas davon umgehen? Also ich frage nicht, ob du einen Apfel schälen kannst." Tulkas Zähne schimmerten im Dämmerlicht, als sie Feewyn schief anlächelte.

Feewyn stützte sich auf die Ellenbogen. „Ruven hat mir mal gezeigt, wie man einen Bogen benutzt.

Aber ehrlich gesagt, ich habe selten etwas getroffen."

Tulka seufzte tief und plumpste neben ihr ins Gras. „Hör mir gut zu", sagte sie. „Bis jetzt warst du eine Unberührbare und Woreens Gefährtin. Doch von nun an bist du nicht mehr wert als der Schmutz unter meinen Fingernägeln. Eine Todgeweihte. Aber vielleicht kannst du überleben, wenn du genau das tust, was ich dir sage. Und du musst lernen, dich zu verteidigen. Glaub mir, auf ein Mädchen wie dich lauern noch andere Gefahren außer unseren Verfolgern. Letztere können wir hoffentlich abschütteln." Sie biss in einen Apfel, dass der Saft nur so spritzte.

„Tulka", sagte Feewyn und legte ihr die Hand auf den Arm. „Du hast dir dein eigenes Todesurteil gesprochen, als du mir geholfen hast. Warum hast du das getan?"

Tulka sah sie mit grimmiger Miene an. „Weil ich diesen Bastard Gelon nicht ausstehen kann. Ich wollte ihm schon lange eins über seinen hässlichen Kopf ziehen!" Als sie Feewyns Gesicht sah, lachte sie. „Nun iss endlich etwas, und dann schlaf ein wenig. Ich wecke dich später, und dann wirst du für mich die Augen offenhalten. Um deine Verletzungen kümmern wir uns morgen bei Tageslicht."

Feewyn biss hungrig in das Brot, das Tulka ihr reichte. Sie hatte nicht gedacht, dass sie einen Bissen essen könnte, doch nun merkte sie, wie heißhungrig sie war. Während sie aß, betrachtete sie Tulkas mächtige Gestalt, die im schwindenden Licht immer mehr zu einer dunklen Silhouette wurde. Neben ihr fühlte sie sich klein wie eine Puppe.

Zerbrechlich. Aber geborgen.

Feewyn ließ den Kopf sinken und schloss die Augen. Ihr Herz schlug ruhig und gleichmäßig. Die Angst war da. Doch sie war nicht übermächtig und alles verschlingend. Schlimmer war der Kummer, den sie empfand. Schlimmer als die Schmerzen und die Tränen, die unablässig aus dem verletzten Auge strömten, war die Trauer um die zerstörte Hoffnung auf ein besseres Leben. Eine Zukunft, in der sie vielleicht frei und selbstbestimmt über sich hätte entscheiden können.

Ich werde lernen, dafür zu kämpfen! Das war ihr letzter Gedanke, bevor sie in einen tiefen Schlaf fiel.

Toran warf dem Rothund ein Stück Fleisch zu, der sich gierig darauf stürzte und es mit einem Bissen verschlang.

„Das hat dieses blöde Vieh nicht verdient!“, sagte Gelon und warf einen Stein nach ihm. Der

Hund zog sich jaulend ein paar Schritte zurück und beobachtete ihn misstrauisch.

Gelon war außer sich vor Wut. Sie hatten die Spur am Fluss verloren. Der Hund war winselnd am Ufer hin und her gelaufen, während sie ihn auf ihren Pferden sitzend angefeuert hatten.

„Tulka ist ein gerissenes Miststück“, hatte Gelt gesagt und ausgespuckt. „Ohne sie hätten wir die Kleine längst erwischt.“

Ja, Tulka war nicht dumm, obwohl sie den größten Fehler ihres Lebens begangen hatte, als sie ihn niedergeschlagen hatte. Gelon hatte dieser Frau immer Respekt gezollt, obwohl er deutlich gespürt hatte, dass sie nicht viel von ihm hielt. Tulka war eine der wenigen Menschen, denen so eine Ehre zuteilwurde. Damit war es jetzt vorbei, er würde ihr mit seinem Schwert den Kopf abschlagen. Einfach würde das wohl nicht werden. Hatte eigentlich irgendwann jemand im Kampf gegen die Riesin den Sieg davongetragen? Doch Gelon machte sich keine Sorgen. Mit Gelt, Toran und dem Rothund an seiner Seite würde er Tulka auf die Knie zwingen.

Noch berauschender war die Vorstellung, wie Feewyn vor ihm auf den Knien lag und um ihr Leben bettelte. Der Gedanke daran verlieh ihm neue Kraft, und am liebsten wäre er wieder aufs Pferd gesessen und davongaloppiert. Doch er musste sich und seinen Männern etwas Ruhe gönnen. Ein paar

Stunden Schlaf. Und im Morgengrauen die Verfolgung wiederaufnehmen. Sie konnten nicht weit sein. Gelon konnte ihre Nähe spüren.

Er starrte in die Dunkelheit, und seine Finger schlossen sich um Feewyns Hals.

Smelda

Die Nachtkatze jagte den Pferden hinterher. Sie wusste nicht, warum sie das tat. Es war der gleiche Zwang, der sie dazu gebracht hatte, den Mann mit dem Schwert anzugreifen. Etwas, das sie niemals getan hätte, wäre da nicht dieser Geruch gewesen.

Er ging von dem Mädchen aus. Weckte verschwommene Erinnerungen und ein Gefühl, als wäre sie zweigeteilt. Ihr animalischer Instinkt kam nicht gegen das drängende Sehnen an, das unerklärlich und gefährlich war, unvorsichtig und verletzlich machte. Dann entschwanden die Pferde in der Ferne, der Geruch des Mädchens wurde schwächer. Doch sie würde ihn wiederfinden.

Erschöpft ließ sich die Katze neben einem Baum ins Gras fallen und rieb den Kopf am Stamm. Die Narbe über ihrer Nase brannte wieder, das Ohr, dem ein Teil der Spitze fehlte, zuckte nervös. Sie war daran gewöhnt, und es würde vorübergehen.

Sie sah sich um. In der Nähe plätscherte ein Bach. Sie hatte Durst und Hunger. Doch erst einmal musste sie sich ausruhen. Sie rollte sich zusammen.

Das Stampfen von Hufen riss sie aus ihrer Erschöpfung. Am Ufer des Bachs stand ein mächtiger Hirsch und blickte zu ihr. Im Dämmerlicht konnte sie sehen, wie Wasser aus seinem Maul tropfte.

Seine Jungen wären eine willkommene Beute für sie gewesen, aber er war viel zu groß. Früher hätte sie ihn vielleicht bezwingen können, doch inzwischen hatte sie viel von ihrer Kraft verloren. Eine Frau mit langen, weißen Haaren trat an seine Seite, und die Katze sprang auf. Die Haare auf ihrem Rücken richteten sich in die Höhe, doch die Katze spürte, dass diese Frau kein gewöhnlicher Mensch war.

Hab keine Angst. Die Lippen der Frau bewegten sich nicht, und doch konnte die Katze sie hören. Die Frau kam näher und legte ihr die Hand auf die Narbe, die heftig zu pochen begann. Leise fauchend wollte die Katze zurückweichen.

„Das sind Splitter von Kettar, tief eingeschlossen in deinem Fleisch, deshalb bleibst du, was du geworden bist“, sagte die Frau. „Doch lass mich dir helfen, deine Erinnerungen wiederzufinden.“

Der Schwanz der Katze peitschte gegen den Stamm, als die Frau ihr die Hand auf den Kopf legte und die Narbe wie Feuer zu brennen begann.

Es war, als versänke sie in ein tiefes Wasser. Um ihren Körper, der nun der Körper einer Frau war, trieben bruchstückhafte Bilder wie Seegras in der Strömung. Erinnerungen an eine Stadt in Flammen, Menschen, Leibwandler, niedergemetzelt in den Gassen. Ein Pferdekarren, Schnee, von Blut getränkt, und Cassia, die Herrin, die weinte. Cassia! *Und ich, ich bin Smelda!*

Die Erkenntnis war wie ein Donnerschlag und warf sie zu Boden.

„Ich bin Edin, mein armes Kind“, sagte die Frau und kniete sich neben sie. „Nama und ich konnten euch damals nicht helfen. Es tut mir so leid, Nomed war stärker. Doch vielleicht gibt es nun eine Möglichkeit. Cassia ist immer noch am Leben, Nomed hat es nicht gewagt, sie umzubringen. Ich werde versuchen, die Herrin zu befreien, und du, du wirst der Spur ihrer Tochter folgen.“

Die Katze setzte sich auf. Das also hatte sie gerufen, unwiderstehlich angezogen. Das Mädchen war Cassias Kind.

Edin streichelte ihr seidenweiches Fell. „Du lebst schon sehr lange in dieser Gestalt. Viel zu lang. Und es kann sein, dass das Wesen des Tiers von neuem die Überhand gewinnt. Dich wieder vergessen lässt, wer du eigentlich bist. Kämpfe dagegen an.“

Smelda öffnete den Fang, versuchte zu sprechen, doch heraus kam nur ein verzweifeltes Fauchen.

Als sie im Morgengrauen erwachte, war Edin verschwunden. Am Ufer des Bachs kauerte sie sich nieder, um zu trinken. Auf der Wasseroberfläche spiegelte sich für einen Moment ein menschliches Antlitz. Ihr Gesicht!

Dann war es verschwunden, und sie sah nur wieder das Spiegelbild einer Nachtkatze, über deren Nasenrücken sich eine rote Narbe zog.

Und die um den Hals ein geflochtenes weißes Band trug.

Damit du nicht vergisst, hörte sie Edins Stimme aus weiter Ferne.

Gesichter im Wasser

Woreen stand am Bug des königlichen Schiffs und blickte auf das türkisfarbene Meer hinaus. Das Wasser war ruhig, es war, als glitten die drei Schiffe wie auf einer Eisfläche dahin. Morgen schon würden sie in aller Frühe ihr Ziel erreicht haben.

Woreen hatte keinen Blick für die Schönheit, die sie umgab. Ihre Gedanken kreisten wie ein Mühlrad in ihrem Kopf. Das fremde Land, eine Ehe, die sie nicht wollte. Am unerträglichsten war die Ungewissheit, ob Feewyn noch am Leben war. Am Leben bleiben konnte! Gelon würde diese Schmach niemals hinnehmen. Manchmal kam er ihr vor wie ein Rothund. Wenn er sich in etwas verbissen hatte, ließ er nicht mehr locker.

Er war ihr leiblicher Bruder, doch Woreen empfand keine Liebe für ihn. Vielleicht, weil er sie immer hatte spüren lassen, dass er der Thronfolger war. Auf sie herabblickte und nicht viel besser behandelte als eine Dienerin.

Wie anders war doch Ruven, und nun bedauerte sie noch mehr, dass nicht er an erster Stelle stand. Dann hätte er vielleicht die Erlaubnis erhalten, Gelon aufzuhalten.

Am Horizont tauchte eine Insel auf, die Heimat der Delfen. Ein Volk, das in Abgeschiedenheit lebte und nur an den Küsten auftauchte, um Handel zu treiben. Ihre Perlen waren das Kostbarste, was man besitzen konnte, und die Fische, die sie fingen, waren köstlich und begehrt.

Die Delfen reisten in kleinen, schnellen Booten, um ihre Waren zu transportieren. Sie selbst benötigten keine Boote. Denn zwischen ihren Fingern wuchsen feine, durchsichtige Schwimmhäute, und sie konnten unter Wasser atmen. Mit ihrer makellosen Haut und ihren im Sonnenlicht leicht grünlich schimmernden Haaren zogen sie alle Blicke auf sich.

Die Delfen waren freundlich, aber sehr zurückhaltend. Sie wollten nichts mit den Dingen zu schaffen haben, die auf dem Festland geschahen. Und sie ließen auch keine Besucher auf ihre Insel.

Die Klaueninsel. Kein anderer Name hätte ihren Anblick besser beschreiben können: Schwarze Felsen ragten aneinandergereiht wie Hände aus dem Wasser. Die Spitzen ins Landesinnere gebogen wie mächtige, krumme Finger. Klauen. Unüberwindbar. Es gab einen einzigen schmalen Durchlass, aber noch niemand hatte ihn je passiert.

Wie es wohl dort aussieht?, sinnierte Woreen, als sie der Insel näher kamen. Wie lebt dieses Volk? Woreen wusste nicht einmal, ob es bei ihnen auch ein Königshaus gab. Prinzen und Prinzessinnen, denen Gehorsam abverlangt wurde.

Auf der rechten Seite des Schiffs tauchte die zerstörte Stadt Ameer auf. Ein paar vereinzelte Häuser waren von den Bränden verschont geblieben und ließen erahnen, wie schön es hier einmal gewesen sein musste.

Das also war die Heimat der Leibwandler, staunte Woreen. Irgendwie passte der Anblick nicht mit den Geschichten zusammen, die sie über sie gehört hatte. Wie konnten Barbaren einen solch schönen Ort erschaffen?

Als sie die schmalste Stelle zwischen dem Festland und der Klaueninsel passierten, bemerkte Woreen eine Bewegung im Wasser. Sie eilte auf die linke Seite des Schiffs und beugte sich über die Reling.

Unter der Wasseroberfläche entdeckte sie ein Gesicht. Das Gesicht eines Mannes, der ausdrucklos zu ihr hochblickte. Doch er war nicht allein. Dutzende, nein, es mussten Hunderte Delfen sein. Sie schwebten scheinbar bewegungslos im Wasser. In den Händen hielten sie Speere und zu Sicheln gebogene Schwerter. Ein ganzes Heer versperrte den Weg zur Insel.

„Sie trauen uns nicht über den Weg“, sagte ihr Vater, der neben sie getreten war. „Sie haben Angst, dass wir sie angreifen könnten und uns ihre Perlen und Schätze holen."

Das wirst du wohl eines Tages tun, dachte Woreen, doch sie hütete sich, es auszusprechen.

„Seid gegrüßt und lasst uns in Frieden passieren!", rief Bron. „Wir sind mit guten Absichten auf dem Weg nach Tagland!" Er legte sich theatralisch die Hand auf das Herz und verneigte sich.

Keiner der Männer reagierte.

„Hebe die Hand zum Gruß", sagte Bron, und Woreen tat, was er verlangte.

Einer der Delfen schenkte ihr ein kleines Lächeln, bevor er in der Tiefe verschwand.

Der Überfall

Feewyn rieb sich eine klebrige Masse aus dem verletzten Auge und sah sich blinzelnd um. Die Sonne schob sich über den Horizont, und in den Bäumen begrüßten die Vögel laut zwitschernd den neuen Tag.

Tulka! Wo ist sie? Feewyn rappelte sich auf. *Hat sie mich allein zurückgelassen?*

Ihr Herz pochte. Sie hätte es verstehen können. Sie war doch nur ein Klotz an ihrem Bein, und Tulka hatte schon genug für sie gewagt. Aber wie sollte sie ohne sie überleben? Wohin gehen?

Doch beide Pferde waren noch da, und Feewyn beruhigte sich etwas. Also konnte auch Tulka nicht weit sein. Sie setzte sich wieder ins Gras, zog das Messer aus dem Gürtel und betrachtete es. Edel, scharf geschliffen wog es schwer in ihrer Hand.

Könnte ich damit wirklich zustechen, wenn es nötig wäre? Jemanden verletzen oder sogar töten? Sie fand keine Antwort und schob den Gedanken beiseite.

Ein Ast knackte im Unterholz, und die Pferde schnaubten unruhig.

„Tulka?“ flüsterte Feewyn und richtete sich auf. Im selben Moment traten drei Männer aus dem Schatten des Waldes.

Gelon! Er hat uns gefunden! Das war ihr erster Gedanke, doch dann erkannte sie, dass es sich bei den Männern um Wegelagerer handeln musste. *Deserteure*! Denn die verdreckten Uniformen, die ihnen zerlumpt vom Leib hingen, stammten eindeutig aus Brons Heer.

„Ja was beschert uns denn da dieser verheißungsvolle Morgen?“, sagte der Größte unter ihnen und näherte sich ihr. „Ein hübsches kleines Kätzchen, etwas lädiert, aber immer noch brauchbar.“

Seine Gefährten spähten umher, beruhigten sich aber schnell, denn es war niemand sonst zu sehen.

„Seht euch diese Pferde an!“, sagte einer der beiden anerkennend. „Edle Rösser, die bringen uns viel Geld, und die Sattel auch!“

„Wagt es nicht, sie anzurühren!“, zischte Feewyn zornig.

Der Anführer sah sie verdutzt an, dann lachte er schallend und zeigte eine Reihe gelber Zähne. „Sonst was? Wirst du uns mit deinem Messerchen abstechen? Ho ho! Ich zittere vor Angst!“

Seine Kumpane brachen in Gelächter aus, während er Feewyn immer näherkam. Sie hob das Messer und funkelte ihn an.

Er schüttelte den Kopf. „Mir scheint, dass du schon genug Prügel hast einstecken müssen, also leg das Messer weg. Wir werden uns die Pferde nehmen, und du wirst uns ebenfalls begleiten. Wir mussten schon viel zu lange auf weibliche Gesellschaft verzichten, stimmt's, Männer?"

Etwas in Feewyn explodierte. Schon wieder nahm sich ein Mann das Recht heraus, über sie zu bestimmen. Behandelte sie wie Vieh! Vor Wut schreiend stürzte sie sich blindlings auf ihn.

Er packte ihren Arm und riss ihr das Messer einfach aus der Hand. Sie schlug um sich, trat mit den Füßen nach ihm und biss ihm in seine schmutzige Hand, als er nach ihrem Zopf greifen wollte.

„Verflucht!", brüllte er. „Wirst du dich benehmen, oder muss ich dich totprügeln?"

Einer seiner Kumpane landete lautlos neben ihnen auf der Erde und blieb regungslos liegen. Um seinen Hals zog sich eine rote Linie, aus der Blut strömte.

„Was …" Er gab Feewyn frei und fuhr herum.

Vor ihm stand Tulka und blickte ihn ruhig an. Ihre Hand lag um den Hals seines Gefährten, der rot angelaufen war und verzweifelt nach Luft rang.

„Was bei allen Dämonen bist du?", fragte der Rädelsführer fassungslos. War das überhaupt ein

Weib, zwischen dessen Fingern ein ausgewachsener Mann sein Leben aushauchte wie eine kleine Maus?

„Ich habe nicht vor, mich dir vorzustellen“, sagte Tulka und ließ den leblosen Körper fallen. „Und es ist auch nicht nötig, dass du mir erzählst, wer du bist. Das weiß ich schon. Eine dreckige, diebische Ratte!“

Der Mann zog sein Schwert und versuchte, sich zu verteidigen, als Tulka auf ihn zustürmte. Er wurde gefällt wie ein Baum.

Feewyn zitterten die Knie. Es war nicht das erste Mal, dass sie mitangesehen hatte, wie ein Leben ausgelöscht wurde. Doch so nahe war sie noch keinem Toten gewesen, hatte noch nie so intensiv frisches Blut gerochen. Sie rannte hinter einen Baum und erbrach sich.

Tulka kümmerte sich nicht um sie. Sie befestigte den Hasen, den sie mit dem Bogen erlegt hatte, an einem Sattel. Dann beugte sie sich über die Männer und zerrte ihnen die Kleider vom Leib.

Feewyn wischte sich über den Mund und sah ihr fassungslos zu. „Was tust du denn da?“

„Hilf mir!“, sagte Tulka und reichte ihr ein schmutziges Hemd. „Frag nicht und zerschneide es in zwei Teile. Es wird höchste Zeit, dass wir von hier fortkommen!“

Feewyn gehorchte mit bebenden Händen. In den Taschen und Beuteln der Männer fanden sie eine stattliche Anzahl Münzen.

Diebesgut, dachte Feewyn. Wer weiß, wen sie dafür umgebracht haben! Sie hatte sich beruhigt, und als sie sah, wie Tulka die Stoffteile um die Hufe eines der Pferde wickelte, begriff sie. Die Hunde würden nur einer Spur folgen.

„Ich hätte nie gedacht, dass ich mich eines Tages so über stinkenden Männerschweiß freuen würde", grinste Tulka.

Als sie fertig war, sammelte sie noch die Schwerter ein. Dann schlug sie auf das andere Pferd ein. „Lauf!"

Es galoppierte davon, und Tulka lächelte zufrieden. Es würde zurück nach Bronsburg laufen. Hoffentlich mit den Verfolgern im Schlepptau.

„Steig hinter mir auf", befahl Tulka. „Mit diesen Bandagen kommen wir nur langsam voran. Doch ich denke, wir haben uns etwas Zeit verschafft. Tut mir leid, dass wir uns noch immer nicht um deine Wunden kümmern können. Beiß einfach die Zähne zusammen."

Feewyn wischte sich über die Augen und lächelte sie an. Seltsamerweise verspürte sie kaum noch Schmerzen. Etwas überlagerte sie wie der leise Klang einer Melodie.

Hoffnung.

Der Empfang

Von weitem sah es wirklich so aus, als wäre das Schloss aus Gold gebaut. Im Licht der aufgehenden Sonne leuchtete es auf einem Hügel wie ein Traumbild.

Woreen konnte den Blick kaum abwenden. Die Schiffe steuerten auf den Hafen zu, und sie kam nicht mehr aus dem Staunen heraus. Blumen, blühende Sträucher, mit Früchten beladene Bäume. Die Landschaft war in einen fast unnatürlichen grünen Schimmer getaucht, als wäre hier die Natur regelrecht explodiert. Ganz anders, als sie es von Westland kannte, wo die Menschen dem kargen Boden eine Ernte abtrotzten.

„Seid Ihr bereit?“, fragte Ariad. Die Zofe legte ihr den reichbestickten Mantel um die Schultern und zupfte ein letztes Mal an Woreens Haaren, die sie wieder zu einer Krone geflochten hatte.

Nein! Ich bin überhaupt nicht bereit, dachte Woreen, doch sie nickte und folgte ihr an Deck.

Bron und Nomed warteten schon auf sie. Als Ruven sie entdeckte, kam er auf sie zu und griff nach ihrer Hand.

„Nur Mut!“, flüsterte er ihr zu.

Er sah schrecklich aus. Dunkle Ringe lagen um seine Augen. Woreen war sich sicher, dass er kaum geschlafen hatte vor Sorge um Feewyn.

Die Schiffe wurden vertäut, und die Leibgarde marschierte voraus. Bron winkte sie an seine Seite, und Woreen machte den ersten Schritt in eine unbekannte Zukunft.

König Warts Ehrengarde stand Spalier, hinter ihnen reckte der Adel und die Ratsherren die Hälse.

Wart und Aivla standen am Ende der Reihe zum Empfang bereit. Ohne den Prinzen. Zu ihrer größten Bestürzung war Ewan seit dem Morgen unauffindbar.

„Er ist um keinen Tag gealtert", flüsterte Wart seiner Frau zu, als Bron näherkam.

Hoch aufgerichtet, in einer schlichten, schwarzen Uniform und mit der eisernen Krone auf dem Kopf, wirkte Bron eindrucksvoll und einschüchternd.

„Sieh nur, seine Tochter, wie hübsch sie ist", flüsterte Aivla. „Was für ein Glück!"

Tatsächlich bot die blonde junge Frau an Brons Seite einen bezaubernden Anblick. Noch hübscher hätte sie gewirkt, wenn sie gelächelt hätte. Man sah ihr an, dass sie nicht freiwillig hier war.

Ein Raunen und Wispern ging durch Schaulustigen.

„Ist sie das?“, fragte Aivla überrascht. „Ist das Nomed? Das ist die schönste Frau, die ich je gesehen habe. Du lieber Himmel, ich habe sie mir ganz anders vorgestellt.“

König Wart kam nicht zu einer Antwort, denn nun ertönten laute Rufe aus der Menge.

„Hexe!“

„Dämonin!“

„Widerliche Kreatur!“

Dann flogen tote Ratten durch die Luft. Nomed zuckte nicht mit der Wimper und stieg über die Kadaver hinweg.

Wart stockte der Atem. Was für ein Affront! Eine Katastrophe! Erst jetzt bemerkte er die vielen roten Kutten. Ordensbrüder des Reinsten, die sich bis jetzt unentdeckt unter das Volk gemischt hatten. Er hatte geahnt, dass Jowar Unruhe stiften würde, aber niemals hätte er gedacht, dass er so eine Ungeheuerlichkeit wagen würde.

Wart gab den Wachen ein Zeichen. Die Männer rannten in die Menge und versuchten die Störenfriede zu erwischen, die flink wie die Wiesel auswichen.

Bron ließ sich von dem ganzen Tumult nichts anmerken. Er lächelte, als er sich tief vor ihnen verneigte.

„Eure Majestäten, welch eine Ehre und Freude! Wie habe ich diesen Moment herbeigesehnt!“

Woreen wollte einen Knicks machen, doch Aivla ergriff ihre Hände. „Es freut mich sehr, dich begrüßen zu dürfen, Prinzessin Woreen. Ich hoffe, wir können dir einen angenehmen Aufenthalt bereiten."

„Vielen Dank, Eure Majestät", sagte Woreen, und zum ersten Mal schlich sich ein Lächeln um ihre Mundwinkel, als sie in Aivlas freundliche Augen blickte.

„Ich vermisse Euren Sohn", sagte Bron und sah sich um.

„Er lässt sich entschuldigen", erwiderte Wart hastig. Hoffend, dass sich seine Wangen nicht zu sehr röteten. „Er ist noch damit beschäftigt, der Prinzessin heute Abend am Festmahl einen wahrhaft königlichen Empfang zu bereiten."

„Dann ist er natürlich entschuldigt", sagte Bron. Er lächelte noch immer. Es war wie eingefroren in seinem Gesicht. „Darf ich Euch meine engste Vertraute und Beraterin vorstellen? Begrüßt meine Gefährtin Nomed."

Aivla reichte Nomed die Hand und würde sich noch lange an diesen Moment erinnern. Den Eindruck, als berühre sie zartes Porzellan, kühl und glatt. Doch darunter war ein heißes Pulsieren, das sich unangenehm anfühlte. Der Blick aus wunderschönen Augen, in denen sich viele Farben spiegelten. Es war unwirklich.

Beängstigend.

Bron begleitete Nomed zu ihren Gemächern.

„Es tut mir leid, dass man dir solch einen Empfang bereitet hat“, sagte er und ballte die Faust. „Es sind religiöse Fanatiker, Dummköpfe, die ich in Westland zertreten würde wie Ungeziefer! Doch Wart hat mir versichert, dass man sie aufspüren und zur Rechenschaft ziehen wird. Sie werden dafür büßen!“

„Natürlich werden sie dafür büßen. Mach dir deswegen keinen Kopf“, erwiderte Nomed und hauchte ihm einen Kuss auf die Wange. „Lass mich jetzt bitte allein.“

Tarr spähte über die Reling. Es war ihm verboten worden, an Land zu gehen. Sein Anblick würde die Bewohner in Angst versetzen. Unruhe stiften.

Tarr war an die Blicke gewöhnt und daran, dass die meisten einen großen Bogen um ihn machten oder gleich angewidert das Weite suchten. Es gefiel ihm. Nur allzu gerne würde er jetzt durch die Stadt spazieren und sich nehmen, was die Leute in ihrer Panik einfach fallen ließen.

Als hätte sie ihm zugehört, vernahm er Nomeds Stimme in seinem Kopf. „Geh, sammle die toten Ratten ein und bring sie in der Dämmerung zu mir.“

Tote Ratten. Nichts Außergewöhnliches.

Tarr machte sich auf den Weg.

Die Zofe Ariad plapperte ununterbrochen vor sich hin, während sie damit beschäftigt war, die Reisetruhen auszuräumen.

„Ist es nicht wunderschön hier? Alles leuchtet in den hellsten Farben. Noch nie habe ich eine solche Pracht gesehen! Einen solchen Reichtum und Überfluss! Es wird Euch hier gutgehen, Ihr werdet sehen, vor Euch liegt eine wunderbare Zukunft!“

Als Woreen nicht antwortete, drehte sich Ariad nach ihr um.

„Was habt Ihr denn da angezogen?“, fragte sie irritiert. Das edle Gewand, das Woreen getragen hatte, lag auf dem Boden. „Wollt Ihr jetzt etwa ausreiten? Aber das geht nicht, Ihr müsst doch …“

Woreen hob die Hand. „Sei still. Ich will mich nur ein wenig umsehen. Und ich will nicht, dass mich gleich jeder erkennt.“ Sie schlang sich ein Tuch um den Kopf.

„Und was soll ich sagen, wenn jemand nach Euch fragt?“, murrte Ariad.

„Dass ich schlafe, da ich müde bin von der Reise.“ Woreen legte sich einen Finger auf die Lippen und schlüpfte durch die Tür.

Prinz Ewan folgte der jungen Frau. Er hatte schon eine Weile beobachtet, wie sie den Leuten auswich, die durch die Gärten flanierten. Er hatte sie noch nie gesehen, und anscheinend wollte sie nicht gesehen werden. Denn sie bog nun auf den Pfad zur Nordseite des Schlosses ab und ging Richtung Labyrinth.

Ob sie wohl selbst wieder hinausfinden wird? Ewan klaubte schnell noch zwei Äpfel auf und rannte ihr nach.

Er hielt Abstand, denn er wollte sie nicht erschrecken, doch als sie die Mitte des Labyrinths erreicht hatte, trat er lächelnd hervor.

„Willkommen an meinem Lieblingsplatz“, sagte er und deutete auf den steinernen Löwen. „Willst du dich nicht etwas ausruhen?“

Woreen zögerte einen Moment, doch dann setzte sie sich neben ihn. Seine blauen Augen strahlten sie freundlich an, sein sommersprossiges Gesicht wirkte weich und freundlich.

„Bist du mit den Schiffen gekommen?“, fragte Ewan und sah sie neugierig an.

„Äh … ja“, stotterte Woreen.

„Und wie heißt du?“

„Ich … mein Name ist Ariad.“

„Das ist ein schöner Name, und du, du bist auch sehr schön.“

Woreen lächelte verblüfft. Der junge Mann redete offen wie ein Kind, und sie konnte seinem bewundernden Blick ansehen, dass er ehrlich meinte, was er sagte.

„Vielen Dank“, erwiderte sie. „Und wie lautet dein Name?“

„Man nennt mich Wulf“, erwiderte er und schlug verlegen die Augen nieder.

Woreen erkannte, dass er jetzt auch gelogen hatte, doch das kümmerte sie nicht. Nichts spielte am heutigen Tag für sie eine Rolle.

„Möchtest du einen Apfel?“, fragte er und streckte ihr beide Hände hin.

„Oh, sehr gerne!“ Woreen nahm sich den Apfel, der so rot leuchtete, als hätte man ihn angemalt, und biss hinein.

Der junge Mann lachte schallend, als sie das Gesicht verzog.

„Oh nein, ist der sauer!“, rief Woreen und kaute Grimassen schneidend.

„Du hast dich von seinem schönen äußeren Schein blenden lassen“, sagte Ewan, nahm ihr den

Apfel aus der Hand und gab ihr den anderen. „Probiere den hier!“

Woreen nahm einen Bissen. „Hm ja, der schmeckt süß, ganz wunderbar.“

„Obwohl er eine grüne Schale hat“, sagte Ewan. „Aber so sind wir Menschen. Lassen uns ständig von Äußerlichkeiten täuschen. Dabei zählt doch nur, was im Inneren steckt, ob es sich nun um Äpfel oder die Leute handelt, die in unser Leben treten.“

„Das stimmt.“ Woreen konnte sich nicht erinnern, jemals mit einem Mann eine solche Unterhaltung geführt zu haben. Außer vielleicht mit Ruven. Der junge Mann an ihrer Seite war ein Fremder, doch es fühlte sich gut an, hier neben ihm auf einem Löwen zu sitzen, umringt von hohen, grünen Mauern.

„Ich verstehe, dass das dein Lieblingsplatz ist“, sagte sie und ließ den Blick schweifen. „Es ist so ruhig, man hat das Gefühl, als wäre man alleine auf der Welt.“

Ewan strahlte sie an. „Ja, genau! Die meisten können das nicht verstehen. Sie finden, es ist zu dunkel und zu feucht und halten sich lieber in den Gärten auf. Aber mir gefällt das. Man kann hier sehr gut nachdenken, ohne dass dauernd jemand angerannt kommt und etwas will.“

Eine Weile saßen sie schweigend nebeneinander.

„Kennst du den Prinzen näher?“, unterbrach Woreen die Stille.

„Warum fragst du nach ihm?“

„Ach, nur so aus Neugierde. Man erzählt sich ja einiges über ihn.“

„Und was?“

„Dass er ein wenig sonderbar ist“, sagte Woreen verlegen. Sie wusste nicht, wie sie es ausdrücken sollte. „Er soll nicht besonders klug sein, etwas schwächlich und auch nicht gesund … also, das erzählt man sich jedenfalls in Westland. Ach, es ist doch eigentlich egal!“

Der junge Mann sah sie an. Das Leuchten in seinen Augen war erloschen. „So, das erzählt man sich also über ihn. Ich kann dir nur sagen, dass er keinen Buckel hat und lesen und schreiben kann.“ Er wirkte verletzt.

„Du scheinst ihm nahezustehen“, sagte sie beschämt. „Es tut mir leid, ich wollte nichts Schlechtes über ihn sagen.“ Sie kam sich vor wie der größte Tollpatsch.

„Ich stehe ihm so nahe, dass ich weiß, dass er stets bestrebt ist, in allem sein Bestes zu geben und seine Pflichten zu erfüllen“, murmelte Ewan.

Woreen wurde schmerzlich an ihre eigenen Pflichten erinnert und sprang auf.

„Ich sollte gehen. Es ist höchste Zeit für mich!“

Ewan lächelte. „Wenn du es eilig hast, ist es wohl besser, wenn ich dich begleite. Ohne mich wirst du bestimmt stundenlang herumirren."

„Das wäre am heutigen Tag für mich nicht das größte Übel", seufzte sie und folgte ihm.

Sie wäre gerne noch geblieben und hätte die Ruhe genossen. Vielleicht in Gesellschaft dieses jungen Mannes, der so ganz anders war als alle, die sie bis jetzt kannte.

Hoch über den Tälern

Sie kamen nur langsam voran. Feewyn saß hinter Tulkas Rücken auf dem Pferd und sah sich neugierig um. Noch nie war sie so weit weg von der Burg gewesen. Sie hielten sich abseits von Wegen und Dörfern. Mieden die Felder, auf denen eine letzte Ernte eingeholt wurde. An einem Bach hatten sie Rast gemacht, und Tulka hatte ihr mit einem Tuch die Wunden gesäubert.

Feewyns Auge hatte endlich aufgehört zu tränen, doch es würde wohl noch eine ganze Weile dauern, bis die Schwellung zurückging.

Ihr fiel auf, dass sie nicht mehr auf die Sonne zuritten. „Tulka, reiten wir denn nicht mehr nach Süden?"

„Nein, wir gehen nun nach Osten über die Grauberge." Tulka deutete zum Horizont, an dem sich eine kahle Gesteinskette abzeichnete. „Niemand, der bei Verstand ist, würde das tun. Und genau deshalb machen wir das."

Feewyn stellte keine Fragen. Zum ersten Mal in ihrem Leben gab es einen Menschen, dem sie völlig vertraute.

Smelda folgte dem Geruch von frischem, süßem Blut und näherte sich geduckt. Einer schwarzen Wolke gleich stiegen Fliegen surrend in die Luft, als die Katze an den drei Leichen vorbeilief. Halbnackte Männer.

Die Pferde hatten sich getrennt, es gab nun zwei Spuren. Doch Smelda witterte sofort, welcher sie folgen musste.

Der Rothund jaulte und stürmte davon.

„Er hat wieder Witterung aufgenommen!“, schrie Gelon und trieb sein Pferd an. Ein Gefühl von Triumph und Vorfreude erfüllte ihn, als er dem Hund hinterher galoppierte.

Bald, bald meine Schöne!

Toran und Gelt hätten eine Pause gebrauchen können, doch vielleicht würde die Verfolgung jetzt endlich ein Ende finden. Sie hatten Mühe, ihren Herrn einzuholen, denn er peitschte sein Pferd wie ein Wahnsinniger voran.

Toran fiel es zuerst auf. Etwas konnte nicht stimmen. Sie waren auf dem Weg zurück nach Bronsburg. War das nun eine List, oder waren die beiden Weiber tatsächlich so dumm?

„Gelon!“, brüllte er. „Warte!“

Doch Gelon hörte ihn nicht. Wollte ihn nicht hören.

Nach einer scheinbaren Ewigkeit hatte der Hund eines der königlichen Pferde in die Enge getrieben. Es stand auf den Hinterbeinen und schlug angstvoll wiehernd nach dem Rothund, der ihm knurrend den Weg versperrte.

„Wo sind sie?“, fragte Toran außer Atem und sprang aus dem Sattel.

Gelt sah sich um. „Hier ist niemand sonst. Wenn ihr mich fragt, hat man uns an der Nase herumgeführt. Wir haben sie verloren.“

Er zuckte zusammen, als Gelon einen wütenden Schrei ausstieß und mit gezogenem Schwert auf den Hund losstürmte.

„Steig ab“, sagte Tulka. „Unser treuer Freund kann uns nicht mehr länger tragen.“ Sie tätschelte den Hals des Pferdes.

Die Sonne würde bald untergehen, und sie waren weit gekommen. Einen Teil des Aufstiegs hatten sie geschafft, und doch schien es, als wären die Wipfel unerreichbar.

Und wo sollten sie die Nacht verbringen?

Feewyn verstand längst, weshalb niemand diesen Weg nahm. Die Flanken der Grauberge waren kahl und steinig. Nur Moos und ein paar wenige Pflanzen gediehen auf der trockenen Erde. Lediglich ein paar zerzauste Sträucher hielten dem Wind stand, der über die Hänge fegte. Es gab keinen Schutz.

Sie war inzwischen so erschöpft, dass sie kaum noch einen Fuß vor den anderen setzen konnte. Doch sie würde Tulka nicht um eine Rast bitten, die ohne das geringste Anzeichen von Müdigkeit mit dem Pferd am Zügel voranging.

Ich werde weitergehen, bis ich umfalle!

An einigen Stellen sah der Fels aus, als wäre er bearbeitet worden.

„Früher wurde hier oben nach Kristallen und Edelsteinen geschürft", sagte Tulka, als sie eine Stelle passierten, in die man ein gewaltiges Loch geschlagen hatte. „Doch das ist schon lange her, es hat sich nicht mehr gelohnt."

„Riechst du das auch?", fragte Feewyn und blieb stehen.

„Rauch", sagte Tulka, und im gleichen Moment kam ein abgemagerter Hund mit struppigem Fell bellend auf sie zu.

Tulka blieb stehen und ging in die Knie. Doch auch so wirkte sie noch bedrohlich, und der alte Hund klemmte seinen Schwanz zwischen die steifen Hinterbeine und winselte unsicher.

„Na, wo kommst du her?", fragte Tulka und streckte die Hand aus.

Der Hund sah sie unsicher an, wackelte leicht mit dem Hinterteil und stakste schließlich zu ihr.

Es gibt wohl kein Tier, das nicht Vertrauen zu Tulka fasst, dachte Feewyn, als der Hund sich von ihr streicheln ließ.

„Zeig uns, wo du wohnst“, sagte Tulka. Der Hund drehte sich um und lief voraus.

Nach einer Weile entdeckten sie die morschen Reste eines Zauns, und dann tauchten ein paar Hütten auf. Die aus unzähligen Steinen erbauten Wände waren ausgebleicht vom Wind und der Sonne, die hölzernen Dächer fast alle eingestürzt. Ein einziges Haus schien noch bewohnbar. Es stand am Ende einer freien Fläche, die von Staub überzogen war. Ein alter Mann stand davor und hielt einen dicken Stock umklammert.

„Wer seid ihr?“ Seine Stimme klang brüchig. „Was wollt ihr? Hier gibt es nichts mehr zu holen, schaut euch um. Man hat mir schon alles genommen, also schert euch zu den Dämonen, und lasst mich in Ruhe!“

„Wir sind auf der Suche nach einer Zuflucht für die Nacht“, rief Tulka. „Wir tun dir nichts.“

Der Hund lief zu ihm und leckte ihm die Hand. Als sie näherkamen, sah Feewyn, dass der Mann blind war. Trotzdem richtete er die trüben Augen direkt auf sie. „Deine Stimme klingt tief wie ein Horn und dein Schritt wie der eines Mannes“, sagte er verwundert. „Aber du bist eine Frau.“

Tulka lachte. „Richtig geraten, mein Freund. Zwei Frauen, um genau zu sein."

„Denkst du, ich hätte nicht gehört, dass ihr zu zweit seid?" Der Alte schüttelte den Kopf. „Habt ihr euch verirrt?"

„Ganz und gar nicht", erwiderte Tulka. „Ich war bis vor kurzem noch die königliche Stallmeisterin, und meine Begleiterin Feewyn ist eine der Unberührbaren. Doch nun sind wir auf der Flucht. Vor Prinz Gelon, vor dem sicheren Tod."

Der Alte riss die Augen auf. „Tulka! Wer kennt nicht deinen Namen. Doch ich hätte es mir denken können, dass ihr nichts Böses im Sinn habt. Oni hat euch nicht verbellt. Normalerweise mag er keine Fremden, genauso wenig wie ich." Er stützte sich auf seinen Stock und beugte sich vor. „Ich frage nicht, was ihr verbrochen habt. Es gibt tausend Gründe, um in Ungnade zu fallen. Und ich habe tausend Gründe, um Bron und seine Sippe zu hassen." Er spuckte aus, und Feewyn konnte gerade noch zur Seite hüpfen.

Der Blinde hob den Arm und deutete in die Runde. „Seht euch an, was übriggeblieben ist von unserer kleinen Siedlung, von unserem Zuhause. Außer mir, ein paar Ziegen und Hühnern ist schon lange niemand mehr da. Brons Schergen haben die Männer geholt, damit sie in seinem Heer dienen. Die Frauen … meine Tochter und meine Enkelin …" Er wischte sich mit der Hand über die Augen. „… sie alle wurden von diesen Barbaren verschleppt. Ich weiß nicht, was man ihnen angetan hat, was aus ihnen geworden ist. Nur mich, den alten Tomlin, haben sie zurückgelassen. Meine Flüche sollen sie bis in alle Ewigkeiten begleiten!“

Feewyn legte ihm die Hand auf den Arm. „Das tut mir sehr leid für dich. Wie einsam musst du sein.“

Tomlin tastete mit den Fingern über ihr Gesicht und verzog den Mund zu einem zahnlosen Lächeln. „Eine Unberührbare und eine königliche Stallmeisterin. Seid mir willkommen und bleibt, solange ihr möchtet!“

Was die Nacht bringt

„Ich sehe aus wie ein Pfau“, rief Ewan, als Wulf das Ankleidezimmer betrat. „Woreen wird sich über mich lustig machen!“

Wulf lachte. „Ich weiß nicht, was du hast? Du siehst großartig aus in deinem Festgewand. Dieses Blau steht dir außerordentlich gut. Dazu noch die Schnallen auf deinen Schuhen, nicht jeder könnte das tragen.“

Ewan sah ihn wütend an. „Ja, mach nur deine Witze, das ist genau das, was ich jetzt brauchen kann!“

Wulf klopfte ihm auf die Schulter. „Beruhige dich. Ich meine es ernst. Ganz abgesehen davon, dass du der netteste Mann bist, der mir je begegnet ist, machst du jetzt einen wirklich passablen Eindruck. Geradezu königlich!“

„Netter Mann? Glaubst du, sie will einen netten Mann? Sie ist die Prinzessin von Westland, aufgewachsen mit starken, kriegerischen Kerlen, die einander aus purem Vergnügen die Köpfe einschlagen. Warum kann ich nicht etwas anderes tragen? Meinen Reitanzug zum Beispiel, darin sähe ich nicht so lächerlich aus.“

Wulf fasste ihn am Kinn. „Bist du nicht der, der auf Äußerlichkeiten pfeift? Wenn Woreens Blick nicht weiter reicht, dann soll sie sich wieder nach Westland scheren. Dann hat sie dich nicht verdient!“

Ewan richtete sich den mit Goldfäden bestickten Kragen und straffte die Schultern. „Also gut, lass uns den Vorhang heben. Ich werde mitspielen.“

„Nun lächle, mein Kind“, sagte Bron, als die Flügeltüren zum Festsaal aufschwangen. „Bezaubere den Prinzen.“

Er geleitete sie an der Hand, und einen Moment war Woreen wie geblendet. Ein Meer aus Kerzen brannte im blumengeschmückten Saal, Spiegel und Kristalle funkelten in goldenem Licht, und die festlich gekleideten Gäste bildeten eine Gasse und verneigten sich. Eine fröhliche Melodie mischte sich in das Gemurmel.

Musik! Etwas, das Woreen schon lange nicht mehr vernommen hatte, seit die Fahrenden aus Westland verschwunden waren. Ihr Herz pochte, als sie auf die lange, reich gedeckte Tafel am Ende des Saals zuschritten. Das Königspaar sah ihnen erwartungsvoll entgegen, an ihrer Seite stand ein prunkvoll herausgeputzter Mann mit roten Haaren.

Ihr Atem stockte. *Aber das ist doch nicht möglich!*

Der Prinz starrte ihr genauso fassungslos entgegen, und König Wart und Aivla tauschten beunruhigte Blicke.

Als Woreen vor ihnen stand und einen Knicks machen wollte, nahm Ewan ihre Hand.

„Willkommen, Prinzessin Woreen“, sagte er.

Und zum größten Erstaunen aller Umstehenden, lächelten sie einander an.

Tulka kümmerte sich im Stall um das Pferd, wo sie zu ihrer Überraschung auch etwas Heu fand. Der alte Tomlin mochte zwar blind sein, doch er schlug sich wacker und konnte für sich und seine Tiere sorgen.

Sie tätschelte dem Pferd den Hals. „Jetzt ruh dich aus, mein Freund, das hast du dir redlich verdient.“

Sie hob den Hasen auf, der den ganzen Tag am Sattel gebaumelt hatte, und ging zurück ins Haus.

Ein Feuer brannte unter der Kochstelle, und Tomlin hatte zwei verstaubte Lampen für sie angezündet. Der Raum war spärlich eingerichtet. Als hätte er ihre Gedanken gelesen, drehte sich Tomlin nach ihr um.

„Da hinten liegen ein paar Schaffelle, aus denen könnt ihr euch ein Nachtlager machen.“

Feewyn rührte in einem Topf voller Wurzelgemüse, das Tulka fremd war, doch es roch gut.

„Was haltet ihr davon, wenn wir diese Suppe noch mit etwas Hasenfleisch verfeinern würden?“, fragte sie.

„Hasenfleisch!“, rief Tomlin und klatschte begeistert in die Hände. „Es muss Jahre her sein, dass ich so etwas Gutes gegessen habe!“

Tulka hielt Feewyn den Hasen vor das Gesicht. „Man muss ihm das Fell abziehen. Hast du das schon mal gemacht?“

Feewyn schüttelte den Kopf. „Nur zugesehen, wenn die Küchenmägde …“

Tulka nahm ihren Arm und zog sie mit sich nach draußen. „Dann wird es Zeit, dass du es lernst, nimm dein Messer in die Hand, und dann …“

Als sie Feewyns zögerlichen Gesichtsausdruck sah, stemmte sie die Hände in die Hüften. „Du musst noch viel lernen, wenn du überleben willst, und das hier wird das Leichteste sein, glaub mir. Wenn Tomlin es gestattet, werden wir uns hier erst einmal verkriechen, bevor wir uns nach Tagland aufmachen. Ab morgen werde ich dir beibringen, wie man sich verteidigt. Mit Messer, Schwert und Bogen. Wie man kämpft und einen Angreifer zu Fall bringt, damit man ihm die Kehle durchschneiden kann. Wie man Fallen stellt und sich unsichtbar macht. Wie man sich lautlos wie ein Geist anschleicht. Deine Wunden sind noch nicht verheilt, und ich verspreche dir, in den nächsten Tagen und Wochen werden noch einige dazukommen. Bist du bereit, das auf dich zu nehmen?“

Feewyn umklammerte das Messer. „Ja, das bin ich!“, sagte sie mit einer Entschlossenheit, die keinen Zweifel aufkommen ließ.

Tarr wartete versteckt hinter einem Busch auf seine Herrin. Neben ihm lagen zwei prall gefüllte Säcke. Niemand hatte versucht, ihn zu verscheuchen, als er die Ratten eingesammelt hatte. Man hatte ihn wohl für den Niedrigsten des Gesindes gehalten, gerade gut genug für diese Aufgabe, und sich angewidert abgewendet.

Tarr betrachtete das hell erleuchtete Schloss, das mit seiner Schönheit heller als die Sterne am Himmel zu strahlen schien. Welch ein Gegensatz zu Bronsburg, die trotz aller Arbeit und Mühe immer noch düster wirkte.

Nomed tauchte so plötzlich vor ihm auf, dass er zusammenzuckte. Sie trug ein Festgewand aus silbernen Fäden. Ein glänzender Stoff, in dem er sich spiegeln konnte. Ihre schwarzen Haare berührten beinahe den Boden, als sie sich zu ihm beugte. Sie sah sehr jung und ein wenig verletzlich aus. Doch Tarr wusste es besser.

„Wie Ihr befohlen habt, Herrin“, sagte er und öffnete einen der Säcke.

Kreuz und quer lagen die Ratten übereinandergestapelt, und Nomed lächelte zufrieden.

Sie schloss die Augen und hielt leise murmelnd die Hände über die Tiere.

Dann flüsterte sie etwas in Tarrs Ohr. Er nickte begeistert und machte sich kichernd davon.

Gelon starrte in die Flammen des Lagerfeuers, das sie bei Einbruch der Dunkelheit entzündet hatten.

Er war zu Tode erschöpft, doch er fand keine Ruhe. Er sah Feewyns Gesicht in den züngelnden Flammen, die Funken, die durch die Luft tanzten, schienen ihn zu verhöhnen. Sie hatten die Spur endgültig verloren und waren auf dem Weg zurück nach Bronsburg.

Er würde sich einen der Gelbadler nehmen und weiter nach ihr suchen. Wenn es sein musste, den Rest seines Lebens.

Wo du dich auch verkrochen hast, ich finde dich!

Der Rothund, der ein paar Schritte entfernt unter einem Baum lag, leckte seine Wunden.

Er begann ängstlich zu winseln, als er sah, wie Gelon nach seinem Schwert griff und zornig nach den Funken schlug.

Die hübsch angerichteten Speisen auf ihrem Teller verströmten einen verführerischen Duft. Doch Woreen hatte große Angst, beim ersten Bissen daran zu ersticken. Wie aus Holz geschnitzt saß sie steif aufgerichtet zwischen ihrem Vater und Prinz Ewan. Noch nie hatte sie so im Mittelpunkt gestanden. Die Augen aller Anwesenden im Saal schienen nur auf sie gerichtet, und neben all den kostbaren, bunten Gewändern der Frauen kam ihr das eigene Festkleid schäbig vor. Sie fühlte sich wie gelähmt angesichts all der Pracht.

„Spürst du es auch?“, flüsterte Ewan ihr zu. „Diese Blicke? Ich fühle mich wie aufgespießt.“

Woreen nickte und musste lächeln, als sie in sein in komischer Verzweiflung verzogenes Gesicht sah. Ihre Muskeln lösten sich aus der Erstarrung, und sie konnte wieder atmen.

„Und was machen wir jetzt?“, fragte Ewan. „Bleiben wir weiterhin einfach so sitzen, rühren uns nicht und lassen uns den ganzen Abend bestaunen? Ich fürchte, wir werden verhungern!“

Als hätte sich ein Knoten gelöst, konnte Woreen plötzlich lachen. „Es wäre wirklich schade um das feine Essen.“ Beherzt griff sie nach ihrem Besteck, und als der erste Bissen auf ihrer Zunge lag, breitete sich die aufkeimende Wärme in ihrem Herzen bis in den Magen aus.

Jowar lag mit ausgebreiteten Armen auf dem Boden des Gebetsraums. Vor ihm stand der aus Stein gehauene und vergoldete Kopf des reinsten Gottes auf einem Altar. Kahl, das Antlitz glatt wie eine Maske, nur auf der Stirn lag ein geschlossenes Auge.

Hinter Jowar hatten sich viele seiner Brüder und Schwestern versammelt, wie ein Feld aus Mohnblumen lagen sie auf den kalten Steinen. In einem monotonen Rhythmus hallte das Gebet in der ansonsten kahlen Halle, und Jowar spürte, wie er langsam in Trance glitt. Sein Geist löste sich vom Körper, und er machte sich bereit, die Anweisungen des Gottes zu empfangen. Den Weg zu finden, den er einschlagen musste, um in Tagland einen Gottesstaat zu errichten.

Ein gellender Schmerzensschrei riss ihn zurück in die Wirklichkeit, und noch bevor er sich aufrichten konnte, verspürte er einen Biss im linken Bein. Um ihn brüllten seine Gläubigen, schlugen blindlings um sich und stolperten übereinander, als sie zu fliehen versuchten. Jowar lag in völliger Verwirrung auf Knien inmitten flatternder Kutten.

Dann sah er sie.

Ratten, aufgebläht auf eine widernatürliche Weise, schossen pfeilschnell durch die hilflosen Frauen und Männer und bissen zu. Rissen ihnen mit ihren scharfen Zähnen ganze Fleischstücke heraus. Eine Ratte hockte auf ihren Hinterbeinen vor ihm und funkelte ihn mit grün leuchtenden Augen an.

„Hexenwerk!“, schrie er, als ihm die Ratte ins Gesicht sprang. Er bekam sie gerade noch zu fassen, bevor sie ihm das Auge herausreißen konnte. Ihr Fell fühlte sich abscheulich an, verklebt von einer widerlichen Substanz, und vor Ekel kreischend warf er das zappelnde und zischende Tier zu Boden und trampelte auf ihm herum.

Die Ratte zerfiel zu Staub. Er konnte sich keinen Moment darüber Gedanken machen und eilte seinen Jüngern zu Hilfe. Nach einer quälend langen Zeitspanne verstummten die Schreie. Der Boden war besudelt von dem Blut, das aus unzähligen Wunden tropfte, der Gebetsraum geschändet und entweiht.

„Das war das Werk der Dämonin“, brüllte Jowar und schüttelte die Fäuste. „Und ich schwöre euch, meine Brüder und Schwestern, dafür wird sie brennen!“

„Darf ich dich um einen Tanz bitten?“, fragte Ewan und verbeugte sich vor ihr.

Woreen errötete. „Ich kann nicht tanzen“, sagte sie verlegen. „Ich hatte nie die Gelegenheit, es zu lernen.“

Ewan lächelte sie aufmunternd an. „Es ist ganz einfach, ich werde es dir zeigen.“ Er nahm ihre Hand, und Woreen ließ sich von ihm auf die freie Fläche vor der Tafel geleiten.

Woreens Herz pochte heftig, als sie sah, wie die Menschen tuschelnd die Köpfe zusammensteckten. Ich werde mich zum Gespött machen, dachte sie und wollte fliehen. Doch Ewan legte ihr die Hände auf die Hüften.

„Du musst die Hände auf meine Schultern legen“, flüsterte er.

Dann ging alles wie von selbst. Er wiegte sie sanft hin und her, und als hätten ihre Füße noch nie etwas anderes getan, folgten sie seinen Schritten. Woreen fühlte sich leicht wie eine Feder, getragen von der Melodie, und fast wünschte sie sich, dass es ewig dauern würde.

„Wir haben mit einer Lüge begonnen“, sagte Ewan, während sie sich im Kreis drehten. „Doch wir könnten uns jetzt versprechen, dass wir von nun an aufrichtig zueinander sind. Keine Lügen mehr, nur noch die Wahrheit, auch wenn sie nicht schön ist und wehtut."

Woreen betrachtete sein Gesicht. Ernst und hoffnungsvoll sah er sie an, als wäre sie etwas Besonderes. Etwas Wertvolles. Noch nie hatte jemand sie so angeschaut.

„Ja, das verspreche ich", sagte sie.

„Das ist gut, denn du weißt, was sie von uns wollen."

„Ja, dass wir heiraten zum Wohle unserer beiden Völker." Woreen konnte das plötzlich ohne jede Wut und Bitterkeit aussprechen.

„Ich will nicht, dass man dich zu etwas zwingt, was dir zuwider ist. Ich will nicht, dass du unglücklich bist, und werde alle Schuld auf mich nehmen."

Woreen wusste nicht, was sie sagen sollte. Sie spürte die Wärme seiner Hände. Er hielt sie fest, und doch fühlte sie sich frei.

„Ich würde mich glücklich schätzen, wenn du bleibst", sagte Ewan, errötete und geriet kurz aus dem Takt. „Wenn du zu diesem Bündnis ja sagen könntest, dann verspreche ich, dass ich alles tun werde, damit du glücklich bist. Alles!" Und mit einer kindlichen Offenheit fügte er etwas unbeholfen hinzu: „Ich bin ziemlich sicher, ja, ich glaube, ich habe mich in die Prinzessin von Westland verliebt."

Ein langer Tag

Smelda stand auf einem Felsvorsprung und blickte hinab auf die verfallenen Hütten. Ein dünner Rauchfaden kringelte sich aus einem der Dächer.

Ihre Nasenflügel blähten sich, ihr Schnurrbart zitterte.

Da drin sind die Frau und das Mädchen. Cassias Tochter.

Der Gedanke war rein und klar in ihrem Kopf. Das war nicht immer so. Das Tier, das sie geworden war, war stark. Kämpfte darum, die Oberhand zu gewinnen und alles Menschliche auszulöschen. Doch das Band, das ihr Edin um den Hals gebunden hatte, war stärker und bewahrte sie vor dem Vergessen.

Mit ihren Katzenaugen sah Smelda sich um. Ein guter Platz. Keine Bäume verdeckten die Sicht ins Tal. Niemand, der den Berg erklomm, konnte das bei Tageslicht ungesehen tun. Und in der Nacht?

Smelda wandte sich um und musterte den Hund, den sie mit einem Schlag ihrer Pfote hätte niederstrecken können. Er saß vor ihr und wedelte leicht mit dem Schwanz, als sie ihn ansah.

Er war schon ziemlich alt und wacklig auf den Beinen, doch er würde Alarm schlagen. Und auch sie würde über Cassias Tochter wachen.

Weiter oben am Hang tauchte eine kleine Herde Bergziegen auf.

Beute.

„Sie haben uns alle überrascht“, sagte Wulf. Er beobachtete zusammen mit Ruven, wie Ewan und Woreen sich Richtung Labyrinth entfernten.

„Es scheint tatsächlich so, dass wir beide uns umsonst Sorgen um unsere Schützlinge gemacht haben“, seufzte Ruven kopfschüttelnd. „Aber wer hätte erwartet, dass sie sich ineinander verlieben?“

„Ob das wirklich Liebe ist, wird sich zeigen. Doch sie scheinen einander sehr zu mögen.“

„Ich mag euren Prinzen auch“, erwiderte Ruven. „Ich habe mir immer Sorgen gemacht, dass man Woreen in einen der Clans vermählt. Sie wäre für den Rest ihres Lebens unglücklich geworden.“

„Mir macht Sorgen, dass man ihnen keine Zeit mehr lässt. Ich meine, was soll das? Welchen Grund gibt es, dass schon heute Nachmittag die Hochzeitszeremonie stattfindet? Wieso so überstürzt?“

„Da fragst du den Falschen“, sagte Ruven. „Ich habe keine Ahnung, was im Kopf meines Ziehvaters vorgeht. Manchmal möchte ich das auch gar nicht wissen. Anscheinend hat Bron es König Wart und Aivla erklären können, sie habe jedenfalls zugestimmt."

„Und danach wollt ihr tatsächlich noch in der Nacht abreisen?"

Ruven nickte. „Das Wetter ist gut und die See ruhig." Er wäre am liebsten auf der Stelle zurückgekehrt. Was mochte inzwischen geschehen sein? Hatte Gelon Feewyn und Tulka aufgespürt? Waren sie womöglich schon tot?

„Hast du jemanden, der auf dich wartet?", fragte Wulf und grinste bedeutungsvoll.

„Nein, ich ... ach, es ist eine traurige Geschichte", erwiderte Ruven. Er hatte sich mit Wulf auf Anhieb gut verstanden, er hätte sich eine Freundschaft mit diesem offenen und ehrlichen Mann gut vorstellen können. Doch nun würden sich ihre Wege schon wieder trennen, und es hatte keinen Sinn, ihm von seinem Bruder zu erzählen. Von Feewyn. Doch noch etwas lastete schwer auf seinem Herzen.

„Ich möchte dich bitten, auf meine Schwester aufzupassen", sagte Ruven und blickte Wulf eindringlich an. „Außer ihrer Zofe wird sie von heute Abend an niemanden mehr haben, der ihr vertraut ist. Woreen ist noch so jung, es wird nicht leicht für sie werden, sich in ihrer neuen Rolle zurechtzufinden. Und eure religiösen Fanatiker machen mir Angst. Ich hoffe, dass sie ihren Hass auf Nomed nicht auf Woreen lenken."

„Darauf kannst du dich verlassen", sagte Wulf und legte sich die Hand auf die Brust. „Prinz Ewan ist mein bester Freund, er ist für mich wie ein Bruder, und so wie ich ihn beschütze, werde ich nun auch über Woreen wachen. Ich lasse nicht zu, dass ihm das Herz gebrochen wird." Seine Miene verfinsterte sich. „Jowar soll es nur wagen, der Prinzessin etwas anzutun! Ich werde ihm persönlich den Kopf abschlagen und damit gleich noch eine alte Rechnung begleichen!"

In seinen Augen loderte Hass.

Ein lauter Schmerzensschrei, Tomlin verzog das Gesicht.

„Schade, dass du nicht sprechen kannst, sonst könntest du mir erzählen, was da vor sich geht." Er tätschelte Oni den Kopf, der neben ihm vor dem Haus saß. „Es klingt nach einem ungleichen Kampf, als müsste Feewyn eine harte Lektion lernen."

Draußen gönnte Tulka Feewyn tatsächlich keine Pause. „Du musst dich ducken!", schrie sie. „Wenn das ein echtes Schwert gewesen wäre, wärst du jetzt tot! Los, steh auf!"

Feewyn stöhnte laut, klopfte sich den Staub ab, und Tomlin empfand tiefes Mitleid. Doch er wusste, dass Tulka nur das Beste für das Mädchen wollte. Tomlin konnte die Liebe, die Tulka für sie empfand, in ihrer Stimme hören. Sie klang wie eine Mutter, die unerbittlich forderte und dabei die Schmerzen am eigenen Leib empfand.

Die Stallmeisterin und eine Unberührbare. Welch ein ungewöhnliches Paar. Sie waren erst einen Tag da und hatten seine Welt auf den Kopf gestellt. Es fühlte sich gut an, endlich gab es wieder Leben in der Siedlung. Auch wenn die Totenstille gerade nur von Befehlen und Schmerzensschreien unterbrochen wurde. Tomlin wurde wieder voller Wehmut bewusst, wie einsam er hier oben lebte. Er hatte es so gewollt. Denn für ihn gab es nichts mehr von Bedeutung. Und sollte man die beiden hier aufspüren, dann würde er sich den Verfolgern in den Weg stellen und sie aufzuhalten versuchen. Sollten ihn doch Brons Schergen dabei töten, es wäre eine ehrenvolle Art, von dieser Welt Abschied zu nehmen.

„Na also! Geht doch“, hörte er Tulka rufen. „Gleich noch mal!“

„Mein Vater!“ Ein Ordensbruder sank vor Jowar auf die Knie. „Ich habe schlimme Nachricht!“

Jowar saß auf einem Schemel und ließ sich die Verletzung am Bein neu verbinden. Sie brannte wie Feuer. Wie aus einem Brunnen sickerte eine wässrige, übelriechende Flüssigkeit aus der Wunde. Hatte ihn die Hexe vergiftet? Würde es sich in seinem Körper ausbreiten und er dahinsiechen?

Verärgert blickte er auf. Schlimme Nachrichten? Was gab es denn noch Schlimmeres?

„Was gibt es?"

„Die Hochzeit! Sie hat heute Nachmittag schon stattgefunden."

Jowar riss die Augen auf. „Das ist völlig unmöglich! Das kann nicht sein! Eine königliche Hochzeit benötigt viele Vorbereitungen. Es gibt Gesetze! Der Adel, die Räte und …"

„Es ist im engsten Kreis geschehen. Der Kanzler hat sein Siegel unter das der beiden Könige gesetzt. Es ist unwiderruflich."

Jowar schnappte nach Luft. Was für eine Beleidigung! Eine Verhöhnung des reinsten Gottes. König Wart hätte nicht deutlicher zeigen können, was er von den göttlichen Geboten hielt, indem er auf den Segen verzichtet hatte.

„Das ist Gotteslästerung!", brüllte Jowar, sprang auf und versetzte dem Schemel einen Tritt. „Auch das ist das Werk der Hexe, und nun bin ich mir sicher, dass die Prinzessin aus ihrem Schoß gekrochen ist! Eine Dämonin wird eines Tages auf dem Thron sitzen." Er wischte sich den Speichel aus dem Mundwinkel und blickte in die totenbleichen Gesichter der anwesenden Brüder. „Doch fürchtet euch nicht, das werden wir zu verhindern wissen. Ich werde mich zum Gebet zurückziehen. Der Reinste wird uns den Weg weisen."

Wutentbrannt humpelte er davon. Jowar benötigte keine Gebete. Er brauchte Schwerter und Bogen. Ein Heer aus Gläubigen, bereit zum Kampf.

Die Zeit der Könige war nun vorbei!

Ariad streifte ein Nachtgewand aus zartgelbem Stoff über Woreens Kopf, trat einen Schritt zurück und musterte sie. „Ihr seht so hübsch aus mit offenen Haaren", sagte sie lächelnd. „Der Prinz wird diese goldene Pracht bewundern."

Woreen schlang sich die Arme um die Brust und blickte verunsichert zum Bett.

„Seid Ihr ängstlich? Das ist ganz normal, ach, wenn ich an meine erste Nacht denke …" Ariad unterbrach sich hastig. „Vielleicht kann ich Euch noch einen Rat geben? So von Frau zu Frau?"

Woreen schüttelte den Kopf. Sie hatte es oft genug gesehen. Unfreiwillig, in den Scheunen oder wenn sie an offen stehenden Kammertüren vorbei gehuscht war. Ein animalisches Treiben, das sie gleichzeitig fasziniert und angewidert hatte. Sie hatte es nie in Verbindung mit der Liebe gebracht, von der sie immer geträumt hatte. Diese Liebe war rein. Hatte nichts gemein mit all dem Stöhnen und Grunzen und den verschwitzten, nackten Körpern.

„Kann ich noch etwas für Euch tun?“, fragte Ariad.

„Nein, danke, lass mich jetzt allein.“

Woreen setzte sich auf die Bettkannte.

„Nur Mut, denkt daran, Ihr seid die zukünftige Königin.“

Die Tür schloss sich hinter Ariad, und Woreen versuchte, ihre Gedanken zu ordnen. Es war unmöglich. Sie fühlte sich wie in einem verrückten Traum. Noch vor drei Tagen war sie einfach nur Brons Tochter gewesen. Hatte ihr ganzes Leben in der Burg verbracht und kaum etwas anderes gesehen. Sie hatte darauf gehofft, dass sie nicht den Rest ihres Lebens im hintersten Winkel von Westland verbringen musste, um einem grobschlächtigen Tölpel Kinder zu gebären.

Und nun war sie verheiratet, die zukünftige Königin von Tagland. Woreen fuhr mit dem Finger über die Wunde auf dem Daumenballen. Ein kleiner Schnitt, Ewans Hand auf der ihren, und ihr Blut hatte sich vermischt.

Auf dem Tisch lag der Blumenkranz, den ihr Ewan vor der Zeremonie auf den Kopf gesetzt hatte. Duftende Blüten.

„Ich habe ihn selbst für dich geflochten“, hatte er ihr zugeflüstert und sich wie ein Kind über ihr Lächeln gefreut.

Ewan. Er hatte gar nichts gemein mit dem Bild ihres zukünftigen Ehemanns, wie sie ihn sich in ihren Träumen ausgemalt hatte. Doch er hatte sich in ihr Herz geschlichen und erfüllte es mit Wärme.

Feewyn! Wo bist du? Ich mache mir solche Sorgen um dich! Wenn du doch nur bei mir wärst, ich hätte dir so viel zu erzählen! Tränen rollten ihr über die Wangen, und Woreen fühlte sich mit einem Mal schrecklich einsam.

„Deine Tochter steht kurz vor der Niederkunft, sie wird den Beistand ihrer Mutter sehr vermissen.“

Ariad stieß einen erschrockenen Schrei aus und fuhr herum. Sie war sich sicher, dass sie die Tür zu ihrer Kammer verschlossen hatte, und doch stand Nomed vor ihr und sah sie mit ihren unergründlichen Augen an.

Ariad fragte nicht, woher sie von ihrer Tochter wusste. Die Hexe wusste alles. Sie hatte sich schon immer vor dieser Frau gefürchtet, doch nun schnürte ihr die Angst die Kehle zu.

Nomed strich ihr sanft übers Haar. „Wer weiß, wie lange es dauert, bis du sie wiedersiehst. Deine Tochter und das Kind. Du musst deine Pflicht erfüllen und bei Woreen bleiben. Das tut mir sehr leid für dich – und für deine Tochter. Frischgeborene sind ja so verletzlich. Es kann sehr viel passieren, wenn man nicht achtgibt."

Ariad hatte Mühe zu schlucken. Ihr Hals war wie ausgedörrt.

Nomed strich ihr weiter mit ihren zarten Fingern über den Kopf. „Wenn du möchtest, werde ich auf sie achtgeben. Ich kann sie beschützen. Willst du das?"

Ariad nickte. Sie war unfähig, sich zu rühren. Was waren das für Farben, die in Nomeds Pupillen aufblitzten? Das musste eine Täuschung sein. Es lag sicher an den flackernden Kerzen.

Nomed lächelte. „Gut, dann soll es so sein. Ich verspreche dir, dass deiner Tochter und dem Kind nie ein Leid geschehen wird, während du in Tagland deinen Dienst tust."

Nomed ließ von ihr ab, und Ariad konnte wieder atmen.

„Sicher weißt du, wie unbeholfen unsere kleine Prinzessin ist. Es wird schwer für sie werden, sowohl als Ehefrau mit all den Pflichten wie auch in ihrer neuen Rolle am Hof. Sie braucht Unterstützung, und die kannst du ihr geben."

Ariad starrte auf das blau schimmernde Fläschchen, das wie durch Zauberei auf Nomeds Handfläche erschienen war.

„Nimm es, das wird Woreen helfen“, flüsterte Nomed ihr ins Ohr. Ihre Haare bewegten sich wie in einer Brise, glitten über Ariads Gesicht, legten sich über ihren Nacken wie die Fäden einer Spinne.

„Bewahre es gut“, wisperte Nomed. „Wenn es an der Zeit ist, werde ich dir sagen, was du tun musst“.

Ariad verdrehte die Augen und versank in einer tiefen Ohnmacht.

„Du bist wunderschön“, sagte Ewan und starrte sie mit offenem Mund an.

Woreen errötete bis zu den Haarwurzeln. Mit einer Hand umklammerte sie den Ausschnitt ihres Nachtgewands, und ihr Herz raste. Was sollte sie jetzt tun? Was antworten? Sollte sie ihn küssen? Sie wünschte sich, sie hätte doch mit Ariad geredet.

Ewan trug ein einfaches Hemd, ein schlichtes Beinkleid und Stiefel aus rauem Leder. Sollte sie ihm jetzt dabei behilflich sein, sich auszuziehen? Wurde das von einer Ehefrau erwartet?

„Bist du nervös?“, fragte Ewan. „Ich bin es jedenfalls. Alle machen sich heute Nacht Gedanken über uns. Malen sich aus, wie wir zusammen im Bett liegen, obwohl es niemanden etwas angeht. Ich mag das nicht!“

„Ich auch nicht.“ Woreen entspannte sich ein wenig.

Ewan trat zum Fenster. „Jetzt sind die Gäste fort, und es ist eine wunderschöne, warme Nacht. Was meinst du, wollen wir einen Spaziergang machen? Wir hätten die Gärten ganz für uns."

„Die Wachen werden uns folgen. Und beobachten", erwiderte Woreen. „Und das würde für noch mehr Getuschel sorgen."

„Nein, werden sie nicht!", rief Ewan. Er schien sich diebisch zu freuen. „Es gibt hier nämlich einen Geheimgang. Da schau!" Er drückte auf die Holzvertäfelung, und tatsächlich öffnete sich leise knarrend eine kleine Tür.

Woreen blickte verblüfft auf eine schmale Treppe, die in die Tiefe führte.

„Hier, leg den um", sagte Ewan und reichte ihr einen Mantel. Dann nahm er eine Kerze und hielt schützend die Hand vor die Flamme.

„Hast du Angst vor Spinnen und Mäusen?", fragte er besorgt.

Woreen lachte. „Nein, ich bin auf Bronsburg mit ganzen Heerscharen davon aufgewachsen!"

Ewan grinste. „Dann ist ja gut, da unten warten sie nämlich schon darauf, meine Liebste zu begrüßen."

Am Himmel, auf Erden und in den Katakomben

Tomlin öffnete die Haustür, machte einen Schritt ins Freie, stolperte über einen weichen Körper und schlug der Länge nach hin.

„Verflucht“, brüllte er und tastete mit den Händen nach dem Grund seines Sturzes. Einen entsetzlichen Moment dachte er, dass Oni sich zum Sterben auf die Schwelle gelegt habe. Da fuhr die warme Hundezunge über seine Wange.

„Lass dir helfen“, sagte Tulka und stellte Tomlin auf die Füße.

„Was liegt da?“, fragte er.

„Eine tote junge Bergziege.“

„Was? Wie kommt sie hierher, war sie krank?“

Tulka hob das Tier auf. Die Bisswunde am Hals und die Abdrücke von Katzenpfoten im Staub waren unverkennbar.

„Ich denke, es handelt sich um ein Geschenk.“

„Geschenk? Ist da wer? Kannst du jemanden sehen?“, rief Tomlin beunruhigt.

„Komm, alter Mann, lass uns reingehen. Ich werde dir eine unglaubliche Geschichte über eine Nachtkatze erzählen.“

Feewyn saß in einer Mulde des kleinen Bergbachs und wusch sich. Das Wasser war eiskalt, doch es kühlte die schmerzenden Stellen. Ihr Körper war übersät mit blauen Flecken. Zu denen, die ihr Gelon zugefügt hatte, hatten sich weitere gesellt. Es würden noch mehr werden und wahrscheinlich auch die eine oder andere Schnittwunde, sobald sie gegen Tulka mit echten Schwertern zum Kampf antreten würde. Sie brannte darauf. Feewyn staunte selbst über ihre Willenskraft und empfand eine unbändige Freude über das unbeschreibliche Gefühl von Freiheit, das mit jeder Stunde stärker wurde.

Sie wusste nicht, was vor ihr lag. Ob sie tatsächlich in ein paar Tagen die Grenze nach Tagland überschreiten und Zuflucht finden konnten. Vielleicht sogar Woreen wiedersehen. Doch womöglich war sie schon morgen nicht mehr am Leben. Und es war gar nicht so wichtig. Dann hatte sie wenigstens für kurze Zeit in Freiheit gelebt, eine Ahnung davon bekommen, was in ihr steckte.

Feewyn stieg aus dem Wasser, trocknete sich mit dem Tuch ab, das Tomlin ihr mitgegeben hatte, und zog sich an. Als sie sich umdrehte, entdeckte sie die Nachtkatze.

„Du!“, rief Feewyn und blieb ganz ruhig stehen.

Die Katze schlich auf sie zu, und Feewyns Herz klopfte laut. Was, wenn das gar nicht die Katze war, die ihr geholfen hatte?

Mit einem tiefen Schnurren rieb die Katze den Kopf an Feewyns Bauch, und nach kurzem Zögern wagte sie es, ihren mächtigen Schädel zu streicheln. Wie seidig ihr Fell war!

„Was ist das? Du trägst ja ein Band!“ Feewyn kniff überrascht die Augen zusammen. Waren das Buchstaben? Runen? Oder war es einfach nur Schmutz, der sich in den geflochtenen Fäden abgesetzt hatte? Ein kurzer Schwindel erfasste sie, als sich die Zeichen regten, ineinanderschoben, und dann konnte sie es lesen.

„Smelda!“, rief sie, und im gleichen Moment erklang in der Ferne ein gellender Pfiff. Ein schriller Ruf.

Die Katze fauchte zornig, und Feewyn wich erschrocken zurück.

„Was ist? Habe ich etwas Falsches ge…“

Das Tier sprang sie an, und Feewyn landete auf dem Rücken in der Mulde. Das Wasser schlug über ihrem Kopf zusammen, und das Gewicht der Katze drückte sie auf den Grund.

Ich werde ertrinken!

Panisch versuchte Feewyn, den Körper von sich zu schieben, doch das Raubtier lag wie ein Stück Felsen auf ihr.

Mit weit aufgerissenen Augen blickte Feewyn hinauf in den Himmel, dessen Fläche sich mehr und mehr glättete, als das Wasser sich beruhigte. Smeldas Fang legte sich ihr um den Hals, als die Sonne sich verdunkelte.

Zwei gewaltige Schatten kreisten über der Mulde, und Feewyn wehrte sich nicht mehr.

Gelbadler!

Es konnte nur einen Grund geben, weshalb sie über dieser Einöde kreisten. Gelon suchte noch immer nach ihnen.

Der Drang, Atem zu holen, wurde mit jedem Augenblick unerträglicher, ihre Glieder zuckten unkontrolliert, und als sie nicht mehr widerstehen konnte, ließ Smelda endlich von ihr ab. Würgend und hustend kroch Feewyn auf die glatten Steine und rang nach Luft.

Die Katze sah erbärmlich aus. Das Wasser triefte aus ihrem Fell, und sie nieste ein paarmal.

Feewyn versuchte, den Hustenreiz zu unterdrücken und zu sprechen. Wollte ihr danken, weil sie ihr ein zweites Mal das Leben gerettet hatte. Doch Smelda drehte sich um und trottete davon.

Ruven konnte den Zorn wie einen heißen Luftzug spüren, der von Bron ausging. Als er an diesem Morgen nach ihrer Rückkehr erfahren hatte, dass Gelon sich zwei Gelbadler für die Suche nach Feewyn und Tulka genommen hatte, hatte Bron getobt vor Wut und sich mit einem Schriftführer eingeschlossen.

„Du wolltest mich sprechen?“, fragte Ruven.

Bron saß auf dem Thron, auf seinem Schoß lagen ein Dutzend mit seinem Siegel versehene Schriftrollen. Tief in Gedanken versunken stand Nomed neben ihm wie eine Statue.

Was geht hier vor?, dachte Ruven beunruhigt. Er hatte vorgehabt, sein Pferd zu nehmen, um sich endlich auf die Suche nach Feewyn zu machen. Selbst auf die Gefahr hin, für immer in Ungnade zu fallen.

„Du wirst mit ein paar Männern zu den Clans reiten und ihnen meine Befehle überbringen. Sämtliche kampffähigen Männer müssen sich innerhalb des nächsten Mondzyklus auf Bronsburg einfinden.“

Kampffähige Männer? Wozu? Woreen hatte sich mit dem Prinzen von Tagland vermählt, der Frieden war besiegelt. Von den Leibwandlern waren nur noch wenige übrig, die nicht versklavt waren. Welchen Feind gab es nun noch zu bekämpfen? „Ich verstehe nicht“, sagte Ruven verwirrt.

Brons Augen funkelten. „Das ist auch nicht nötig, du hast nur meine Befehle auszuführen. Und wage es nicht, dem Beispiel deines Bruders zu folgen und dich mir zu widersetzen!“

Er würde keine Antwort bekommen, also verneigte sich Ruven, nahm die Schriftrollen entgegen und verließ den Saal.

Bron lehnte sich zurück. „Wenn deine Prophezeiung eintritt, meine Liebste, und Woreen tatsächlich schon bald die einzige rechtmäßige Erbin des Königreichs sein wird, dann muss kein Blut fließen. Tagland wird sich uns kampflos unterwerfen.“ Ohne ein Heer aus wiedererweckten Toten, dachte er mit einem Schaudern.

Nomed nahm seine Hand und lächelte ihn an. „Habe ich jemals ein Versprechen gebrochen? Einen deiner Wünsche nicht erfüllt?“

„Nein, meine Liebste, das hast du nicht.“

Ruven hatte die Schriftrollen einem der Waffenträger übergeben, die ihn zu den Clans begleiten sollten. Missmutig bahnte er sich seinen Weg über den Hof. Auf einem Strohballen vor den Ställen saß eine alte Frau. Eine Strähne schlohweißer Haare lugte unter dem Tuch hervor, das über ihrem gesenkten Kopf lag.

Eine Bettlerin, dachte Ruven voller Mitleid. Es gab immer mehr von ihnen. Halbverhungert schlichen sie sich in den Hof der Burg in der

Hoffnung auf Almosen. Die Frau hob den Kopf und sah ihn freundlich an. „Schenkst du mir einen Moment deiner Zeit, Ruven?“

Überrascht blieb er stehen. Ruven hatte erwartet, dass sie ihn um Essen oder ein Geldstück bitten würde. Und woher kannte sie seinen Namen?

„Setz dich zu mir!“, sagte sie und er gehorchte.

„Ich bin Edin, eine Hexe und Nomeds Schwester“, sagte sie und nahm seine Hand. „Du warst damals noch zu klein, um dich zu erinnern. Doch ich werde dir die Erinnerung zurückgeben.“

Um ihn geriet die Welt ins Wanken, zersprang in tausend Stücke, und Ruven versuchte aufzuspringen, zu fliehen vor dem Brausen, das um ihn toste, doch er konnte sich nicht rühren.

Ein Pferdekarren stand in von Blut getränktem Schnee, eine Kuppel wie aus Knochen erbaut, Rothunde, die einer Nachtkatze hinterherjagten. Nomed, mit einem Dolch in der Hand, und eine hochschwangere Frau. In deren Blick so viel Liebe und Schmerz lag, dass ihn die Erkenntnis wie ein Hieb traf.

„Ja, Ruven, das ist deine Mutter. Cassia, die Herrin der Leibwandler“, sagte Edin, und das Bild verblasste.

Er fand sich wieder auf dem Strohballen, um sie wuselte das Gesinde, und Edin hielt noch immer seine Hand. Ruven zitterte am ganzen Körper, und seine Gedanken überschlugen sich.

Wenn Cassia seine Mutter war, dann war auch er ein Leibwandler. Der schlimmste Feind des Königs, und doch hatte Bron ihn aufgezogen wie einen Sohn!

„Hat Nomed meine Mutter umgebracht?“, fragte er mit kaum hörbarer Stimme.

„Nein, das hat sie nicht gewagt, und sie fürchtet bis heute unseren Fluch, wenn sie das tut.“

„Weißt du, wo sie ist?“ Der Gedanke, seine Mutter zu finden und durch sie endlich sein wahres Selbst, ließ alles andere verblassen.

„Ich bin eine Hexe, hast du das schon vergessen? Ich weiß viele Dinge“, sagte Edin, und Ruven sah, dass sie einmal sehr schön gewesen sein musste. Genauso schön, wie Nomed es immer noch war.

„Cassia ist hier, ganz in deiner Nähe.“

Ruven konnte es nicht glauben. „Wo? Wie ist das möglich? Niemand hat je über eine Leibwandlerin gesprochen, die sich in der Burg aufhält.“

Edin erhob sich. „Ich bringe dich zu ihr. Folge mir in gebührendem Abstand, wir müssen sehr vorsichtig sein. Falls wir Nomed oder ihren Scheusalen begegnen, dann wende dich ab und entferne dich, so schnell du kannst. Was in deinem Kopf vorgeht, können sie wittern wie Rothunde ihre Beute.“

Tarr und Latann beobachteten besorgt ihre Herrin. Von Unruhe getrieben, hetzte sie durch die Hallen, die den Menschen verborgen waren. Zum wiederholten Mal strich sie über das Wasser im steinernen Becken, doch es blieb, was es war. Wasser.

„Ich kann es nicht sehen!“, schrie Nomed in die Stille. „Ich kann es spüren, und ich weiß, ich irre mich nicht! Warum kann ich es nicht sehen?“

Tarr und Latann tauschten verängstigte Blicke, als Nomed die Fäuste ballte.

„Geht! Lasst mich allein!“

Nomed kreiste um das Steinbecken wie ein Raubtier. Letzte Nacht auf dem Schiff war sie von Träumen gepeinigt worden, die sie nicht mehr losließen. Und zurück auf Bronsburg konnte sie die Unruhe nicht mehr unterdrücken. Etwas geschah, verborgen hinter einem Schleier. Etwas, das sie und ihren Liebsten in Gefahr bringen konnte. Die Schuppen auf der Haut juckten unerträglich, und sie musste sich zurückhalten, um nicht mit einem Messer die Qual zu beenden.

„Warum kann ich es nicht sehen?“ Weinend vor Wut sank sie auf die Knie. Die Tränen brannten wie flüssiges Feuer.

Ruven hatte Mühe, der Hexe zu folgen. Wie ein Schemen schwebte sie vor ihm, hinunter in die Verliese.

Wenige Fackeln erhellten den düsteren Gang. Hinter den eisernen Gittern lagen klägliche Gestalten auf stinkendem Stroh und blickten nicht einmal auf, als er an ihnen vorbeieilte. Ein Wärter hing schlafend auf einem Stuhl, er sah so schmutzig und schäbig aus wie seine Sträflinge. Neben ihm stand ein Weinkrug, den er wohl vollständig geleert hatte.

Edin blieb vor einer Eisentür stehen und schob sie auf. Dahinter herrschte vollständige Finsternis.

„Wohin führt diese Treppe?“, fragte Ruven beunruhigt. Er hatte nicht gewusst, dass es unter dem Kerker noch weitere Räume gab.

„In die Katakomben“, erwiderte Edin und nahm eine der Fackeln von der Wand. „Folge mir.“

Sie stiegen auf rutschigen Stufen in die Tiefe, und mit jedem Schritt kroch eine feuchte Kälte in Ruvens Glieder. Wie eine Warnung. Wie die Prophezeiung, dass hier unten nur der Tod regierte, denn wie könnte man an einem solchen Ort des Grauens überleben?

Ratten huschten quiekend davon, als sie einen Gang erreichten, in dem sich weitere Zellen reihten. Es stank nach Fäulnis, die Fackel in Edins Hand flackerte, als könne selbst die Flamme es nicht ertragen.

„Cassia. Ich bringe dir deinen Sohn“, sagte Edin und kniete sich vor ein Gitter.

Es blieb still, und Ruven dachte schon, dass es hier unten kein Leben mehr gäbe. Doch dann kroch eine abgemagerte Gestalt in Lumpen aus einer Ecke, in der fauliges Stroh den feuchten Boden bedeckte. Alles ihn ihm verkrampfte sich. Hatte sie all die Jahre in dieser Hölle verbracht? Wie konnte man das ertragen, überleben? Er fürchtete sich davor, etwas vorzufinden, das kein menschliches Wesen mehr war.

Dünne Finger legten sich um die Gitterstäbe, und zwischen langen, verklebten Haarsträhnen blickte er in zwei Augen.

„Wer seid ihr?“ Zu Ruvens Erstaunen klang ihre Stimme klar und fest.

„Ich bin es, Edin“, sagte die Hexe und strich über die Finger der Gefangenen. „Vor siebzehn Jahren hast du bei uns Schutz gesucht. Damals konnten Nama und ich dir nicht helfen. Doch nun bin ich da und bringe dir deinen Sohn. Ruven ist zum Mann geworden, sieh ihn dir an, liebe Cassia.“

Die Frau strich sich die Haare aus dem Gesicht, und Ruven kniete sich mit klopfendem Herzen vor die Gitterstäbe. Er dachte, er müsste an den

Gefühlen ersticken, die ihn überwältigten, als er seine Hand auf die Finger seiner Mutter legte.

„Mein Junge, ich habe immer davon geträumt, dich eines Tages wiederzusehen. Das hat mich am Leben gehalten. Die Gedanken an dich, dein Lachen und an meine Tochter.“ Cassia blickte voller Angst zu Edin. „Was ist aus ihr geworden? Wurde sie ebenfalls von Nomed verschont?“

Ruven konnte es nicht fassen. Tochter? Das bedeutete, dass er eine Schwester hatte!

„Ja, auch Feewyn lebt“, sagte Edin, und Cassia brach in Tränen aus. Sie bahnten sich einen Weg durch den Schmutz auf ihrem Gesicht, malten helle Linien auf ihre Wangen.

„Feewyn?“ Ruven geriet außer sich. „Feewyn ist meine Schwester?“ Mit einem Schlag begriff er, weshalb er sich so sehr zu ihr hingezogen gefühlt hatte. Er hätte sie womöglich geheiratet und geglaubt, dass das, was er für sie empfand, die Zuneigung zwischen Mann und Frau sei.

„Meine Schwester“, stammelte er und erkannte mit einem Mal die Ähnlichkeit. Cassia betrachtete ihn aus denselben leuchtendgrünen Augen wie Feewyn. Und wenn man sie vom Schmutz befreite, dann würden auch die Haare seiner Mutter rotbraun schimmern wie poliertes Holz.

„Ist es meinen Kindern gut ergangen? Mussten sie leiden?“, fragte Cassia und drückte das Gesicht an die Stäbe.

Edin nickte. „Sie sind hier auf Bronsburg aufgewachsen, sie waren immer in deiner Nähe. Feewyn als eine der Unberührbaren, und auch wenn es kaum zu glauben ist, Ruven wurde zum Ziehsohn des Königs.“

Cassia starrte sie an. „Aber …“

„Bron weiß bis heute nicht, dass sie Nachkommen von Leibwandlern sind“, sagte Edin. „Nomed konnte ihnen nichts antun, doch sie wollte die Kinder im Auge behalten. Obwohl die Geschwister sich an nichts erinnern konnten und keine Gefahr für sie waren.“

Edin beugte sich so dicht zu Ruven, dass ihre Nasenspitzen sich fast berührten. „Ich kann nicht herausfinden, mit welchem Bann euch Nomed geschlagen hat. Du und deine Schwester hättet mit dem Erlangen der Geschlechtsreife eure Gabe erkennen müssen. Selbst wenn sie euch niemand gelehrt hat, im Schlaf, im Traum hättet ihr unwillkürlich eine andere Gestalt angenommen.“

„Er trägt kein Band, keinen Schmuck, der aus Kettar gefertigt sein könnte“, sagte Cassia.

Erst jetzt bemerkte Ruven den schweren Ring um den Hals seiner Mutter. Er hatte geglaubt, dass er aus Eisen geschmiedet war. Es war Kettar, was sie gefangen hielt.

„Wir holen dich jetzt hier raus“, sagte er wildentschlossen. „Wir fliehen und …“

„Beruhige dich, Ruven“, sagte Edin. „Wir müssen vorsichtig sein, wir dürfen nichts überstürzen. Bedenke, das hier ist Nomeds Reich, und du ahnst nicht, wie mächtig sie ist. Sie kann meinen Schutzzauber leicht durchschauen, wenn wir unüberlegt handeln. Hast du nicht einen Befehl erhalten? Solltest du nicht längst auf dem Weg sein?“

Edin hatte recht. Bestimmt suchte man schon nach ihm, doch er verschwendete keinen Gedanken daran. „Das kannst du nicht von mir verlangen!“, rief er. „Ich kann meine Mutter nicht in diesem Kerker zurücklassen. Das werde ich auf keinen Fall tun!“

„Hör auf Edin, mein Junge“, sagte Cassia. „Sie ist Nomeds Schwester und weiß, was zu tun ist.“

„Du wirst losreiten, die Befehle ausführen, und ich werde mich um deine Mutter kümmern. Ich werde sie zurück nach Ameer bringen“, sagte Edin.

„Aber es könnte über zwei Wochen dauern, bis ich zurück bin“, stöhnte Ruven und rang die Hände. „Und was ist mit Feewyn? Wenn Gelon sie erwischt, bringt er sie um!“

„Mach dir um sie keine Sorgen“, sagte Edin. „Es gibt jemanden, der auf deine Schwester aufpasst. Sie wird ihren Weg finden, vertrau mir.“

„Aber ich …“ Es war unvorstellbar, einfach weiterzumachen und so zu tun, als wäre nichts gewesen. Ruven hatte seine Mutter gefunden, er hatte eine Schwester, und er war ein Leibwandler! Sein Kopf drohte zu platzen.

„Wenn du zurück bist, kannst du uns nach Ameer folgen. Aber jetzt dürfen wir keinen Verdacht auf dich lenken. Es darf noch keine Verbindung zwischen dir und dem Verschwinden deiner Mutter geben.“

Das Platschen nackter Füße auf der Treppe schreckte sie auf.

„Bist du immer noch am Leben?“, rief eine krächzende Stimme.

Edin löschte hastig die Fackel in einer Wasserlache und zog Ruven mit sich in eine Ecke.

Latann schlurfte auf krummen Beinen durch den Gang. In der einen Hand trug sie eine Fackel und in der anderen eine kleine Schüssel. Im flackernden Flammenschein sah sie noch hässlicher aus. Ruven legte die Hand aufs Schwert, er könnte ihr mit einem Hieb den Kopf abschlagen, doch Edins Stimme erklang in seinem Kopf.

„Das wirst du nicht tun. Wenn du deine Mutter retten willst, dann verhalte dich jetzt ganz still.“

Edin hob die Hand, und Ruven hatte das Gefühl, als falle ein Schleier über ihn. Ein flimmerndes Gewebe, das seine Sicht trübte.

„Wie lange muss ich dir noch dein Essen bringen wie eine dumme Magd? Willst du nicht endlich sterben?“ Latann trat mit dem Fuß an das Gitter. „Stirb! Stirb!“

Cassia hatte sich in die hinterste Ecke zurückgezogen und antwortete nicht. Latann hob die Fackel und hielt misstrauisch Ausschau nach ihr.

„Ah, da bist du. Komm gefälligst her und hol dir deinen Brei!“ Als Cassia sich nicht rührte, wurde sie wütend.

„Was glaubst du, wer du bist? Immer noch die Herrin, die alle herumkommandieren kann? Du dummes Weib! Du bist nichts mehr! Ein Haufen stinkender Dreck, eine sterbende Ratte! Wenn ich meiner Gebieterin nicht zu Gehorsam verpflichtet wäre, hätte ich dich längst totgeschlagen. Aber wie du willst, jetzt kannst du deine Mahlzeit vom Boden auflecken!“ Latann lachte, kippte den Brei durchs Gitter und warf die Schüssel in eine Ecke. Sie landete scheppernd vor Ruvens Stiefeln, und er wagte nicht mehr zu atmen.

„Was ist das?“, fragte Latann irritiert und schnupperte mit geblähten Nasenflügeln am Gitter. „Was riecht hier so?“ Der Rotz floss ihr aus der Nase, und sie zog ihn geräuschvoll hoch.

Edin hat recht, dachte Ruven entsetzt. Sie können uns riechen! Wittern wie Rothunde! Falls das dämonische Wesen sie trotz Edins Schutzzauber entdecken würde, musste er es töten.

Mit einem Wutschrei warf sich Cassia gegen die Gitterstäbe, und Latann zuckte zurück. „Was das ist, willst du wissen, du stinkender Abschaum?“, brüllte sie. „Das ist mein Zorn, meine Verachtung für dich und deinesgleichen! *DU* nennst mich eine Ratte, aber schau dich an! Ein hässlicher Wurm. So hässlich, dass man nicht sehen kann, ob du ein Weibchen oder Männchen bist. Ich hoffe, ihr könnt euch nicht fortpflanzen, mir wird nur allein bei deinem Anblick und Gestank übel.“

„Oh! Oh!“, rief Latann und bleckte die gelben Raubtierzähne. „Es gibt viele von uns, und Nomed hat versprochen, dass sie bald alle ans Licht holt!“ Sie genoss ihren Triumph und vergaß darüber offenbar den fremden Geruch, den sie gewittert hatte. „Aber das wirst du nicht mehr erleben. Nein, nein. Nomed fürchtet sich vor deinem Tod, doch was, wenn ich in Zukunft einfach vergesse, dir Essen und Wasser zu bringen? Dann trifft sie doch keine Schuld, nicht wahr?“ Latann kicherte, drehte sich um und humpelte davon.

„Verrecke! Verrecke! Verrecke!“, grölte sie, als sie die Stufen emporstieg. Es klang wie ein lustiges Trinklied.

Das Flirren um seinen Körper verschwand, und Ruven konnte wieder deutlicher sehen.

„Schnell jetzt“, sagte Edin. „Geh! Ich kümmere mich um deine Mutter.“

„Wir werden uns bald wiedersehen, das weiß ich“, sagte Cassia und lächelte ihn aufmunternd an.

Sein Herz fühlte sich an wie ein Stein, als Ruven die beiden zurückließ.

Irgendetwas hatte ihn aus dem Schlaf geschreckt. Der Wärter riss die Augen auf. Vor ihm stand eine alte Frau.

„Was hast du hier zu suchen?“, stotterte er. Niemand hatte ihn darüber informiert, dass eine neue Magd ihren Dienst bei den Gefangenen antreten würde.

„Du hast auf mich gewartet“, sagte die Frau und sah ihm tief in die Augen.

Natürlich! Wie hatte er das vergessen können. Er hatte schon so lange auf sie gewartet!

„Komm mit“, sagte sie, und voller Freude lief er hinter ihr her. Endlich war sie da.

Die Zellenschlüssel klimperten an seiner Hüfte, als sie die Stufen in die Katakomben hinabstiegen. Er staunte über das wunderbare, goldene Leuchten der Flamme, die die Frau trug.

„Öffne“, sagte sie, und eifrig suchte er den passenden Schlüssel.

„Siehst du den kostbaren Schmuck, den die Frau um ihren Hals trägt? Er gehört dir. Nimm ihn dir!“

Der Wärter war wie geblendet von den funkelnden Edelsteinen, die den goldenen Reif zierten.

„Und das willst du mir schenken?“ Er konnte es nicht fassen. *Reich! Ich werde unermesslich reich sein!*

„Ja, du sollst ihn bekommen. Aber sei behutsam, wenn du ihn ihr abnimmst.“

„Ja natürlich, natürlich! Nicht, dass noch einer der Steine beschädigt wird“, stammelte er und machte sich daran, das Schloss zu öffnen.

Ein blau schimmerndes Licht erhellte die Zelle, als er den Reif endlich in den Händen hielt. So wunderschön, so kostbar, und er gehörte ihm! Als er seinen Blick endlich davon losreißen konnte, sah er, wie die gütige Frau einen kleinen Vogel aufnahm. Er war zerzaust, hatte viele Federn verloren und sah mehr tot als lebendig aus.

„Ich werde ihn zurück in den Wald bringen“, sagte die Frau, und er fand das rührend, dass sie sich um die arme Kreatur kümmern wollte.

„Wenn du gehst, dann gibt acht, dass niemand deinen Schatz sieht“, mahnte sie. „Man könnte ihn dir stehlen.“

Hastig schob er den Reif unter sein Hemd. Oh ja! Man würde sich auf ihn stürzen, umbringen, um in seinen Besitz zu gelangen. Doch er war schlau.

„Ich werde gut darauf aufpassen", rief er. Doch da war die Frau schon verschwunden.

Die Mission

Gelon krümmte sich auf dem Boden und starrte auf die glänzend polierten Stiefel seines Vaters. Als er nach seiner erfolglosen Suche erschöpft vom Rücken des Gelbadlers gestiegen war, hatte er gewusst, dass ihn eine Bestrafung erwartete. Doch niemals hätte er gedacht, dass Bron ihn schlagen würde. Verprügeln, bis er nur noch kriechen konnte.

Gelon war dankbar, dass es keine Zeugen gab. Eine solche Erniedrigung hätte er nicht ertragen, die Scham niemals überwunden.

„Steh auf!“, sagte Bron, und Gelon gehorchte.

Er konnte sich kaum auf den Beinen halten, jeder Knochen in seinem Leib fühlte sich an, als hätte man ihn zermalmt. *Wie kann ein Mann in seinem Alter noch so stark sein, mit solcher Kraft zuschlagen? Er hätte mich leicht töten können.*

Das habe ich der Hure zu verdanken! In ohnmächtiger Wut biss er sich auf die Lippen.

„Du wirst eines Tages meinen Platz einnehmen.“ Bron legte ihm die Hand auf die Schulter. „Du musst endlich lernen, deine Wünsche den Pflichten unterzuordnen. Zu gehorchen. Du bist neunzehn Jahre alt, ein Mann, ein Prinz. Doch wer soll dich respektieren, wenn du dich wie ein dummer

Jüngling benimmst? Wie ein liebeskranker Rüde dem Geruch einer läufigen Hündin folgst?" Bron schüttelte den Kopf. „Niemand. Niemand wird dich respektieren. Du machst dich angreifbar durch deine Schwächen, und deshalb wirst du jetzt zur Vernunft kommen. Vergiss das Mädchen, und richte dein Augenmerk auf die Zukunft unseres Landes. Unserer Länder!" Bron lächelte bedeutungsvoll.

„Ja, Vater, das werde ich", sagte Gelon reumütig und neigte den Kopf. „Bitte verzeih mir."

„Gut so", erwiderte Bron. „Ich habe eine Mission für dich. Du wirst mit den Soldaten, die ich entbehren kann, zur Grenze reiten. Sobald dein Bruder mit den Männern der Clans eintrifft, werden wir euch folgen. Es gibt einiges zu tun, setz dich! Ich werde es dir erklären." Bron deutete auf den Tisch, auf dem eine Karte lag. Westland und Tagland, getrennt durch den Fluss Gold, der sich bei der zerstörten Stadt der Leibwandler mit dem Meer vereinigte. An beiden Ufern waren die Minen eingezeichnet, doch nun bemerkte Gelon entlang des Flusses neue Markierungen.

„Das werden schwimmende Brücken und Anlegestellen für Lastkähne, und du, mein Sohn, wirst dafür sorgen, dass sie schnellstmöglich erbaut werden. Hol dir dafür so viele Sklaven aus den Minen, wie es nötig ist, damit wir am nächsten

Neumond den Fluss mit unseren Truppen überqueren können."

Also doch, dachte Gelon. Er will sich Tagland mit Gewalt nehmen. War die Hochzeit nur eine Ablenkung gewesen? Er wusste es nicht, und jetzt war nicht der Moment, um Fragen zu stellen. Er musste gehorchen. Doch eines Tages würde er die Gelegenheit bekommen, den Stachel herauszureißen, der tief in seinem Fleisch steckte.

Feewyn!

„Sie wird mich umbringen", jammerte Latann und klammerte sich an Tarr. „Sie wird mich in Stücke reißen!" Auf den grauen Wülsten ihres Gesichts hatten sich weiße Flecken gebildet, und der Speichel tropfte aus ihrem Mund.

Tarr schob sie von sich, als wäre sie eine Bedrohung. „Wie konntest du auch so dumm sein und die Befehle der Herrin missachten!", rief er entsetzt. Er hatte Nomed die schlimme Nachricht überbringen müssen, weil Latann sich in Todesangst verkrochen hatte.

Latann riss sich heulend eines der spärlichen Haarbüschel aus. Nach drei Tagen hatte sie Bedenken bekommen. Daran gezweifelt, ob es richtig war, der Leibwandlerin Essen und Wasser zu verweigern. Der hochmütigen Ratte!

Von Unruhe und Angst getrieben, war Latann ins Gefängnis geeilt, vorbei an einem Wärter, den sie noch nie zuvor gesehen hatte, und dann hinunter in die Katakomben. Beim Anblick der leeren Zelle hatte sie geschrien vor Entsetzen, vor Wut sinnlos um sich geschlagen. Wie nur sollte sie die Folgen ihrer Eigenmächtigkeit vor der Herrin rechtfertigen!

Latann wusste es immer noch nicht, als die Tür zu Nomeds Gemächern aufflog. In Erwartung ihres Todes warf sich Latann auf den Boden und kroch auf allen vieren auf ihre Herrin zu.

„Bitte, bitte, verzeiht mir! Ich habe gedacht, ich lasse sie ein wenig hungern. Sie war immer so hochmütig, nach all den Jahren immer noch unbeugsam und …"

„Schweig!" Nomeds Stimme traf sie wie ein Hieb, und Latann versuchte, sich noch kleiner zu machen, in sich selbst zu verkriechen. Neben ihr stand Tarr. Seine behaarten Beine zitterten, auch er hatte Angst, obwohl ihn keine Schuld traf.

Nomed blickte auf die silberne Scheibe im Steinbecken. Sie war noch immer trüb, und sie konnte kaum etwas erkennen. Wälder, einen zerzausten Vogel, der ermattet auf dem Moos lag, und eine nebelartige Gestalt. Eine Hexe!

Wer bist du? Nomed beugte sich tief hinab. *Wo kommst du her?*

Das konnte keine ihrer Schwestern sein. Sie waren wohl schon längst tot. Denn es hatte kein Zeichen von Leben gegeben, als Nomed vor ein paar Tagen die Knochenkuppel erblickt hatte, sie war unversehrt, das hatte ihr das Wasser gezeigt. Und es war undenkbar, dass ihre Schwestern sie so täuschen konnten.

Also wer bist du? Und wo ist Cassia? Die Bilder erloschen, es gab keine Antwort auf ihre Fragen. Wer immer die Hexe war, sie hielt sich bedeckt, hatte einen Schutzzauber errichtet, den sie nicht durchdringen konnte.

Noch nicht.

„Hast du mir gebracht, was ich verlangt habe?“, fragte Nomed und drehte sich um.

„Ja, Herrin“, sagte Tarr und zog eine Handvoll Stroh aus der Tasche seiner Hose. „Darauf hat die Leibwandlerin gelegen.“

„Komm mit!“

Tarr folgte ihr in eine Halle, die dunkel und leer war bis auf ein Dutzend Gestalten, die reglos an einer der feuchten Wände lehnte. Die auferweckten Toten. Tarr fürchtete sich insgeheim vor ihnen, denn sie kamen aus noch tieferer Finsternis als er und seine Gefährtin. Nomed nahm das Strohbüschel und hielt es vier Männern vor das Gesicht.

„Riech daran und steh auf“, flüsterte sie jedem von ihnen zu.

Tarr wich zurück, als die Untoten sich wie von Fäden gezogen aufrichteten.

„Holt euch Schwerter und Bogen aus Kettar!“ Nomeds Stimme dröhnte. „Sucht die Leibwandlerin, und bringt sie mir!“

Sie zogen im Gleichschritt davon, und in der Waffenkammer fanden drei Soldaten einen schnellen Tod.

Ruven stieg müde vom Pferd und wartete respektvoll vor dem Haus. Balton, der Älteste des Clans der Eisenschmiede, ließ sich Zeit, ihn zu empfangen. Ein deutliches Zeichen, wie unwillkommen die Boten des Königs waren. Es konnte nichts Gutes bedeuten, wenn Bron sie aussandte. Noch mehr Tribute, weitere Gesetze, die sie tiefer in seine Knechtschaft trieben.

Ruven wunderte das nicht. Auf seinem Ritt hatte er so klar wie nie zuvor wahrgenommen, wie ausgeblutet Westland war. Welch ein Unterschied zu König Warts blühendem Reich! Der Boden gab immer weniger her, die Bäche führten kaum mehr Wasser, Armut hatte sich ausgebreitet wie eine Seuche. Westland lag im Sterben, nachdem man es über Jahrzehnte ausgebeutet hatte bis zum letzten Krumen.

„Ho ho," rief Balton und strich sich über den grauen Bart. „Der König schickt einen seiner Söhne! Und was bringst du mir? Vielleicht eine neue Braut? Eine hübsche Unberührbare? Wenn sie arbeiten kann, dann soll sie mir willkommen sein."

Ruven lächelte schief. „Sei gegrüßt, Balton. Nein, keine Braut, aber eine dringende Nachricht des Königs."

Balton seufzte tief und nahm ihm die Schriftrolle ab. Umständlich brach er mit seinen geschwärzten Fingern das Siegel und begann zu lesen. Vor Erstaunen schnellten die buschigen Augenbrauen in die Höhe.

„Verstehe ich das richtig?", fragte er seinen Bruder, der neben ihm stand. „Lies." Er reichte ihm das Schriftstück, und dann zog sich ein Lächeln über sein Gesicht.

„Du kannst dem König ausrichten, dass wir mit sämtlichen Männern anrücken werden, die eine Waffe halten können." Aus dem Lächeln wurde ein breites Grinsen. „Endlich mal gute Nachrichten. Aber jetzt lasst eure Pferde stehen, man wird sich um sie kümmern. Kommt herein, esst und trinkt mit uns!"

„Was genau erfreut dich denn so?", fragte Ruven und hoffte, man merkte ihm nicht an, dass er vom Inhalt keine Kenntnis hatte.

Balton schlug ihm auf die Schulter. „Was für eine Frage! Wir bekommen neues Land – gutes Land – und müssen uns nicht mehr wie die Gockel um die letzten Körner streiten. Wir können ganz neu anfangen, und das ist es wert, für eine kurze Zeit im Heer zu dienen.“

Ruven wurde übel, als er begriff, was Bron vorhatte.

„Ob ich meine Frau mitnehme in das gelobte Land, muss ich mir noch überlegen“, kicherte Balton. „Neues Land, neue Frau, das wäre doch passend, findest du nicht?“

Als Ruven sich nicht rührte, schubste er ihn vorwärts. „Na los, komm rein. Das ist wahrscheinlich das letzte Mal, dass ich in diesem Gemäuer Gäste empfange!“

Edin öffnete vorsichtig den Schnabel des kleinen Vogels. Cassia war auch nach drei Tagen noch zu schwach, um wieder ihre menschliche Gestalt anzunehmen.

„Hier, schluck das“, sagte Edin und schob ein winziges Stück einer breiigen Masse auf das Zünglein. „Heilkräuter, und endlich habe ich auch diesen ganz besonderen Pilz gefunden, jetzt wirst du rasch wieder zu Kräften kommen.“

In den dunklen Augen lag Dankbarkeit, und Edin setzte sich neben sie auf das Moos. Über ihnen wisperten die Blätter einer mächtigen Eiche, der Gesang der Vögel war verstummt, und die Bewohner des Waldes machten sich bereit für die Nacht, die Ruhe nach einem langen Tag. Oder für die Jagd. Edin konnte ihre pochenden Herzen hören, die umherhuschenden nachtaktiven Waldbewohner sehen. Wie kleine Lichter schwärmten sie durchs Unterholz. Es war wunderschön, und Edin lächelte. Wie lange hatte sie sich danach gesehnt, ihre Gaben wiederzuerlangen, wieder ein Teil dieser prächtigen Welt zu sein, auf eine Weise, die nur den Hexen möglich war. Die Flügel des Vögelchens zuckten, als in der Nähe ein Ast knackte.

„Keine Sorge, Cassia. Das ist nur unser Freund, der uns hergetragen hat."

Der Hirsch äste ganz in der Nähe.

„Schlaf, Cassia, du musst zu Kräften kommen. Ich werde über dich wachen." Edin fuhr mit dem Finger zart über das stumpfe Federkleid. „Schlaf, Herrin der Leibwandler."

Auch sie hatte Ruhe nötig, doch Edin wagte es nicht, die Augen zu schließen.

Denn sie kamen näher.

Etwas.

Etwas, das nicht menschlich war, das keine Ruhe brauchte. Das Tag und Nacht marschieren konnte und unaufhaltsam sein Ziel verfolgte, seine Beute.

Uns! Edin wusste nicht, von was sie gejagt wurden, was das für Wesen sein könnten, deren Gleichschritt immer lauter in ihrem Kopf hallte. Doch sie wusste, dass Nomed sie ausgesandt hatte. Ihre Lider wurden schwer, und sie hob murmelnd die Hand. Der Schutzzauber legte sich wie ein feines Netz über ihre Körper.

Hoffentlich stark genug gegen das, was sich da nähert. Das war ihr letzter Gedanke, bevor sie in einen tiefen Schlaf glitt.

„Da bist du ja“, rief Nama.

Edin wusste, dass sie träumte. Die Knochenkuppel war vollständig verschwunden, ihr Zuhause lag in hellem Sonnenschein, und ihre Schwester sah jung aus, ihre Haare leuchteten. Sie lächelte, wie sie es nach Nomeds Verrat nie mehr getan hatte. Doch etwas stimmte nicht. *Warum bin ich hier?*

„Hast du mich gerufen?“, fragte Edin.

Über Namas Gesicht zogen sich plötzlich feine Linien, bildeten Runzeln um die Augen, die tief in den Höhlen lagen. Ihre langen Haare wurden grau wie Asche.

„Du musst aufwachen“, rief Nama. „Schnell! WACH AUF!“

Edin riss die Augen auf. Vier Männer, wiedererweckte Tote, umkreisten die Eiche wie ein Rudel Wölfe. Sie konnten ihre Beute wittern, doch den Schutzzauber nicht durchdringen.

Edin war gelähmt vor Entsetzen über die Freveltat ihrer Schwester. So weit bist du nun also gegangen, du hast die letzte Grenze überschritten, dachte sie erschüttert und von einer tiefen Trauer erfasst. Noch immer hatte sie gehofft, dass Nomed eines Tages aus der Dunkelheit zurückkehren würde.

Doch es war zu spät. Denn nun war Nomed die Dunkelheit.

Einer der Männer legte seine Hand, an der noch ein paar Fleischfetzen hingen, auf das Netz. Blaue Funken stoben in die Luft, und er zog die Hand zurück, als könne er noch immer Schmerz empfinden.

Edin stockte der Atem. Denn im Netz klaffte ein Riss. Und wie von fauligem Fleisch angelockte Fliegen, drängten sich die Untoten davor. Hoben witternd den Schädel, und einer schlug mit der Faust zu. Ein Regen aus blauen Funken sank auf sie herab, und es konnte nicht mehr lange dauern, bis der Zauber gebrochen war. Cassia schlug ängstlich mit den Flügeln, und Edin wandte sich um.

Sie presste den Körper an den Stamm der Eiche und legte die Arme um ihn. Ihre murmelnde Stimme übertönte das Knistern der Funken und das Rascheln der trockenen Blätter, die zur Seite geschoben wurden von Wurzeln, die sich aus der Erde gruben.

Sich schlangengleich erhoben und um die Gerippe der Untoten rollten. Sie gefesselt zu Boden drückten.

„Schnell!“ Edin barg das Vögelchen in den Händen. „Wir müssen fliehen. Ich weiß nicht, wie lange sie das aufhalten kann!“

Der Hirsch trabte ihnen entgegen, als sie mit Cassia davonrannte.

Edin hatte nur erahnen können, über welche Kräfte ihre Schwester inzwischen verfügte. Nun waren ihre schlimmsten Befürchtungen wahr geworden.

Das Geräusch von brechendem Holz ließ ihr Herz vor Angst beinah erfrieren.

„Willst du nichts essen?“, fragte Bron und griff nach Nomeds Hand.

Sie saßen alleine an der langen Tafel. Seine Kinder waren fort. Gelon war mit den Soldaten aufgebrochen, Ruven unterwegs zu den Clans und Woreen, wie er es geplant hatte, in Tagland. Alles verlief zu seiner Zufriedenheit. Gemäß seinen Plänen. Er hatte sich auf den Abend mit Nomed gefreut, sich erhofft, dass es vielleicht wieder wie früher sein könnte.

Doch ihre Hand fühlte sich kalt an, ihr Blick war zornig in die Ferne gerichtet.

„Was hast du, meine Liebste?“, fragte er beunruhigt. In ihren dunklen Augen funkelten Blitze, und er zog die Hand zurück. Manchmal konnte er die Frau, in die er sich verliebt hatte, kaum noch erkennen. Manchmal fürchtete er sich fast vor ihr. Das Gefühl, dass das gar nicht mehr sie selbst war, die da mit ihm am Tisch saß, drohte übermächtig zu werden. Doch dann lächelte Nomed ihn an, und er entspannte sich.

„Es ist alles in Ordnung“, sagte sie und griff nach dem Messer. „Lass uns das Mahl genießen.“

Nomed konnte spüren, wie ihre Jäger mit aller Macht versuchten, sich aus der Umklammerung der Wurzeln zu befreien. Sie zu brechen und der Hexe und Cassia zu folgen.

Ihrer Schwester! Die den Bann gebrochen hatte und die sich nun gegen sie richtete.

Nomed stieß das Messer tief in das gebratene Fleisch, das vor ihr auf dem Teller lag.

Von Liebe und Hass

Tulka lag auf dem Rücken im Staub und blickte in Feewyns triumphierendes Gesicht.

„Du hast es tatsächlich geschafft", rief sie verblüfft und schob mit dem Zeigefinger den Dolch zur Seite, den ihr Feewyn an den Hals hielt. „Du hast mich überrumpelt."

Feewyn ließ von ihr ab und tänzelte übermütig im Kreis. „Niemand wird mir das glauben!", rief sie. „Ich habe die Stallmeisterin im Kampf besiegt! Ich! Eine Unberührbare!"

„Ich konnte das Beben der Erde unter meinen Füßen spüren, als Tulka gefallen ist!", lachte Tomlin und klatschte in die Hände. „Gut gemacht, Feewyn!"

„Keiner fragt, ob ich mir wehgetan habe", grummelte Tulka gutmütig und rappelte sich auf. „Schöne Freunde seid ihr."

„Und? Hast du dir wehgetan?", fragte Feewyn. Sie platzte beinahe vor Stolz und Freude. Fast drei Wochen war sie nun durch eine harte Schule gegangen. Hatte sich blaue Flecken und Schnittwunden geholt, geheult vor Frustration, wenn ein Pfeil sein Ziel verfehlt hatte, und nun hatte sie Tulka in einem Kampf überlistet und besiegt, bei dem es keine Gnade gegeben hatte. Und das war das Zeichen. Dass sie bereit war. Dass sie nun aufbrechen konnten.

Feewyn konnte es in Tulkas Augen lesen, als sie den Kopf schüttelte und sagte: „Nein, mir fehlt nichts, was bildest du dir ein, du Mädchen!“

Tomlin kicherte, und Feewyn und Tulka sahen einander an.

„Hör zu, Tomlin“, sagte Tulka und klopfte sich den Schmutz von der Hose. „Wir haben ja schon darüber gesprochen. Wir sind dir unendlich dankbar, dass du uns aufgenommen hast. Aber nun ist es an der Zeit zu gehen, und wir möchten, dass du mit uns kommst. Also hast du deine Meinung geändert?“

Tomlin schüttelte den Kopf. „Nein, zum letzten Mal. Ich bleibe hier.“ Er tätschelte Onis Rücken, der mit gespitzten Ohren neben ihm saß.

Es hatte keinen Zweck weiter darüber zu diskutieren. Tomlin würde sich nicht umstimmen lassen. Auch wenn ihm jetzt schon fast das Herz brach. Er hatte die Zeit mit den beiden genossen, hatte sich wieder lebendig gefühlt, es war fast so wie damals, als seine Familie noch da gewesen war. Was er inzwischen für Tulka und Feewyn empfand, war eine tiefe Zuneigung. Und genau deshalb würde er hier in der Einsamkeit zurückbleiben. Denn er war alt. Blind. Ein Klotz an ihrem Bein und eine Gefahr für sie. Sie würden unüberlegt handeln, nur um ihn zu schützen. Und das wollte er nicht. Er wollte, dass sie die Grenze nach Tagland überwinden konnten, um dort in Sicherheit und Freiheit zu leben.

„Dann machen wir uns also morgen auf den Weg“, sagte Tulka und wischte sich die Träne ab, die sich in ihren Augenwinkel geschlichen hatte.

„Es wäre wohl nicht gut, wenn Jowar sehen könnte, was du hier treibst“, sagte Wart und schloss die Tür hinter sich.

Wulf blickte erschrocken auf. Er hätte schwören können, dass er die Tür verriegelt hatte, so wie er es immer tat, wenn er sich mit dem Erbe seiner Mutter beschäftigte. Und doch stand der König vor dem Tisch, auf dem das Buch der Hexe lag. Kräuter, Tinkturen und Pülverchen, die er nach den Rezepten erstellt hatte. Wulf hatte nun genügend Zeit, um sich in den Hexenkünsten weiterzubilden. Denn Ewan war bis über beide Ohren verliebt, ging völlig auf in seiner neuen Rolle als Ehemann.

„Ich … also ich …“, stotterte Wulf.

„Lass es gut sein, mein Freund“, sagte Wart und klopfte ihm auf die Schulter. „Hast du geglaubt, ich hätte dich nicht schon vor Jahren durchschaut? Nicht erkannt, dass die Kunststücke, die du als

Gaukler vorgeführt hast, weit mehr sind als nur Schwindelei und Täuschungen?"

„Trotzdem habt Ihr mich aufgenommen und mir Euren Sohn anvertraut."

„Ja, das habe ich. Denn ich habe gleich erkannt, dass nichts Böses in dir steckt. Und ich habe diese Entscheidung nie bereut. Im Gegenteil, Ewan hat dir viel zu verdanken." Wart schnupperte an einem Fläschchen. „Es hat wohl keinen Sinn, wenn ich dich frage, wozu das gut ist?"

Wulf grinste. „Ehrlich gesagt, muss ich selbst noch herausfinden, ob ich alles richtig gemacht habe. Vielleicht ist es klüger, wenn Ihr es wieder hinstellt."

Wart gehorchte lächelnd, verschränkte die Arme hinter dem Rücken und blickte aus dem Fenster.

„Ich habe meinen Sohn noch nie so glücklich gesehen", sagte er. „Und ich bin es auch. Woreen ist eine bezaubernde junge Frau, und sie ist sehr gescheit. Sie scheint sich bewusst zu sein, welche Verantwortung sie eines Tages an Ewans Seite tragen muss. Sie ist wissbegierig und lernt schnell. Ich habe sie gestern an den Audienzen teilnehmen lassen, und da hat sie mich von neuem überrascht. Sie hat mir mit einem klugen Rat geholfen, einen Streit zu schlichten. Ich glaube, die Zukunft von Tagland liegt in guten Händen."

„Das denke ich auch, mein König“, erwiderte Wulf. „Sie hat jetzt schon viele Herzen gewonnen.“

„Noch lange nicht alle“, seufzte Wart und dachte an den Orden des Reinsten. Ein Problem, das er nicht mehr lange vor sich herschieben konnte. „Aber weshalb ich eigentlich hier bin, willst du uns heute Abend im Sommerpavillon Gesellschaft leisten? Der Herbst steht vor der Tür, und es wird wohl nicht mehr so oft vorkommen, dass wir draußen speisen können. Aivla würde sich sehr freuen, wenn du mal wieder aus der Versenkung auftauchst.“

Wulf lächelte. „Ich komme sehr gerne, mein König.“

„Na, dann will ich dich jetzt in Ruhe lassen“, sagte Wart und wedelte mit der Hand. „Mach weiter mit dem, was immer es ist.“

Wulf verriegelte die Tür hinter ihm und nahm das Fläschchen, das beinahe in falsche Hände gelangt wäre.

Heute Nacht reite ich in den Wald, dachte er. Irgendein Tier wird wahrscheinlich sein Leben lassen. *Falls ich alles richtig gemacht habe!*

Vor seine Augen schob sich Jowars Gesicht.

„Bleib liegen!“, rief Ewan und versuchte den Zipfel des Lakens zu erhaschen, in das sich Woreen gewickelt hatte.

„Wir können doch nicht den ganzen Tag im Bett verbringen“, lachte sie und rutschte von der Matratze.

„Doch, können wir“, erwiderte Ewan und streckte sich. „Wir können alles tun, was wir wollen. Vor allem Kinder machen.“

„Das haben wir eben versucht, gönn mir eine Pause.“ Woreen hatte immer noch gerötete Wangen. Sie huschte ans Fenster und blickte hinaus in den im Sonnenlicht strahlenden Park.

Auch nach fast drei Wochen fühlte sich alles noch unwirklich an. Trotz aller Angst und Sorge um Feewyn, noch nie im Leben war sie so glücklich gewesen, hatte sich so frei und besonders gefühlt. So viel Liebe und Wertschätzung erfahren. Doch obwohl ihr früheres Leben immer mehr verblasste, lebte sie in ständiger Angst. Dass es nur ein schöner Traum war und sie alles wieder verlieren könnte. Den Prinzen, für den sie inzwischen eine tiefe Liebe empfand. Sogar Verlangen, etwas, das sie sich nie hätte vorstellen können. Er hatte ihre Leidenschaft erweckt, und aus der Pflicht, Erben zu zeugen, war ein Vergnügen geworden. Es gab so viel Liebe in dieser Familie. Aivla war ihr eine Mutter geworden und Wart ein Vater, der sie respektvoll behandelte – und das, obwohl sie eine Frau war.

Ihr Blick fiel auf die Tore. Sie blieben seit der Hochzeit geschlossen. Und wie jeden Tag hatten sich eine stattliche Anzahl Ordensbrüder versammelt. Stumm standen sie davor, ein Protest in flammendem Rot.

„Sie hassen mich“, flüsterte Woreen und griff nach der Hand, die Ewan ihr auf die Schulter gelegt hatte. „Sie werden mich nie akzeptieren.“

„Verirrte Dummköpfe“, tröstete Ewan. „Schau nicht hin, vergiss sie. Mein Vater wird mit Jowar reden und ihn in die Schranken weisen.“

„Hat er das nicht schon vor unserer Heirat versucht?“

„Wahrscheinlich nicht so richtig“, erwiderte Ewan und runzelte die Stirn. „Aber da wusste er ja auch noch nicht, was sie sich alles erlauben würden.“ Er riss das Fenster auf und beugte sich hinaus.

„Wachen?“, brüllte er. „Entfernt den roten Unrat vor unseren Toren!“ Mit einem Knall schlug er das Fenster zu, und das Getrampel von Stiefeln verstummte.

Woreen ließ sich von ihm in die Arme nehmen und küssen.

Ob das der richtige Weg ist?, dachte sie. Wird sie das denn nicht noch mehr erzürnen und anstacheln, wenn man sie vertreibt wie lästige Plagegeister?

Es musste einen anderen Weg geben, um die Wogen zu glätten. Um miteinander friedlich in diesem traumhaften Land zu leben. Konnte man Hass mit Liebe besiegen?

Sie konnte das nicht wissen mit ihren kaum achtzehn Jahren. Doch inzwischen hatte sie gelernt, wie man einen stürmischen Prinzen bändigen konnte. Lachend ließ sie sich von ihm zum Bett tragen.

Ruven entfernte sich aus dem Lichtkreis der Lagerfeuer, die die Männer entzündet hatten. Den Clan der Meeresernter hatte er mit seinen Männern als letzten aufgesucht, und auch sie waren enthusiastisch aufgebrochen, um Bron zu dienen. Ruven würde nicht mit ihnen zurückkehren. Er würde niemals wieder nach Bronsburg zurückkehren. Nicht, nachdem er wusste, wer er in Wirklichkeit war und was Nomed seiner Mutter angetan hatte. Und was sein Ziehvater nun plante.

Leise näherte er sich den Pferden, die abseits der Lagerstätte angebunden waren. Seinen edlen Hengst musste er zurücklassen, jeder kannte die königlichen Pferde. Seine Uniform, die ihn schon von weitem als Ziehsohn des Herrschers erkennen ließ, hatte er vergraben. Stattdessen trug er eine abgewetzte Jacke aus Leder, die er unterwegs gestohlen hatte. Von nun war er Ruven, Cassias Sohn und ein Leibwandler.

Ein schwarzer Rappe blähte die Nüstern, als Ruven sich anschlich.

„Ruhig, ganz ruhig“, flüsterte Ruven und tätschelte ihm den Hals. „Wirst du es sein, der mich nach Ameer bringt?“

Das Pferd verharrte still, und Ruven holte sich einen Sattel. Sein eigener, der reich geschmückt und mit echtem Gold besetzt war, würde wohl zur Beute einer der Männer werden. Man würde nach ihm suchen, aber wahrscheinlich nicht allzu lange. Denn die Männer hatten ein größeres Ziel vor Augen.

Den Reichtum, den Bron ihnen versprochen hatte. Ein ganzes Land.

Der Weg ins Verderben

Als sie den letzten Ausläufer der Grauberge überwunden hatten, lag die Landschaft unter ihnen ausgebreitet, wie ein gemustertes Tuch.

„Da! Siehst du den Fluss?“, fragte Tulka und zerrte an ihrem Rock.

Noch immer hatte sie sich nicht an den Stoff gewöhnt, der um ihre Beine schwang. Tomlin, der trotz seiner Blindheit sehr geschickt war, hatte ihn aus alten Tüchern genäht. Sie hatten die wenigen Hinterlassenschaften in den Hütten durchsucht, aber nichts Verwendbares gefunden.

„Ich brauche alle Vorräte, um deine Baumstämme einzukleiden“, hatte Tomlin sie geneckt.

Nun trug Tulka also über ihrer ledernen Uniform einen Rock, ein langes, wollenes Hemd und ein Kopftuch. Feewyn war das Lachen über ihren Anblick schnell vergangen, als Tulka ihr den Busen mit einem Tuch flachgebunden, ihre wunderschönen Haare auf Schulterhöhe abgeschnitten und ihr eine Lederkappe aufgesetzt hatte.

„So“, hatte sie gesagt und Feewyn streng gemustert. „Du bist immer noch viel zu hübsch, doch ich denke, mit dieser Maskerade wirst du als Knabe durchgehen. Und ich als Bauersfrau."

„Ich kann nicht mehr atmen", hatte Feewyn gejammert und sich den Brustkorb betastet.

„Und ich kann kaum gehen in diesem lächerlichen Lappen, aber bis nach der Grenze muss es sein. Also Schluss mit dem Gezeter."

Nun lag ihr Ziel vor ihnen. Von oben sah der Fluss aus wie eine kleine Schlange. Zart und fein. Doch Feewyn wusste, dass der Goldfluss breit und tief war und man ein sehr guter Schwimmer sein musste, um die tückischen Strömungen zu überwinden, die unter der Wasseroberfläche lauerten.

„Was sind das für Flecken?", fragte sie und deutete auf die vielen dunklen Stellen entlang des Ufers.

„Das sind keine Flecken", sagte Tulka, „das sind die Minen."

„So viele?"

„Ja, an immer neuen Orten haben sie die Erde abgetragen und sich in die Tiefe gebohrt, und die Anzahl der Stollen lässt sich inzwischen wohl kaum mehr zählen."

„Es sieht aus, als wäre das Land von einer Krankheit befallen."

„Der Name der Krankheit lautet Gier“, erwiderte Tulka und schirmte die Augen mit der Hand vor der Sonne ab.

Sie hatte etwas entdeckt. Zu weit entfernt, als dass sie es genau erkennen konnte.

Doch es bereitete ihr Sorgen.

„Lass uns gehen“, sagte sie und nahm das Pferd beim Zügel. *Hoffentlich nicht schnurstracks ins Verderben!*

Feewyn sah sich nach der Nachtkatze um. Sie konnte sie nirgends entdecken, doch sie wusste, dass Smelda ihnen wie ein Schatten folgte. Sie hatte sich nie wieder von ihr streicheln lassen, und Feewyn hatte gebührenden Abstand gehalten. Fast kam es ihr vor, als wohnten zwei Wesen in dem geschmeidigen Körper. Und sie konnte nie wissen, was es war, was sie umkreiste und aus unergründlichen Augen anstarrte.

Ariad wehrte sich gegen den Schlaf. Doch nach einem langen Tag, an dem sie ihren Dienst als Woreens Zofe getan hatte, war sie sehr müde. Erschöpft, weil sie seit zwei Nächten kaum geschlafen hatte, immer wieder aus Albträumen aufgeschreckt war, die sie den ganzen Tag über verfolgten.

In den Träumen sah sie ihre Tochter. Über deren eingefallenen Wangen strömten Tränen, und in den Armen hielt sie ein Bündel. Ariad fürchtete sich vor dem Moment, in dem ihre Tochter das Tuch zurückschlug und es ihr vorwurfsvoll entgegenhielt. Das Neugeborene, dessen Gesicht aussah wie ein fauler Apfel, das kaum atmen konnte und sich die Seele aus dem Leib schrie.

Schweißgebadet erwachte Ariad. Nun war sie also doch wieder eingeschlafen. Zitternd fuhr sie sich über die Augen.

„Beruhige dich", sagte Nomed, und Ariad zuckte zurück.

Die Hexe saß neben ihr auf der Bettkante. Sie war da und doch nicht. Ariad konnte durch ihren Körper die Kommode sehen, auf der die fast gänzlich heruntergebrannte Kerze flackerte. Eine unsägliche Angst hinderte sie daran zu sprechen.

„Es war nur ein Traum", flüsterte Nomed und lächelte sie an. „Deiner Tochter und deinem Enkel geht es gut, ich halte mein Versprechen. Doch wirst auch deines halten?"

Ariad schaffte es zu nicken.

„Gut", sagte Nomed und stand plötzlich neben der Kommode. Ariad hatte nicht gesehen, dass sie auch nur einen Schritt getan hätte.

„Hier drin ist das Fläschchen, das ich dir anvertraut habe, richtig?"

Wieder brachte Ariad nur ein Nicken zustande. *Es ist so kalt hier drin, weshalb ist es so kalt?* Sie konnte ihren Atem sehen, kleine Wölkchen vor ihrem Gesicht.

„Es ist an der Zeit, es zu benutzen. Du wirst den Inhalt in ein Getränk mischen, das Woreen verabscheut. Und du wirst dafür sorgen, dass der Prinz und Ihre Majestäten davon kosten.“

Ariad begann zu zittern, doch endlich konnte sie wieder sprechen. „Ist das Gift? Ich kann das nicht tun, ich …“

Nomed lachte. „Du Dummerchen, nein! Im Gegenteil. Es wird Ewans Manneskraft stärken und Wart und Aivla ein langes Leben schenken. So wie deine Lieben ein langes Leben haben werden, wenn ich sie beschütze.“

Ariad verlor sich in Nomeds Augen und fühlte sich mit einem Mal glücklich und erleichtert. Ja, es ist alles gut, dachte sie benommen. Nomed will nur das Beste, wie konnte ich nur daran zweifeln!

Gleich morgen werde ich ...

Sie sank wieder in den Schlaf, der erfüllt war von wunderschönen Träumen.

Ameer – einst wohl der schönste Ort in Westland lag in Schutt und Asche. Ruven lenkte das Pferd zwischen den Ruinen der Häuser hindurch, deren verkohlte Reste wie faule Zahnreihen in den Himmel ragten.

Was hatte man ihnen angetan! Er war erschüttert. Er hatte vom Krieg gehört, davon, dass man die Leibwandler versklavt oder getötet hatte. Er hatte ohne nachzufragen geglaubt, was man sich erzählte. Dass sie Bestien waren, versucht hätten, die Minen zu plündern, und den Krieg begannen, um König Bron zu stürzen.

Alles Lügen! Vorwand, um ein ganzes Volk in die Knechtschaft zu zwingen. Nun drohte Tagland wohl das gleiche Schicksal.

Ruven brachte das Pferd zum Stehen und sah sich um. Außer dem fernen Rauschen des Meeres und dem Klappern eines Fensterflügels, der schief in den Angeln hing, war es totenstill. Doch das Gefühl, von vielen Augen beobachtet zu werden, wurde stärker.

„Ich will zu Cassia!“, rief er. „Ist sie hier?“ Das war seine ganze Hoffnung. Dass es Edin gelungen war, seine Mutter herzubringen. Und zu heilen.

Niemand antwortete, und sein Herz wurde schwer. Er war jung und stark und trotzdem geschwächt von der langen Reise. Für die beiden Frauen mussten die Strapazen noch um vieles schlimmer gewesen sein und vielleicht war ihnen unterwegs etwas zugestoßen. Vielleicht waren sie längst tot.

Sein Pferd scheute, als ein Rudel großer Hunde aus den Schatten der Häuser auftauchte und ihn umzingelte. Keine Rothunde, doch die Zähne in ihren gebleckten Fängen waren scharf und spitz, die Augen glitzerten angriffslustig, und ihr Knurren klang bedrohlich.

Das Pferd tänzelte panisch im Kreis, und Ruven zog sein Schwert. War alles umsonst gewesen? War alles, was er in Ameer finden würde, der Tod?

„Hört auf damit!“ Die Stimme klang hell, und er erkannte sie. „Das ist mein Sohn!“

Cassia trat zu ihm ins Sonnenlicht. Sie trug ein langes, reich besticktes Kleid – das Gewand einer Herrin, die sie einst gewesen war, bedeckte nun lose den abgemagerten Leib. Sie streckte die Arme nach ihm aus, und er sprang aus dem Sattel und umarmte sie. Wie zerbrechlich ihr Körper sich anfühlte! Doch in ihren Augen strahlte ein unbändiger Lebenswille, eine Kraft, die ihn an eine Zukunft glauben ließ. Und wie ähnlich sie doch ihrer Tochter Feewyn sah!

„Das ist also dein Sohn?“, fragte jemand.

Ruven hob den Kopf und sah, dass sie von einer Gruppe Halbwüchsiger umringt waren.

„Entschuldige den unfreundlichen Empfang“, sagte einer der Jungen. „Aber du verstehst sicher, dass wir niemanden mehr einfach so durch unsere Stadt spazieren lassen.“

Die Hunde! Leibwandler, natürlich, dachte Ruven. Es würde wohl eine Weile dauern, bis er sich daran gewöhnt hatte.

„Sie werden sich um dein Pferd kümmern. Komm mit mir“, sagte Cassia und nahm ihn bei der Hand.

Er folgte ihr in eines der wenigen noch gut erhaltenen Häuser. Als sie durch die geplünderten Räume schritten, schob sich für einen winzigen Moment ein Bild vor seine Augen. Es war, als könne er wahrnehmen, wie es hier früher ausgesehen hatte.

„In diesem Haus wurdest du geboren“, sagte Cassia. „In diesen Räumen hat dein Vater mit dir gespielt, und genau wie er hast du ständig über die kleinsten Dinge gelacht.“ Cassia wischte sich eine Träne aus den Augen. „Das habe ich in all den Jahren am schmerzlichsten vermisst. Dein Lachen. Und nicht zu wissen, was mit meiner Tochter geschehen ist.“

Ruven drückte ihre Hand, die sie immer noch nicht losgelassen hatte. Der Hass auf Bron und seine Hexe drohte ihn zu verschlingen. Fraß ihn auf wie ein hungriges Tier. Jede Faser seines Körpers schrie danach, Rache zu nehmen. Sie von der Erde zu tilgen wie giftiges Kraut.

„Ich spüre deinen Zorn“, sagte Cassia und führte ihn in einen Saal, in dem wohl früher die Audienzen stattgefunden hatten. „Doch zügle deine Gefühle.

Wir müssen überlegt handeln. Und wir werden nicht alleine sein."

Dutzende Köpfe drehten sich nach ihnen um. Die Leibwandler, die sich hier versammelt hatten, waren jung. Fast noch Kinder. Dazwischen ein paar wenige alte Frauen und Männer, die man nicht versklavt hatte, weil man sie für zu schwächlich gehalten hatte. Sie waren es gewesen, die den Kindern beigebracht hatten, wie sie mit ihrer Gabe umgehen mussten.

„Es gibt noch mehr von uns, und alle sind bereit", sagte Cassia und lächelte, als sich die Leibwandler vor ihr verneigten. „Wir werden unser Volk befreien. Edin hat einen Zauber gefunden, wie wir die Fesseln aus Kettar zerstören können."

„Edin! Wo ist sie?"

„Hier! Hier bin ich, mein Junge", rief Edin und winkte ihm aus der Menge zu. „Komm, lass dich umarmen."

Ruven drängte sich zu ihr. Er wollte ihr sagen, wie dankbar er ihr war. Dass sie seine Mutter wohlbehalten nach Ameer zurückgebracht und dafür gesorgt hatte, dass sie wieder zu Kräften gekommen war.

Doch er schrie vor Schmerz, als Edin ihre Hand auf sein Schulterblatt legte.

Sie hatte sich nicht getäuscht, ihre Befürchtungen bewahrheiteten sich bitter. Über weite Strecken entlang des Flusses wehten König Brons Flaggen. Ganze Dörfer aus Zelten reihten sich an den schmalsten Stellen, und es wurde gesägt und gehämmert, als gälte es, eine Stadt zu errichten. Doch Tulka ahnte, was hier vor sich ging. Über schwimmende Brücken würde das Heer den Fluss überwinden und den Verteidigern an den bestehenden Brücken, die Tagland und Westland verbanden, in den Rücken fallen. Denn das hier war der Beginn eines Krieges.

„Was machen wir jetzt?", fragte Feewyn. Es schien kaum noch eine Möglichkeit zu geben, über den Fluss zu kommen. Drei Tage lang hatten sie vergeblich danach gesucht. Doch immer, wenn sie sich aus der Deckung wagen wollten, tauchten Waffenträger auf. Alt und Jung tummelte sich unter den Soldaten, es schien, als hätten sich sämtliche kampffähigen Männer entlang der Grenze eingefunden.

„Die alte Brücke bei einer der Minen", sagte Tulka. „Das ist wohl unsere einzige Möglichkeit."

„Aber werden sie da nicht auch sein?"

„Ich denke nicht, denn sie ist sehr schmal, kaum breit genug für einen kleinen Karren. Und ehrlich gesagt weiß ich nicht, ob sie nicht schon längst eingestürzt ist."

Feewyn blickte sehnsüchtig in die Ferne. Ihr Ziel war so nah. Aufgeben kam nicht in Frage.

„Dann lass uns dorthin gehen, und wenn die Brücke eingestürzt ist, dann schwimmen wir. Ganz einfach.“

„Ganz einfach?“ Tulka lachte spöttisch. „Bist du schon einmal durch einen solchen Fluss geschwommen? Kannst du überhaupt schwimmen, du Mädchen?“

Feewyn plusterte sich zu ihrer ganzen Größe auf. „Ja, Herrin Stallmeisterin, ich kann schwimmen, sogar ziemlich …“ Sie riss die Augen auf und wurde blass.

„Was ist?“, fragte Tulka und versuchte, ihrem Blick zu folgen.

„Da“, flüsterte Feewyn und zog sich tiefer in das Gebüsch zurück, von dem aus sie die Männer beobachtet hatten. „Da ist Gelon.“

Tulka konnte ihn zuerst nicht entdecken, doch dann stoben die zerlumpten Arbeiter auseinander, die ihn umringt hatten. Hoben die Hände über die Köpfe, als Gelon die Peitsche über sie schwang.

Tulka konnte nicht genau verstehen, was er brüllte. Doch es waren Flüche, Beschimpfungen. Denn die Sklaven, und darum handelte es sich bei den erbarmungswürden Gestalten, knieten sich vor ihm nieder. Kein freier Mann hätte das getan.

„Er ist nicht unseretwegen hier“, murmelte sie. „Er hat unsere Spur verloren, doch lass uns dafür sorgen, dass es auch so bleibt.“

Feewyn wusste nicht, was sie bei der Mine erwartete. Doch mit jedem Schritt, mit dem sie sich weiter von Gelon entfernten, kehrte ihre Zuversicht zurück.

Ruven hatte das Gefühl, in Flammen zu stehen. Der Schmerz raubte ihm fast den Verstand, und es war ihm nicht bewusst, dass die tierischen Schreie, die in seinen Ohren gellten, aus seinem Mund drangen. Er versuchte, sich zu wehren, der Pein zu entkommen, doch als er einen Schritt tun wollte, gaben seine Beine nach, und er landete auf den Knien. Edins Hand lag wie festgewachsen noch immer auf seinem Schulterblatt.

Warum tut sie mir das an?, dachte er verzweifelt. Hat sie uns alle getäuscht? An Nomed verraten und bringt uns jetzt um?

Er konnte nur noch ein blaues Leuchten wahrnehmen, das ihn umschloss wie ein Kokon. Als er vor Schmerz das Bewusstsein verlor, erlosch auch das.

Smelda tigerte unruhig hin und her. Sie beobachtete das Mädchen und die Frau, die sich immer näher in den Bereich einer Mine wagten. Viel zu nahe.

Denn dort wimmelte es von Menschen. Feinden! Dorthin konnte sie ihnen nicht folgen. Es roch nach Krankheit und Tod. Die meisten der Leute waren nur noch Schatten. Kaum mehr am Leben und keine Gefahr. Doch unter ihnen gab es Männer, die stark waren, böse und gefährlich.

Die Sonne ging langsam unter, und nun verblassten die letzten Farben zu einem trüben Grau. Grau wie die Erde unter ihren Pfoten, dunkel wie die Hütten, die sich um riesige Löcher reihten. Sie klafften im Boden wie die Mäuler hungriger Bestien. Smelda wusste nicht, was das Mädchen und die Frau dort wollten, doch vielleicht konnte sie sich im Schutz der Dunkelheit nähern, um es herauszufinden. Die Katze legte sich ins vertrocknete Gras und begann ihr Fell zu säubern.

„Ich glaube, es ist zu kühl, um hier draußen zu speisen", sagte Königin Aivla enttäuscht und zog ihr Tuch enger um die Schultern.

„Bald findet das große Erntedankfest statt, ich kann es kaum erwarten", sagte Ewan und zog Woreen samt dem Stuhl, auf dem sie saß, näher zu sich. „Du wirst staunen, wie prachtvoll und ausgelassen das wird. Ganze drei Tage und Nächte werden wir feiern. Und ich zum ersten Mal mit meiner Frau!“

„Da bin ich wirklich gespannt“, erwiderte Woreen und ließ sich von ihm drücken. „Solche Feste gibt es bei uns nicht. Ich kenne nur den Tag der Tribute.“

„Du wirst begeistert sein“, sagte Wart lächelnd. Er konnte sich bereits vorstellen, wie unermüdlich sein Sohn tanzen und überschwänglich jede Sekunde des Fests mit Woreen auskosten würde. Eine Art Hochzeitsfeier daraus machen, die ja nicht stattgefunden hatte.

„Bitte bringt die Speisen zurück. Wir essen im Schloss“, sagte Aivla, und die Diener beeilten sich, die Platten abzutragen.

„Ein Schlückchen Wein können wir uns aber noch gönnen, während wir das Abendrot bewundern“, sagte Wart. Er liebte den Ausblick vom Sommerpavillon. Das Gefühl, ein Teil der Natur zu sein, die ihn umgab.

„Ich schenke euch ein“, sagte Woreen und griff nach dem Krug mit dem Holunderblütenwein. Alle mochten ihn, sie selbst fand ihn viel zu herb.

„Vielleicht sollte ich ihn doch auch einmal wieder kosten?“ sinnierte sie und hielt den Krug über ihren Becher.

Ihre Zofe Ariad griff danach. „Ich habe der Dienerschaft aufgetragen, für Euch den Wein zu bringen, den Ihr bevorzugt“, sagte sie, und bevor Woreen etwas sagen konnte, schenkte sie ihr Rotwein ein.

„Dann eben ein andermal“, erwiderte Woreen achselzuckend. „Danke, du darfst jetzt gehen, Ariad. Heute brauche ich dich nicht mehr.“

Nachdenklich blickte sie ihr nach als Ariad, in rotes Abendlicht getaucht, davoneilte. „Sie hat schreckliches Heimweh, vielleicht sollte ich sie nach Hause schicken. Sie vermisst ihre Tochter, die wohl inzwischen ein Kind geboren hat.“ Woreen konnte das nur zu gut verstehen. Obwohl sie hier so glücklich war wie noch nie in ihrem Leben, gab es jemanden, den sie schmerzlich vermisste. Feewyn. Jeden Tag dachte sie an ihre Freundin, voller Hoffnung, dass es ihr gut ging. Sie wollte bald mit Aivla und Wart über sie reden. Vielleicht konnten sie nach Feewyn suchen lassen und sie zu ihr in Sicherheit bringen. Noch hatte sich Woreen davor gescheut, weil sie sich wegen der barbarischen Sitten schämte, die in Westland herrschten.

„Ja, mach das, schick sie zurück“, sagte Ewan. „Wir haben hier eine Menge eifriger Frauen, die nur zu gerne als deine Zofe dienen würden. Falls dir keine gefällt, übernehme ich das und …“

Aus seinem Mund drangen grüne Bläschen, und er riss die Augen auf. „Was …“ Er wischte sich mit der Hand über die Lippen. „Wasch …“

Aus den Bläschen wurde Schaum, er quoll ihm über das Kinn, und Woreen stieß einen entsetzten Schrei aus.

„Ewan! Was ist das, Ewan?“

Sein Körper zuckte, als würde er von unsichtbaren Geistern geprügelt, und leichenblass rutschte er vom Stuhl.

„Helft! So helft doch!“, kreischte Woreen, drehte sich um und erstarrte.

Der König und Aivla versuchten zu sprechen, doch die Worte erstickten in der grünen Masse, die aus ihren Mündern drang. Ihre Körper schlotterten wie in eisigem Wind, und ihre Hände flatterten ziellos durch die Luft, als sie nach Halt suchten, bevor auch sie zu Boden sanken.

Woreen konnte vor Entsetzen nur noch schreien. Die Leibgarde stürzte herbei, wie durch einen Nebel hörte sie, wie man nach den Heilern schickte. Sie wehrte sich heftig, als sie gepackt und davongetragen wurde.

„Nein! Nein! Ewan! Aivla! So helft doch! Tut etwas!“

„Beruhigt Euch, Prinzessin“, vernahm sie die Stimme des Hauptmanns an ihrem Ohr. „Wir kümmern uns um sie, doch ich muss Euch jetzt in Sicherheit bringen."

Sie schrie immer noch, als er sie im königlichen Gemach sanft auf ihr Bett legte.

Das Feuer war erkaltet. Eine letzte Glut flammte noch in seiner Schulter, und Ruven öffnete stöhnend die Augen. *Wo bin ich?* Seine Hände ertasteten weiches Fell.

Edin und Cassia standen neben ihm und blickten auf ihn herab. Edin! Die Verräterin! Mit einem Ruck richtete er sich auf. *Meine Mutter, ich muss sie vor …*

„Wie geht es dir?", fragte Edin besorgt. „Es tut mir leid, dass du solche Schmerzen erleiden musstest, aber es gab keine andere Möglichkeit. Da, sieh!" Sie öffnete die Faust.

Verständnislos blickte er auf ein winziges Stück Metall auf ihrer Handfläche.

„Das ist Kettar", sagte Cassia und setzte sich zu ihm auf das Lager. „Das hat Edin aus deiner Schulter geholt. Dieses winzige Stück hat Nomed dir als Kind eingepflanzt, zusammen mit einem Bann. Das war der Grund, weshalb du nach deiner Reife niemals deine Gestalt wandeln konntest."

Ruven sank zurück. Er war zutiefst erschöpft. „Ich dachte schon, du wolltest mich umbringen. Uns alle! Ich dachte, du wärst geworden wie Nomed“

„Bestimmt hätte ich das auch geglaubt“, erwiderte Edin. „Vielleicht hätte ich dich vorwarnen sollen, aber ich wusste ja nicht, wie sehr das Kettar mit deinem Fleisch verwachsen war.“ Dann zuckte sie mit den Schultern und sah ihn spitzbübisch an. „Du hast es überlebt, also gibt es keinen Grund zu jammern.“

Auf einmal wirkte sie ganz jung, und Ruven hatte das Gefühl, für einen kurzen Moment ihr wahres Gesicht zu sehen.

„Danke“, sagte er. Denn mehr war nicht nötig, das spürte er.

„Schlaf jetzt und erhol dich“, sagte Cassia und strich ihm übers Haar. „Morgen früh brechen wir auf. Unterwegs werde ich dir meinen Plan erklären. Edins Plan. Und vielleicht können wir einen ersten Versuch mit dir wagen. Möchtest du nicht gerne einmal fliegen wie ein Gelbadler?“

Fliegen? Ich könnte mir nichts Schöneres vorstellen, dachte Ruven und fiel in einen traumlosen Schlaf.

Man hatte die Sklaven beim Einbruch der Nacht in die Hütten getrieben wie Vieh. Ein paar Aufseher hockten um ein loderndes Feuer und tranken und lachten.

„Es wird nicht mehr lange dauern, und sie sind betrunken“, sagte Tulka. „Dann können wir es wagen.“ Um zur Brücke zu gelangen, mussten sie an ihnen vorbei.

Seit dem späten Nachmittag hatten sie das Treiben bei den Minenschächten beobachtet. Voller Entsetzen dabei zugesehen, wie man die Sklaven behandelte. Feewyns Abscheu vor dieser Brutalität hatte sich in eine grenzenlose Wut verwandelt. Was auch immer man den Leibwandlern vorwarf getan zu haben, kein lebendes Wesen durfte man so quälen. Es waren Frauen, Männer und sogar ein paar Kinder, die in schmutzige Lumpen gehüllt aus den Stollen gekrochen kamen und schwere Körbe ans Tageslicht schleppten. Körbe voller Steine, aus denen die begehrten Metalle gewonnen wurden.

Feewyn musste sich zurückhalten, als sie sah, wie einer der Aufseher auf eine Frau einprügelte, die einem zusammengebrochenen alten Mann etwas Wasser geben wollte.

„Diese Dreckskerle“, stöhnte sie und ballte hilflos die Fäuste.

„Wir können ihnen nicht helfen“, sagte Tulka in ohnmächtigem Zorn. Auch sie sah heute zum ersten Mal, wie es den Kriegsgefangenen erging. Sie hatte sich nie viele Gedanken gemacht, aber das hier hätte sie sich niemals vorstellen können.

Noch heute Nacht würden sie die Gräuel hinter sich lassen. Doch konnten sie es jemals vergessen?

Niemals, dachte Tulka, nahm dem Pferd die Zügel ab und legte sie zu dem Sattel auf den Boden. Der Moment des Abschieds war gekommen. Sie mussten ihren treuen Begleiter zurücklassen. Es war unmöglich, mit ihm ungesehen am Lager vorbei und über die Brücke zu gelangen.

Feewyn schmiegte sich an seinen Hals. „Wir werden frei sein, hörst du? Und auch du bist jetzt frei“, flüsterte sie ihm zu. „Geh, wohin auch immer du möchtest. Und lass dich nie wieder einfangen.“

Ein guter Rat, dachte Tulka schmunzelnd, doch ob es den verstanden hat? Wohl kaum. Sie gab dem Pferd einen leichten Klaps, und es trottete gemächlich davon.

Sie warteten noch eine Weile, um zu sehen, ob es nicht plötzlich zurückkehren würde, um ihnen zu folgen. Inzwischen schienen sich alle Wachen um die Feuer versammelt zu haben, sie grölten und lachten.

„Also los jetzt“, sagte Tulka und sie machten sich auf den Weg.

Je näher sie dem Lager kamen, desto stärker wurde der Gestank.

Haben sie die Toten einfach irgendwo liegen lassen?, dachte Feewyn entsetzt. Das Herz schlug ihr bis zum Hals, als sie im Schutze der Dunkelheit an den Hütten vorbeischlichen, aus denen leise Laute drangen. Ein Weinen und Stöhnen, untermalt von heiserem Husten. Es brach ihr fast das Herz.

Endlich standen sie vor der Brücke. Sie war gerade mal so breit, dass man zu zweit nebeneinander darüber gehen konnte. An den Seiten waren etliche Steine abgebröckelt, und sie sah nicht mehr besonders vertrauenswürdig aus. Beim nächsten Hochwasser würde sie vermutlich einstürzen.

Tulka sah sich noch einmal um und ergriff Feewyns Hand. „Komm", flüsterte sie. „Jetzt oder nie."

Sie kamen bis zur Mitte. „Bleib stehen!", zischte Tulka.

Ein mächtiger Schatten schälte sich aus der Dunkelheit, und Feewyn hätte fast laut geschrien vor Enttäuschung.

Ein Rothund stampfte ihnen knurrend entgegen. Speichel tropfte aus seiner Schnauze, und seine Augen funkelten.

Tulka hob ihren Rock und zog das Schwert hervor. „Was immer jetzt geschieht", sagte sie ganz ruhig. „Du rennst! Du rennst über die Brücke, hast du verstanden?"

„Nicht ohne dich“, sagte Feewyn und griff nach ihrer Klinge. Tulka war stark, aber wahrscheinlich konnte selbst sie einen Rothund nicht bezwingen. Und Feewyn würde eher hier und jetzt sterben, als die Frau zurückzulassen, die für sie wie eine Mutter geworden war.

Tulka schielte mit einem Auge hinunter in das schwarze Wasser. Es brodelte in Kreisen unter den Brückenpfeilern, als wartete es auf sie, um sie willkommen zu heißen und in die Tiefe zu ziehen und nie wieder freizugeben.

Fauchend, mit aufgestellten Haaren schob sich die Katze zwischen die beiden.

„Smelda!“ Feewyn lächelte trotz der Gefahr, in der sie schwebten. „Du bist uns gefolgt?“ Sie hatte die Katze lange nicht mehr gesehen und geglaubt, dass sie wohl für immer verschwunden war.

„Und jetzt, du hässliches Vieh?“, zischte Tulka dem Rothund zu. „Drei gegen einen. Willst du nicht lieber abhauen?“

Sie machte einen Schritt auf ihn zu, und er wich tatsächlich zurück.

Wir schaffen es, jubelte Feewyn innerlich, doch im selben Moment begann der Rothund zu bellen. Tobte vor Wut geifernd auf der Stelle springend auf und ab, und bevor sie sich auf ihn stürzen konnten, hörten sie hinter sich das Getrampel schwerer Stiefel.

Fackeln erhellten die Nacht, und sie blieben wie versteinert stehen. War alles umsonst gewesen?

„Was haben wir denn hier?“, dröhnte eine tiefe Stimme. „Dreht euch um, zeigt euch!“

Sie sahen einander verzweifelt an, doch es blieb ihnen nichts übrig, als zu gehorchen. Vier Wachleute starrten sie entgeistert an.

„Bei den Dämonen“, rief ihr Anführer. „Habt ihr schon mal ein solch riesiges Weib gesehen?“

„Noch nie, Efor, das kannst du mir glauben“, erwiderte einer der Männer und kniff die Augen zusammen. „Nicht mal in meinen schlimmsten Träumen.“ Sie begannen wiehernd zu lachen, doch Efor gebot ihnen mit einer Handbewegung zu schweigen.

„Ein Riesenweib, das ein Schwert schwingt. Also was macht ihr hier mitten in der Nacht?“

Tulka zupfte sich ihr Kopftuch zurecht. „Wir wollen nach Hause“, sagte sie und versuchte ein Lächeln.

„Nach Hause?“, fragte Efor. „Ihr kommt also von dort drüben? Ja? Und was habt ihr dann auf dieser Seite der Grenze verloren?“

Tulka tupfte sich die Augen. „Es ist so, mein Herr. Ich bin mit einem guten Mann in Tagland verheiratet, einem Bauern, wenn Ihr das wissen möchtet. Ursprünglich komme ich aus Westland, und vor ein paar Tagen hat mich die traurige

Nachricht erreicht, dass mein Vater im Sterben liegt. Und ich wollte, dass mein Sohn …“ Sie gab ein Schluchzen von sich, legte Feewyn die Hand auf die Schulter und begann tatsächlich zu weinen. „Dass mein Junge ein letztes Mal seinen Großvater sehen kann.“

„Das ist wirklich eine herzergreifende Geschichte“, sagte Efor und zog sein Schwert. „Aber ich glaube dir kein Wort. Alles an euch kommt mir seltsam vor. Und am allerseltsamsten, dass eine Nachtkatze mit euch herumspaziert. So etwas habe ich noch nie gesehen, bist du etwa eine Hexe?“

„Dann würden wir wohl kaum hier herumstehen“, erwiderte Tulka. Sie hatte Mühe in ihrer Rolle als Bauersfrau zu bleiben. Am liebsten hätte sie sich auf diese Dummköpfe gestürzt und sie in den Fluss geworfen. Doch sie waren zu viert, und von hinten näherte sich der Rothund. Sie konnte den Gestank aus seinem Maul schon riechen.

„Bis ich mich von eurer Geschichte überzeugt habe, kommt ihr mit uns. Lasst die Waffen fallen.“

Tulka konnte die Gedanken hinter Feewyns Stirn lesen, die sie fragend ansah. Kämpfen oder gehorchen?

„Gehorchen“, flüsterte Tulka ihr zu, als sie leicht in die Knie ging und das Schwert ablegte. „Wir müssen auf eine bessere Chance warten.“

Feewyn unterdrückte die Tränen der Enttäuschung. Sie durfte nicht vor den Männern weinen. Denn für sie war sie ein Junge. Den knurrenden Rothund im Rücken, folgten sie Efor und den Wachen zurück zum Ende der Brücke. Smelda drehte sich immer wieder fauchend nach dem Rothund um.

„Lauf weg,“, flüsterte Feewyn ihr zu, als sie die Brücke verließen. „Lauf, lauf!“

Doch wie aus dem Nichts kamen weitere Aufseher aus der Dunkelheit. Zwei trugen ein schweres Netz aus Eisenketten. Als Smelda fliehen wollte, warfen sie das Netz über sie und zogen es zusammen.

„Nein! Nein!“ Feewyns Stimme überschlug sich, als sie Smeldas verzweifelten Befreiungsversuche mit ansehen musste.

„Gut gemacht, Kal!“, rief Efor zufrieden und schlug dem Mann auf die Schulter. „Ich wollte schon lange mal einem Kampf zwischen einem Rothund und einer Nachtkatze zuschauen. Wir werden Spaß haben!“

Etwas in Feewyn explodierte. Brüllend stürzte sie sich auf die Männer. Sie waren überrumpelt von dem Angriff, und sogar unbewaffnet gelang es ihr, zwei der Kerle zu Boden zu bringen.

Tulka wollte in den Kampf eingreifen. Doch auf dem Bauch liegend landete sie vor Efors Stiefeln.

Der Rothund hatte sie von hinten angesprungen und zu Fall gebracht. Sie lag begraben unter dem massigen Körper, sein Gewicht presste ihr die Luft aus den Lungen, und hilflos musste sie mit ansehen, wie Feewyn überwältigt wurde.

„Guter Hund", sagte Efor und klopfte ihm auf den Schädel. Dann beugte er sich zu Tulka und schüttelte den Kopf. „Ein wildes Bürschchen hast du großgezogen, und er hat wirklich was drauf. Hat meine Männer ganz schön verdroschen. Lernt man das bei euch in Tagland auf einem Bauernhof?"

„Lasst uns in Ruhe, ihr Feiglinge!", schrie Feewyn und versuchte, um sich tretend freizukommen. Die Männer hatten Mühe, sie zu bändigen.

Efor trat vor sie und starrte sie wütend an. „Bürschchen, du willst es nicht anders", sagte er und versetzte ihr einen Faustschlag ins Gesicht.

Feewyn brach bewusstlos zusammen, und Efor warf sie sich über die Schulter. „Bringt das Riesenweib auf die Beine. Es ist Zeit, schlafen zu gehen. Aber sperrt sie nicht zusammen in einen Verschlag. Vielleicht kühlt sich der Hitzkopf ohne seine Mutter etwas ab."

Ich träume, dachte Ruven und blinzelte. Das kann nur ein Traum sein!

Er lag noch immer auf seiner fellbedeckten Pritsche. Im fahlen Mondlicht, das durch das Fenster fiel, glänzte der Schädel eines Mannes, der über ihn gebeugt stand, wie Kalk. Reste einer zerlumpten Uniform hingen an seinem halbverwesten Leib, und anstelle der Nase gähnte ein schwarzes Loch. Und doch schnupperte der Mann an ihm wie ein Hund an einer unbekömmlichen Speise. Misstrauisch.

Ruven hielt den Atem an, als der Tote sich aufrichtete und davonstakste. Mit einem Sprung kam er aus dem Bett und griff nach seinem Schwert.

Bei allen Dämonen, was ist das? Ruven folgte ihm hinunter in den Saal, in dem die Leibwandler dicht beieinanderlagen und schliefen. Lautlos schlichen noch drei Untote suchend zwischen ihnen umher.

„Wacht auf!“, brüllte Ruven und köpfte mit einem Hieb den Mann, dem er gefolgt war. „Wacht auf!“

Dann schien alles gleichzeitig zu geschehen. Während die Menschen aus dem Schlaf schreckten, sich verwirrt umsahen und beim Anblick der wandelnden Toten zu schreien begannen, ging der Soldat einfach weiter. Sein Kopf rollte in eine Ecke, doch er machte Schritt um Schritt, wie magisch von etwas angezogen. Und Ruven ahnte, was das war.

Cassia! Diese Wesen hatte Nomed ausgeschickt!

Mit einem Wutschrei rannte er hinter ihm her und schlug sein Gerippe in Stücke. Doch selbst zerschmettert auf dem Boden regten sich die Knochen weiter. Um Ruven tobte ein erbitterter Kampf. Wölfe stürzten sich auf die Untoten, rissen sie in Stücke und brachen ihnen mit ihren starken Kiefern die Knochen.

Doch die Leibwandler konnten sie nicht töten.

Ihre Gebeine finden immer wieder zueinander, dachte Ruven bestürzt. Werden wir einen niemals endenden Kampf austragen?

Grelle Blitze zuckten durch den Saal, und die Wölfe zogen sich erschrocken zurück. Edin bahnte sich mit erhobenen Händen ihren Weg zu den kriechenden Leichenteilen. Funken sprühten aus ihren Fingerspitzen, und ihr Gesicht war starr wie eine Maske. Ruven erblickte in ihren Augen denselben furchterregenden Glanz, den er bei Nomed gesehen hatte. War nun auch sie auf dem Weg in die Dunkelheit? War Edin, um ihnen beizustehen, schon zu weit gegangen? Er war beunruhigt.

Denn er erkannte die Hexe kaum mehr, die vor ihren Augen die Knochen zu Staub verfallen ließ.

Ein Gefühl von Frieden und Glück durchflutete Nomed, eine leise Stimme flüsterte an ihrem Ohr, während sie sanft gewiegt wurde wie ein Kind von der Mutter. Sie öffnete die Augen. Sie lag im Gras in Namas Armen, alles leuchtete im Sonnenlicht, die Tür zu ihrem Haus stand weit offen, und der Duft von frisch gebackenem Brot wehte zu ihr.

Sie trug nur ein Hemd, und staunend betrachtete Nomed ihre nackten Arme. Die Haut war unversehrt, schimmerte makellos im Sonnenlicht. Sie fuhr ungläubig mit den Händen darüber, und alles, was sie spüren konnte, waren feine Härchen. Die brennenden Schuppen, die Flechten, die darauf gewuchert hatten, waren verschwunden. Nomed richtete sich auf und sah ihrer Schwester in die Augen, einer alten Frau – und das hatte sie ihr angetan.

„Lass los!“, sagte Nama und streichelte ihr die Wange. „Kehr zu uns zurück, es ist noch nicht zu spät. Alles wird wieder gut. Es wird wieder sein wie früher. Komm nach Hause.“

Einen winzigen Moment wurde die Versuchung beinah übermächtig, doch dann begannen Nomeds Arme zu brennen, die Haut ihrer Beine wurde von Schuppen durchbohrt und ihr Herz eingeschlossen von schwarzen Blütenblättern.

Nama gab sie erschrocken frei.

„Was ist? Möchtest du mich nicht mehr in den Armen halten? Schwester, hast du Angst vor mir?“ Nomed lachte und erhob sich. Das Leuchten erlosch, mit einem lauten Knall schlug die Haustür zu, und es roch nicht mehr nach Frischgebackenem, sondern nach Einsamkeit.

„Ja, ich habe Angst vor dir“, sagte Nama. In ihrer Stimme lag eine tiefe Trauer. „Doch ich liebe dich. Ganz egal, was du getan hast, du bist unsere Schwester.“

Die kurze Stille wurde von einem Lachen zerrissen. Einem Lachen, so tief und bitter, dass selbst Nomed ihre eigene Stimme nicht mehr erkannte.

„Herrin?“ Das war Tarr, ihr ergebenster Diener, und Nomed schlug die Augen auf. Sie befand sich in ihrem Bett in Bronsburg.

„Hattet Ihr einen üblen Traum?“, fragte Tarr besorgt. Der Krug in seinen Händen zitterte.

„Nein“, erwiderte Nomed zornig. „Es war kein Traum, das war eine Ablenkung. Sie wollen mich daran hindern, ihre Pläne zu durchschauen. Aber niemand steht mir im Weg!“

Die letzten Worte spie sie aus, und Latann, die mit einem gefüllten Teller das Zimmer betreten wollte, konnte ihr gerade noch ausweichen, als Nomed wie ein Windstoß an ihr vorbeiflog.

Sie hörten sie toben und schreien, als das Wasser im Becken ihr offenbarte, was geschehen war.

„Ihre Schwestern“, flüsterte Latann. „Sie verflucht ihre Schwestern!“

„Das hat sie vor Jahren schon getan“, erwiderte Tarr besorgt. „Und doch können sie ihr gefährlich werden.“

Erstmals begann er an der Allmacht seiner Herrin zu zweifeln.

Die Gefangenen

Als Wulf bei den Stallungen ankam, spürte er, dass etwas geschehen war. Die Luft war aufgeladen von etwas Bedrohlichem. Ein Stalljunge kam angerannt und nahm ihm die Zügel seines Pferdes ab. Er hatte geweint. Seine blassen Wangen waren mit roten Flecken übersät.

„Was ist passiert?“, fragte Wulf.

„Der König …“ Der Stalljunge brach in Tränen aus. „Der König und Prinz Ewan sind tot. Man hat sie vergiftet!“

Wulf stand da wie vom Blitz getroffen und versuchte zu begreifen, was der Junge gesagt hatte. Tot! Ewan und Wart! Das konnte nicht sein. Das durfte einfach nicht wahr sein! Er packte den Jungen an den Schultern und schüttelte ihn. „Was redest du denn da? Wer? Wer sollte so etwas getan haben, und was ist mit Königin Aivla?“

„Doch! Es stimmt!“, schrie der Junge weinend. „Sie sind tot, und die Königin ringt um ihr Leben. Die Prinzessin hat sie vergiftet, Woreen hat das Böse zu uns gebracht, genau wie der Reinste es prophezeit hat!“

Wulf musste sich am Sattel festhalten, seine Beine wollten ihn nicht mehr tragen. Mit aller Kraft unterdrückte er den Schmerz, der ihn zu zerreißen drohte, denn er musste bei Verstand bleiben. So unfassbar der Tod von Ewan und Wart auch war, Woreen konnte das nicht getan haben. Hier ging etwas Ungeheuerliches vor sich, und er musste schnell herausfinden, was das war, um noch Schlimmeres zu verhindern.

Ariad raufte sich in ihrer Kammer vor Verzweiflung die Haare. Sie schluchzte so heftig, dass ihr der Brustkorb schmerzte und sie kaum noch Luft bekam.

Ich bin eine Mörderin! Ich bin schuld an ihrem Tod! Wie konnte ich nur so dumm sein und den Worten der Hexe Glauben schenken! Was habe ich getan!

Sie wünschte sich, sie würde auf der Stelle tot umfallen. Angst und Trauer, Verzweiflung und die Scham über ihre Dummheit trieben sie an den Rand des Wahnsinns.

Woreen! Man hatte sie nicht zu ihr gelassen. Man hatte die Prinzessin in ihren Gemächern eingesperrt und zwei Wachen davor postiert. Denn die Männer der Leibgarde hatten bezeugt, dass es Woreen gewesen sei, die den vergifteten Wein eingeschenkt hatte. Und die selbst nichts davon getrunken hatte.

Man wird sie hinrichten!

Ariad dachte an ihre Tochter und das Enkelkind, das sie noch nie gesehen hatte. Vielleicht waren sie auch schon längst tot. Denn alles, was aus Nomeds Mund kam, war eine Lüge. Ariad wischte sich die Tränen ab und schritt entschlossen zur Tür.

Sie war verriegelt.

„Lasst mich durch!", brüllte Wulf, als die Wachen ihn mit Gewalt aufzuhalten versuchten. „Lasst mich zu ihr!"

„Er soll zu mir kommen", flüsterte Aivla. Die Königin lag umgeben von den ratlosen Heilern auf ihrem Bett. Sie schaffte es kaum zu sprechen. Wusste, dass der Tod sie umklammert hielt und es nicht mehr lange dauern konnte. Was immer da in ihrem Leib wütete, es fraß sie von innen auf.

„Meine Königin", sagte Wulf und nahm ihre Hand. Er kniete sich neben das Bett, und ihr Anblick brach ihm das Herz. Mit Tränen in den Augen beugte er sich nah zu ihr, als sie etwas zu sagen versuchte.

„Woreen?"

„Man hält sie gefangen."

Aivla rang nach Worten, und da konnte er ihn riechen. Er kannte den süßlichen Geruch, der etwas Bitteres verbarg. Im Nachlass seiner Mutter gab es ein winziges Fläschchen davon. Er kannte dieses

Gift, und er kannte ein Gegenmittel. Vielleicht war es noch nicht zu spät!

„Aivla! Haltet durch, bitte! Ich komme gleich zurück!“ sagte er und rannte wie von Sinnen an den verdutzten Umstehenden vorbei.

Es war, als wäre die Zeit stehengeblieben, als hätte die Welt aufgehört, sich zu drehen. Woreen stand wie versteinert am Fenster, die Augen auf den Park gerichtet, der wie verzaubert unter dem Sternenhimmel lag. Doch es war, als wäre sie blind geworden, der Schmerz über Ewans Tod ließ alles um sie in Dunkelheit versinken. Es gab nichts mehr, was noch von Bedeutung war. Auch, dass man sie des Mordes an der Königsfamilie beschuldigte, war unwichtig. Denn ihr Leben war so oder so vorbei. Sie hatte den Prinzen, den sie niemals gewollt hatte, über alles geliebt. Wie sehr, war ihr erst im Augenblick seines Todes bewusstgeworden. Die wenigen Wochen an seiner Seite waren das Schönste und Kostbarste, was ihr jemals widerfahren war. Jetzt hatte sie es verloren, so, wie sie es immer befürchtet hatte. Als sie manchmal nicht hatte glauben können, dass es mehr war, als nur ein schöner Traum.

Woreen setzte sich auf das Bett und wartete. Darauf, dass sie Ewan folgen konnte.

„Bitte trinkt das, meine Königin“, sagte Wulf und stützte mit einer Hand Aivlas Kopf. Sie war nur noch halb bei Bewusstsein.

„Was ist das? Was tut Ihr da?“ Einer der Heiler versuchte, Wulf von ihr wegzuzerren.

„Wasser. Das ist nur Wasser“, sagte Wulf und spannte die Muskeln. „Seht ihr Dummköpfe denn nicht, dass sie durstig ist? Wie könnt ihr die Königin im Todeskampf einfach so liegen lassen? Das wird ein Nachspiel haben!“

Die Heiler sahen einander an und traten ein paar Schritte zurück. Es spielte keine Rolle mehr. Was immer der Günstling der Familie da tat, es war zu spät.

Schweigend reihten sie sich an der Wand auf und warteten auf den letzten Atemzug der Königin.

„Meine Brüder“, sagte der Diener zu den beiden Wachen, die vor Woreens Tür standen. „Es ist nun an der Zeit, in den Schoß des Ordens zurückzukehren. Jowar erwartet uns.“

Die Wachen sahen sich kurz um und öffneten die Tür. Die Prinzessin saß auf dem Bett und schien sie nicht zu hören.

„Seid vorsichtig und leise“, flüsterte der Diener. „Knebelt und fesselt sie.“

Woreen ließ es teilnahmslos geschehen.

„Weshalb wehrt sie sich denn nicht?“, fragte einer der Wachen misstrauisch. „Wieso schreit sie nicht um Hilfe?“

„Weil die Hexe weiß, dass ihr niemand helfen würde. Sie wird im größten Feuer brennen, das dieses Land je gesehen hat!“

Abgemagerte Gestalten in Lumpen regten sich, als Feewyn auf dem feuchten Stroh landete und die Augen aufschlug. Vielleicht ein Dutzend teilte sich die Hütte, in die man sie geworfen hatte. Alle trugen einen Eisenring um ihren Hals, und bis auf einen Jungen, der neugierig näher kroch, legten sie sich erschöpft wieder hin. Nur ein neuer Gefangener, der mit ihnen in die Stollen kriechen würde, bis er nicht mehr konnte und vor Erschöpfung oder Hunger starb.

Feewyn richtete sich auf und betastete vorsichtig das Gesicht. Ihr Kiefer schmerzte von der Wucht des Schlages, doch ihre Zähne waren alle noch da. Und ihre ohnmächtige Wut! Sie rappelte sich auf und ging zur Tür. Verschlossen, natürlich. Sie spähte durch die Lücken der Holzbretter, doch sie konnte kaum etwas sehen. Die Lagerfeuer waren heruntergebrannt, die Männer hatten sich verzogen. Es war still. Smeldas verzweifeltes Kreischen und Fauchen war verstummt.

Wo haben sie sie eingesperrt? Haben sie sie verletzt? Beim Gedanken an das, was sie mit der Katze vorhatten, wurde ihr übel, und sie tastete mit der Hand über die Türscharniere. Vielleicht waren sie locker?

„Gib dir keine Mühe“, sagte der Junge. „Hier kommt niemand raus.“

„Vielleicht doch“, erwiderte Feewyn. Sie wollte nicht aufgeben.

„Wieso trägst du keinen Ring um den Hals?“, fragte der Junge. „Bist du kein Leibwandler?“

„Nein“, sagte Feewyn und ließ enttäuscht die Hand sinken. Es gab kein Entkommen.

„Dann musst aber ganz schön was auf dem Kerbholz haben, wenn du hier bei uns landest. Wie heißt du?“

„F…“ Feewyn stockte, siedend heiß fiel ihr ein, dass sie mit Tulka nie darüber geredet hatte, wie sie sich nennen sollten, falls man sie erwischen würde. Diesen Gedanken hatten sie nicht zugelassen.

„Junge, nenn mich einfach Junge“, brummte sie.

„Seltsamer Name, aber von mir aus. Ich bin Kuro.“

Er streckte ihr die Hand entgegen, und Feewyn schüttelte sie. Sie spürte den Schorf auf den kaum verheilten Wunden.

„Wie lange bist du schon hier? Und wie viele seid ihr?“, fragte sie. Vielleicht konnte sie einen Aufstand anzetteln, denn auch wenn die Aufseher bewaffnet waren, die Sklaven waren doch bestimmt in der Überzahl.

„Ich bin hier geboren“, sagte Kuro. „Und in dieser Mine gibt es sicher über zweihundert von uns. Ich weiß es nicht genau.“

Feewyn riss die Augen auf. „Über zweihundert?“ Sie versuchte, sich zu erinnern, wie viele Hütten sie gesehen hatte. Sie wusste es nicht mehr, doch es war völlig unmöglich so viele Menschen darin unterzubringen. „Aber wo sind sie?“

„Unten in den Stollen“, erwiderte Kuro. „Die meisten sehen wochenlang kein Tageslicht. Manche auch nie wieder. Wir bringen ihnen Essen und Wasser.“

Feewyn war so verstört, dass sie kein Wort mehr hervorbrachte.

Kuro tätschelte ihr die Schulter. „Keine Angst, du bist kein Leibwandler, ich glaube nicht, dass man dich da runterschickt. Aber vielleicht…“ Er beugte sich vor und musterte ihre Gesichtszüge ganz genau. „… vielleicht wirst du dir das wünschen. Für einen

Jungen bist du wirklich sehr hübsch. Und Efor hat eine Vorliebe für hübsche Jungen.“

Wulf hielt Aivlas Hand und versuchte, das Bild von Ewan und Wart aus seinem Gedächtnis zu löschen. Aufgebahrt im Thronsaal.

Die Zeit verging quälend langsam, doch da! Täuschte er sich, oder konnte er die Wärme ihres Bluts wieder spüren? Er beugte sich über Aivla, und in ihr Gesicht, das vor ein paar Stunden noch ausgesehen hatte wie eine Totenmaske, war etwas Farbe zurückgekehrt. Sein Herz schlug schneller.

Es scheint, dass ich alles richtig gemacht habe!

Er hatte schreckliche Angst gehabt, einen Fehler zu begehen, als er in seinem Zimmer mit bebenden Händen die Kräuter zusammengestellt hatte. Über dem brodelnden Topf die Worte aus dem Buch seiner Mutter gestammelt hatte, erfüllt von der Furcht, sie falsch auszusprechen.

Er spürte einen leichten Druck von Aivlas Hand.

Sie sah ihn von Trauer erfüllt an. Also hatte sie im Todeskampf nicht vergessen, was geschehen war.

„Die Königin!“, rief ein Heiler. „Die Königin ist zu sich gekommen!“

Der Hauptmann der Leibgarde, der vor der Tür gewartet hatte, stürzte in das Zimmer und fiel auf die

Knie. „Herrin, vergebt mir, doch ich brauche dringend Eure Befehle.“

Aivla richtete sich mit Wulfs Hilfe ein wenig auf, so dass er ihr ein paar Kissen als Stütze hinter den Rücken legen konnte.

„Hat das nicht Zeit?“, knurrte er. „Du siehst doch, wie schwach sie noch ist.“

„Es geht um die Prinzessin.“

„Sprich.“ Aivla schien es mit jedem Atemzug besser zu gehen. Es war die Königin, die nun mehr alleinige Herrscherin über Tagland, die befahl.

Wulf hatte sie immer bewundert. Gesehen, dass sich hinter ihrer freundlichen, zurückhaltenden Wesensart eine starke Frau verbarg. Eine Frau, die hart sein konnte, wenn es um das ging, was sie am meisten liebte. Ihren Sohn. Ihr Volk.

„Prinzessin Woreen ist verschwunden, zusammen mit den beiden Wachen, die vor ihrer Tür postiert waren, und einem Diener. Gebt mir die Erlaubnis, sie zu suchen und in den Kerker zu werfen.“

„Ich glaube nicht, dass sie freiwillig mit ihnen gegangen ist“, sagte Wulf. „Woreen würde nicht fliehen. Sie ist unschuldig, sie hat Ewan über alles geliebt!“ Hilfesuchend blickte er zu Aivla.

„Dessen bin ich mir sicher“, sagte sie zu seiner Erleichterung. „Es ist vollkommen unmöglich, dass ich mich so in ihr getäuscht hätte. Das, was ich in ihren Augen gesehen habe, war rein."

Der Hauptmann räusperte sich. „Erlaubt mir, offen zu sprechen."

Aivla nickte, und er fuhr fort. „Ich habe schon lange den Verdacht, dass es unter der Dienerschaft und auch unter den Wachen Spione gibt. Männer, die sich zum Glauben bekannt haben und im Dienst des Reinsten stehen."

Wulf eilte zum Fenster. Eigentlich sollten sie vor den Toren stehen. Die stumme Ansammlung von Ordensbrüdern, die seit der Hochzeit nicht zu vertreiben gewesen waren. Keine Menschenseele war zu sehen.

„Jowar!", rief er bestürzt. „Jowar muss sie sich geholt haben!"

„Wo ist ihre Zofe? Vielleicht hat sie bei ihr Zuflucht gesucht?", fragte Aivla und schlug die Bettdecke zurück.

Der Hauptmann drehte sich zur Seite. Es wäre eine Verletzung der Etikette gewesen, auf die nackten Beine der Königin zu starren. „Ich werde Ariad holen, Majestät", rief er und rannte davon.

Die Heiler standen immer noch schweigend da und fragten sich, wie es Wulf gelungen war, die Königin dem Tod zu entreißen. Mit dem klaren Wasser, das er ihr eingeflößt hatte? Wohl kaum.

Wer war dieser Mann, der so viele Jahre an der Seite des Prinzen verbracht hatte? *Was* war er?

„Ich danke euch, ich brauche euch heute nicht mehr“, sagte die Königin und entließ sie mit einer Handbewegung.

Wulf und Ariad warteten schweigend in stiller Trauer. Jedes Wort über Ewan und Wart hätte sie aus der Fassung gebracht. Es war nicht der Augenblick, um schwach zu sein, sich dem unermesslichen Schmerz hinzugeben.

„Sie war in ihrer Kammer eingesperrt“, sagte der Hauptmann und schob Ariad ins Zimmer.

Sie war nur noch ein Schatten ihrer selbst. Ihre Augenlider waren vom Weinen geschwollen, die Lippen hatte sie sich blutig gebissen, doch als sie vor der Königin auf die Knie sank, wirkte sie gefasst.

„Ich habe das Gift in den Wein getan“, sagte Ariad mit fester Stimme. „Ich war das, die Prinzessin ist unschuldig. Um ein Haar hätte sie selbst davon getrunken, wenn ich sie nicht daran gehindert hätte.“

„Ich erinnere mich, dass du sie davon abgehalten hast“, sagte Aivla. Es fiel ihr schwer, sich zurückzuhalten, sich nicht auf die Frau zu stürzen, die ihr das Liebste genommen hatte. „Weshalb? Sag mir, weshalb du das getan hast!“

„Ich habe Nomeds Worten geglaubt. Sie hat gesagt, das Pulver würde Ewans Manneskraft stärken, damit es bald Nachwuchs im Königshaus gibt. Und Euch ein langes Leben verleihen.“ Ariad hob den Blick und sah sie unglücklich an. „Ich war so dumm! Sie hat mir versprochen, dass sie meine Tochter und mein Enkelkind beschützt. Meine Tat ist unverzeihlich, und ich bin bereit für meine Strafe.“

„War es nicht eher so, dass Nomed dir gedroht hat? Dass ihnen etwas geschehen könnte, wenn du nicht tust, was sie verlangt?“, fragte Aivla.

„Ja. Doch ich hätte niemals nachgeben dürfen. Ich war zu schwach, und nun sind sie tot.“

Aivla beugte sich zu ihr und hob ihr das Kinn. „Ich kann verstehen, dass du nicht anders handeln konntest, du wolltest deine Familie beschützen. Doch sicher verstehst du auch, dass es keine Gnade für dich geben kann. Der Adel, die Räte, das ganze Volk wird nach Vergeltung verlangen. Ich kann dir nicht helfen.“

„Das verstehe ich. Und ich bitte Euch nicht um Verzeihung. Denn meine Tat ist unverzeihlich.“ Ariad erhob sich, verneigte sich und ging dem Hauptmann voraus. Sie kannte den Weg, den sie nur noch ein Mal nehmen würde.

Aivla setzte sich erschöpft aufs Bett, und Wulf wandte sich zur Tür.

„Wo willst du hin?“

„Ich werde Woreen zurückholen, ich habe Ewan geschworen, auf sie aufzupassen“, sagte Wulf. Er umklammerte den Knauf seines Schwerts. Alles in ihm brannte darauf, Jowar damit den Kopf abzuschlagen.

„Du bleibst hier!“, befahl Aivla. „Willst du es etwa alleine mit dieser Horde verblendeter Fanatiker aufnehmen? Ich fühle mich noch zu schwach, aber im Morgengrauen werde ich mit dir und der Garde zum Tempel reiten. Ich bin die Königin, und selbst Jowar wird es nicht wagen, sich vor aller Augen gegen mich zu richten.“

Tulka wehrte sich gegen den Schlaf. Sie traute keiner der Frauen, die mit ihr die Hütte teilten. Vielleicht versteckten sie irgendwelche scharfen Gegenstände unter ihren Röcken. Sie hatten sich neugierig um Tulka geschart, als man die Tür hinter ihr verriegelt hatte. Die Frauen waren gut genährt, trugen aufreizende Kleider und konnten sich im Gegensatz zu den Sklaven anscheinend auch waschen. Sie dienten wohl dem Vergnügen der Aufseher, und es schien eine Rangordnung unter ihnen zu geben. Gleich ihre ersten Worte hatten Tulka in Wut versetzt.

„Bei allen Dämonen, bist du hässlich! Wer soll denn mit dir das Lager teilen!“ Die acht Frauen lachten so laut, dass ein Aufseher an die Tür donnerte.

„Haltet das Maul!“

„Und wenn nicht? Kommst du dann rein? Willst du vielleicht an der neuen Riesenblume schnuppern?“ brüllte die Frau, die anscheinend das Sagen hatte, und nun lachten alle noch mehr.

„Leg dich schlafen, Lasa, du Schandmaul!“

Die Frau baute sich vor Tulka auf und starrte sie unverhohlen an. Sie war fast zwei Köpfe kleiner, doch anscheinend völlig von sich überzeugt.

„Rede! Wer bist du?“

„Lass sie in Ruhe, Lasa“, brummte eine junge Frau. „Sie wird dir wohl kaum deinen Platz streitig machen.“

„Hast du es nicht gehört?“, knurrte Tulka. „Du sollst das Maul halten.“

Lasa zog scharf die Luft ein. „Überlege dir gut, wie du mit mir redest“, zischte sie und stemmte die Hände in die Hüften. „Ich habe gute Beziehungen. Wenn ich es will, dann wird es dir hier drin dreckig gehen, glaub mir.“

Tulka schob sie zur Seite. „Ach ja? Und trotzdem bist du hier eingesperrt wie ein Schaf im Stall?“ Sie schüttelte den Kopf und seufzte. „Ich könnte euch alle mit einer Hand so verprügeln, dass ihr tagelang nicht mehr auf euren Beinen stehen könnt. Aber ich will keinen Ärger, also lasst mich einfach in Ruhe."

Die Frauen machten ihr Platz, und Tulka legte sich in einer Ecke auf eine Pritsche, die ganz bequem aussah.

Das war sie auch, und nun war Tulka doch eingeschlafen. Trotz aller Angst um Feewyn und Smelda. Sie erwachte vom Druck einer Klinge an ihrer Kehle. Efor stand über sie gebeugt und grinste sie an. Der Bluthund an seiner Seite hatte die Lefzen hochgezogen.

„Sieh an, sieh an", sagte Efor und hob ihren Rock. „Eine Bauersfrau, sagst du. Seit wann tragen denn Bäuerinnen eine lederne Uniform?"

Anscheinend waren ihr der Rock und die Bluse hochgerutscht, während sie sich im Schlaf umgedreht hatte. Oder Lasa hatte sie genauer in Augenschein genommen und die Männer alarmiert. Die junge Frau stand neben Efor, und der Triumph leuchtete aus ihren Augen.

„Ich hab dich doch gewarnt", zischte sie. „Du hättest freundlicher zu mir sein sollen."

„Geh zur Seite!", sagte ein Wachmann, und zu zweit legten sie Tulka in Ketten.

„Dass mir das nicht gleich eingefallen ist", sagte Efor kopfschüttelnd. „Es gibt nur ein solches Riesenweib wie dich in Westland. Die Stallmeisterin des Königs. Angeklagt des

Hochverrats. Du wirst mir eine saftige Belohnung einbringen. Danke dafür!“ Er lachte immer noch, als Tulka aus der Hütte gezerrt und abgeführt wurde. Am Ende der Ansiedlung erblickte sie eine Reihe Käfige. Darin waren Sklaven eingepfercht und spähten ihnen entgegen. In einem lag eine Nachtkatze und rührte sich nicht.

„Ihr kennt euch ja schon“, sagte Efor, während Tulka in den Käfig neben Smelda gesperrt wurde. „Dann wünsche ich jetzt eine gute Nacht. Die werdet ihr brauchen. Denn der morgige Tag wird alles andere als gut für euch, das kann ich euch versprechen!“

Der Reinste

„Mein Herr, wollt Ihr der Hexe wirklich alleine gegenübertreten?“ Die jungen Burschen, die Woreens Tür bewachten, wirkten besorgt.

Jowar faltete die Hände und lächelte. „Meine Brüder. Hat nicht unser Gott durch seine allmächtige Gnade dafür gesorgt, dass die Hexe nun in seinem Tempel gefangen ist? Zweifelt nicht, seine Macht ist größer als die aller Dämonen! In seinem geheiligten Haus kann sie uns nichts mehr antun. Wir alle stehen unter dem Schutz des Reinsten.“

Er schritt durch die Tür in eine fensterlose Kammer. Leer bis auf eine kleine Säule, auf der ein Kopf des Gottes thronte. Eine Maske aus reinem Gold, in deren Mitte ein geschlossenes Auge die Aufmerksamkeit auf sich zog, bedeckte das Gesicht. Kerzen standen aufgereiht an den kahlen Wänden, und Woreen saß auf dem blanken Steinboden und sah ihm ausdruckslos entgegen.

Jowar atmete schwer. Es war ein Tag des Triumphs. Schon morgen würde er das Königreich an sich reißen. Er hatte nicht gedacht, dass es so einfach sein konnte. Das hatte er der Prinzessin zu verdanken, einer jungen, hübsch anzusehenden

Frau. Denn mehr als das war sie nicht. Trotzdem würde sie brennen, musste sie brennen, um den Glauben seiner Anhänger zu stärken. Die königliche Familie war tot, nun war die Zeit für den Gottesstaat gekommen. Er würde an seiner Spitze stehen, ihn nach seinem Gutdünken leiten, gemäß seinen Gesetzen. Es würde wohl noch ein paar Opfer kosten, denn unter dem Adel gab es erst wenige, die sich zum Glauben bekannten. Aber es war nur eine Frage der Zeit, bis auch die Letzten erkannten, dass es zu ihrem Besten war. Und seine Anhänger, seine Spione, lebten längst unerkannt unter ihnen. Warteten auf ein Zeichen. Und das würde der Tod der Prinzessin sein.

Wie schön sie ist, dachte Jowar und griff nach einer Strähne ihrer blonden Haare, die wie ein Schleier bis zu ihren Hüften reichten. Man hatte Woreens Zöpfe gelöst und im Haarkranz nach versteckten Nadeln gesucht. Das Kleid hatte man ihr vom Leib gerissen. Nur mit einem Hemd bekleidet wirkte sie unschuldig und verletzlich.

War sie das? Jowar zuckte zurück, als er in ihre Augen sah, blau funkelnd wie Eis im Sonnenlicht.

„Hast du keine Angst vor mir?“, fragte er und ließ die Strähne fallen.

„Es gibt nichts mehr, was man mir noch antun kann“, sagte Woreen.

„Oh doch, mein Kind“, erwiderte Jowar. „Du wirst im Feuer brennen, du wirst schreien vor Qual, aber man wird dich nicht hören, denn der Gesang der Gläubigen wird lauter sein.“

„Der Schmerz des Feuers kann nicht größer sein als der über meinen Verlust.“

„Wie tapfer du bist!“, sagte Jowar und in seiner Stimme schwang Anerkennung. „Ich habe dich unterschätzt, und du scheinst den Prinzen wahrhaftig geliebt zu haben.“

„Wisst Ihr überhaupt, was das ist? Liebe? Ich glaube nicht. Denn in Euren Augen sehe ich nur Gier. Dieselbe Gier, die auch meinen Vater um den Verstand gebracht hat.“ Woreen schüttelte angewidert den Kopf. „Denkt nicht, dass ich nicht weiß, wer Schuld an dieser grausamen Tat trägt. Und Ihr wisst es auch. Es war Nomed, die zur Sklavin König Brons geworden ist und in seinem Auftrag gehandelt hat.“

„Glaubst du, dein Vater wird dich rächen?“ Das hatte Jowar schon bedacht, doch er würde bereit sein.

„Vielleicht wird er das vorgeben, doch ich weiß, dass ich nichts weiter als eine Spielfigur bin, die hin- und hergeschoben wird. Ein kleines Opfer für einen großen Sieg.“

„Großer Sieg? Was meinst du damit?“

Woreen stieß ein verbittertes Lachen aus. „Wie dumm Ihr seid! Bron dürstet es schon seit Jahren, die Macht über Tagland zu erlangen. Doch tröstet Euch. Ich war genauso dumm. Ich habe tatsächlich geglaubt, dass unsere Heirat dem Frieden diene. Dass er nicht als Eroberer, sondern als Mitglied der Familie die Grenze überschreiten würde."

„Was weißt du?", fuhr Jowar sie an und packte sie an der Schulter. „Kennst du seine Pläne? Rede, was hat er vor?" Er schüttelte sie so heftig, dass ihr die Haare um den Kopf flogen.

Woreen schlug ihm ins Gesicht. Fassungslos gab er sie frei.

„Fragt doch seine Hexe, wenn Ihr den Mut dazu aufbringt!", fauchte sie und drehte ihm den Rücken zu.

Was das Wasser enthüllt

Nomed klammerte sich am Rand des Beckens fest. Was sie darin erblickte, war unmöglich. Wolfsrudel rannten am Flussufer entlang, über ihnen kreisten Raubvögel schwarzen Wolken gleich am Himmel. Nachtkatzen jagten in weiten Sprüngen durch die Wälder. Und Hirschrotten mit mächtigen Geweihen bahnten sich den Weg durchs Unterholz.

Nomed wusste, dass das keine gewöhnlichen Tiere waren. Es waren Leibwandler. So viele! Wie konnte das sein? Wo hatten sie sich all die Jahre verkrochen? Was für ein Ziel sie hatten, war unverkennbar. Die Minen, wo es noch mehr von ihrem Volk gab.

Nomed versuchte, ihre Anführerin zu erspähen. Cassia. Nur sie verfügte über die Kraft und Willensstärke, sie in den Widerstand zu führen.

„Edin!“, zischte Nomed in ohnmächtiger Wut. Ihre Schwester ritt auf einem grauen Ross inmitten einer Rotte wilder Eber mit mächtigen Hauern. Die Erde unter ihren Klauen wurde aufgewühlt, und fast konnte Nomed das Beben spüren.

Namas Gesicht tauchte im Wasser auf, nahm ihr die Sicht, und Nomed kreischte vor Zorn.

„Ich werde dich in Stücke reißen, hörst du mich? Dich, Edin und alle, die glauben, sich gegen mich wenden zu können!“ Rasend vor Wut schlug sie in das Becken, bis kein Tropfen Wasser mehr darin war.

Da spürte sie, wie die letzten freien Stellen ihres Körpers von Schuppen überwuchert wurden. Nur ihr Gesicht und ihre Hände blieben rein. Doch es fühlte sich nun nicht mehr qualvoll an. Sie war eingeschlossen in einen kühlen Panzer, der ihren Leib aufrichtete, ihm Stärke verlieh. War es nun endgültig? Vor ihrem inneren Auge erschien ein Tor, das sich einen Spaltbreit öffnete, sie aufforderte, einzutreten und alles, was sie einmal gewesen war, abzustreifen wie eine Schlange ihre Haut. Sie zögerte, denn noch hielt sie etwas auf dieser Seite. Ihre Liebe zu Bron, die Gefühle für ihn waren stärker. Sie würde niemals wieder in seinen Armen liegen, doch ihm dafür alles schenken, was er begehrte. Die alleinige Herrschaft über Tagland und Westland.

„Herrin, der König verlangt nach Euch“, sagte Tarr. Bestürzt blickte er auf die silberfarbenen Scherben, die verstreut auf dem Boden lagen. Das Wasser, dachte er. Sie hat das Wasser vernichtet!

„Heb alles auf und lege es zurück in das Becken“, befahl Nomed.

Tarr musste sich überwinden die Splitter anzufassen. Sie waren scharfkantig und schienen sich zu rühren, als wären sie lebendig.

Bron erwartete sie in dem Zimmer, von dem er dachte, dass Nomed darin ihre Nächte verbrachte. Er wusste nicht, dass sie schon lange nicht mehr schlief, dass sie keinen Schlaf mehr brauchte, weil das, was durch ihre Adern floss, kaum mehr menschlich war.

Er schloss sie in die Arme. „Ich breche jetzt auf. Die Truppen sind am Fluss versammelt und bereit. Noch vor dem Morgengrauen werden wir übersetzen. Unten im Hof warten die Gelbadler auf uns. Willst du deine Meinung nicht doch noch ändern und mich begleiten? Ich möchte mit der zukünftigen Königin an meiner Seite den ersten Schritt in mein neues Reich machen."

Nomed befreite sich aus der Umarmung und schüttelte den Kopf. „Ich kann dich nicht begleiten, doch ich werde dir sehr bald folgen und dafür sorgen, dass du siegreich bist."

Er musterte sie prüfend. „Du machst dir Sorgen! Du zweifelst. Stimmt etwas nicht? Du hast gesagt, dass die Königsfamilie tot ist, das Land ohne Führung in Trauer liegt. Also wer sollte sich mir entgegenstellen?"

Nomed zögerte. Sollte sie ihm sagen, dass die Leibwandler mit Hilfe ihrer Schwester wiederauferstanden waren? Noch waren sie keine Bedrohung, denn sie kämpften einzig und allein um ihre Freiheit. Sie waren zu wenige und zu schwach, um sich in einen Krieg einzumischen. Sie würde sich alleine um sie kümmern, mit ihrer eigenen Armee.

„Nein, mein Liebster. Es ist alles in Ordnung. Aivla wird wohl inzwischen ihren letzten Atemzug getan haben, doch ob du Woreens Tod verhindern kannst, das weiß ich nicht. Vielleicht ist es zu spät für sie."

Es war ein winziger Stich in sein Herz. Woreen war ein Ebenbild ihrer Mutter, die letzte Verbindung zu seiner verstorbenen Frau. Er hatte sich nie groß um seine Tochter gekümmert, sie war einfach immer dagewesen, und er hatte stets gewusst, dass sie eines Tages ihren Tribut entrichten musste. Doch dass es ihr Tod sein würde, das hatte er nie bedacht. Was ihm blieb war sein Sohn Gelon, er konnte die Blutlinie erhalten. Kurz dachte er an seinen Ziehsohn Ruven. Noch immer wusste Bron nicht, was aus ihm geworden war, was der Grund für sein plötzliches und unerklärliches Verschwinden war. Er hätte ihn gerne an seiner Seite gewusst, doch nun war er sich nicht mehr sicher, ob er ihm noch hätte trauen können. Ruven war viel zu weich, stets darauf bedacht, für die Schwachen einzutreten. Wahrscheinlich hätte er sich gegen den Angriff auf Tagland aufgelehnt.

„Geh jetzt", sagte Nomed und hauchte ihm einen Kuss auf den Mund. „Geh und nimm dir, was dir zusteht!"

Im Morgengrauen

Smelda hörte, wie die Tür des Käfigs neben ihr verriegelt wurde. Es war die Frau, Smelda konnte sie riechen. Sie war zu erschöpft, um den Kopf zu heben. Als man sie eingesperrt hatte, hatte sie sich mit aller Kraft gegen die Gitterstäbe geworfen, und dann war sie hin- und hergelaufen. Zwei Schritte vor, eine Umdrehung, zwei Schritte vor, eine Umdrehung, hin und zurück, immer wieder, bis sie zusammengebrochen war.

Über ihr verblassten die Sterne, die Hügel, über die sie hergekommen waren, sahen aus wie die Rücken schlafender Bären. Smelda sehnte sich danach, dahin zurückzukehren, in den Wäldern nach Beute zu jagen. Ganz und gar das zu sein, was sie niemals gänzlich werden konnte.

Eine Nachtkatze.

„Meine Brüder! Meine Schwestern!“, rief Jowar und hob die Hände gen Himmel. „Wir werden den neuen Tag mit einem heiligen Feuer willkommen heißen!“.

Er stand auf der obersten Stufe des Tempels und blickte triumphierend auf die rotgewandete Menge, die sich dicht gedrängt davor versammelt hatte. Die Dunkelheit wurde von Fackeln erhellt, und er blickte in ein Meer erwartungsvoller Gesichter.

Er war selbst erstaunt über ihre Anzahl. Die Gläubigen waren von allen Seiten herbeigeströmt, als sich die Kunde, dass man die Hexe gefangen habe, rasend schnell verbreitet hatte.

Es ist so gut wie vollbracht, dachte Jowar, erfüllt von einem nie gekannten Glücksgefühl. Niemand kann uns jetzt noch aufhalten!

„Mein ganzes Leben habe ich unserem Reinsten Gott geopfert." Er verneigte sich demütig vor dem riesigen Kopf des Gottes, der neben ihm auf einem Sockel stand. „In seinem Namen habe ich gegen das Böse gekämpft, gegen Hexen und Dämonen, die unser Volk in die Verdammnis stürzen wollten."

Ein dankbares Murmeln ging durch die Reihen, und zufrieden fuhr er fort: „Heute bricht nicht nur ein neuer Tag an, nein! Heute beginnt ein neues Zeitalter! Niemand wird nunmehr über den Gesetzen des Reinsten stehen! Kein König, keine Königin und keine Hexe!"

Jubel brandete auf, und er gab ein Zeichen. Feuerschalen wurden entzündet, sie beleuchteten einen mächtigen Scheiterhaufen, der vor dem Eingang des Tempels errichtet war, und nun konnten alle die Frau sehen, die wie eine

Erscheinung zwischen zwei grobschlächtigen Ordensbrüdern stand.

Barfuß, nur mit einem dünnen Hemd bekleidet, blickte sie furchtlos in die Menge.

„Die Hexe! Das ist sie! Seht sie euch an!“ Wie eine Welle rollten die Worte durch die Menge. Gehässig, zornig, begierig auf ihren Tod.

„Knie nieder und gestehe hier vor aller Augen deine Taten“, befahl Jowar.

„Das werde ich nicht tun“, erwiderte Woreen mit klarer Stimme an die Menge gewandt. „Ich bin die Prinzessin. Und ich beuge mich nicht vor Lügnern. Denn das ist er, euer Priester!“

Die Leute brachen in wütendes Geschrei aus, ballten die Fäuste und drängten sich vorwärts.

Jowar hob beschwichtigend die Hände. „Geduld! Geduld, meine Brüder und Schwestern. Im Feuer wird sie gestehen. Bekennen, dass sie eine Hexe ist, ans Licht gekrochen aus dem Schoß der Dämonin Nomed. Gekommen, um uns alle zu verderben und in die Finsternis zu stürzen. Nun, da sie unsere geliebte Königsfamilie vergiftet hat.“

Wüste Beschimpfungen und Flüche wurden ausgestoßen. Die Emotionen schaukelten sich hoch, und ihr Hass verknüpfte die Gläubigen zu einem wogenden Teppich aus Mordlust.

Woreen blickte auf sie hinab. Jedes Wort an sie wäre verschwendet. *Weshalb verspüre ich keine*

Angst? Warum versuche ich nicht meine Unschuld zu beteuern oder um Gnade zu bitten?

Das hatte sie sich in den endlosen Stunden alleine in der Kammer gefragt. War es Resignation vor einem unabwendbaren Schicksal? Oder weil ihr der Mut fehlte, sich aufzulehnen, zu verteidigen?

Sie war im Gegensatz zu Feewyn nie besonders mutig gewesen. Es hatte ja auch keinen Grund gegeben. Sie war eine folgsame Tochter gewesen, behütet und beschützt. Sie hatte ihr Leben genommen, wie es war, ohne sich um irgendetwas zu kümmern. Weil sie gewusst hatte, dass sie nicht darüber bestimmen konnte. Erst in Tagland hatte sich durch Ewans Liebe und die seiner Eltern ihr wahres Selbst gezeigt, entfaltet wie eine Knospe. Was sie hätte werden können, würde sie nun nicht mehr erfahren. Doch eines würde sie nicht tun. Schwäche zeigen. Nicht eine Träne würden diese Wahnsinnigen ihr entlocken, keine Bitte und kein Flehen. Sie würde stolz und aufrecht sterben.

„Ich bin Prinzessin Woreen“, flüsterte sie. „Prinz Ewans geliebte Gemahlin.“

„Entzündet das Feuer!“, brüllte Jowar, und tosender Beifall brandete auf.

Noch kein Hauch des Morgenrots zeichnete sich am Horizont ab, als Bron den Fluss erreichte und von seinem Gelbadler stieg.

„Willkommen, mein König“, sagte einer der Heerführer und verneigte sich. „Es ist alles bereit.“

Bron sah sich suchend um. „Wo ist mein Sohn?“

„Prinz Gelon ist mit seinem Adler unterwegs, ich soll Euch ausrichten, dass er sich uns in Kürze anschließen wird.“

„Wo ist er hin?“, fragte Bron und unterdrückte mühsam seine Wut. *Wann wird dieser Bursche endlich lernen zu gehorchen? Wie kann er es wagen, sich im entscheidenden Augenblick zu entfernen?*

„Uns hat die Nachricht erreicht, dass man die Stallmeisterin gefangen genommen hat. Tulka. Man hält sie nicht weit von hier in einer der Minen fest.“

„Verflucht soll sie sein!“, brüllte König Bron, und der Heerführer wich vor ihm zurück. „Und verflucht soll mein Sohn sein, dem seine Rache wichtiger ist als unser Unterfangen! Informiert mich auf der Stelle, wenn er wiederauftaucht! Und jetzt gebt die Befehle zum Übersetzen. Das Wasser ist ruhig und das Wetter gut. Noch vor Tagesanbruch müssen alle das Ufer Taglands erreicht haben.“ Er kletterte wieder auf den Rücken seines Adlers. „Lasst mich dort drüben nicht lange warten!“

Tarr krallte sich in die Mähne seines Pferdes, denn die Zügel waren ihm längst entglitten. Er war nicht zum Reiten geboren. Seine kurzen, krummen Beine rutschten auf dem Sattel hin und her, sein verknöcherter Rücken war dazu bestimmt, sich in finsteren Höhlen zu bücken und durch schmale Gänge zu kriechen. Der Ritt war eine Qual für ihn, doch er musste seiner Herrin folgen, die auf ihrem Pferd über die Felder galoppierte.

Die Totenfelder.

Mit beiden Händen verstreute Nomed das Salz aus zwei Beuteln über der Erde, die rot zu leuchten begann, als hätte ein Feuer sie entzündet. Der Boden bewegte sich wie zum Leben erwacht, und bleiche Hände gruben sich hervor. Nomeds Stimme donnerte durch die Luft, und Tarr musste sich nicht umsehen, um zu wissen, was ihnen folgte, als sie weiterritten. Ihn schauderte. Ihm graute vor den Heerscharen, die Nomed zum Leben erweckte.

Er hatte Angst, dass seine Herrin ihre Kräfte überschätzte. Wer konnte die Untoten dann noch befehligen?

Fast wünschte er sich zurück in die Tiefe. In die Welt, aus der Nomed ihn geholt hatte.

Der Jubel wollte nicht enden, als die ersten Flammen züngelten.

„Fesselt sie auf die Trage, und richtet sie auf“, befahl Jowar, und Woreen wurde gepackt. Doch die Freudenschreie wurden spärlicher, stattdessen ging ein Raunen durch die Menge. Ein erstauntes Gemurmel, und dann wurde es still. Nur das Klappern von Hufen war zu hören, und Jowar drehte sich um.

Seine Welt stürzte ein. Denn die bewaffneten Reiter, vor denen sich die Menge teilte, wurden angeführt von Königin Aivla.

Sie trug ein reich besticktes Kleid aus feinstem Leder, an der Hüfte das Schwert des Königs und auf dem Kopf den breiten Goldreif, auf dessen Stirnseite der kostbarste Stein des Landes funkelte. Die Insignie der Herrscher.

Jowar wurde übel. *Sie lebt! Das kann doch nicht sein!* Er musste schnell reagieren.

„Hexerei!“, brüllte er und deutete mit dem Finger auf die Königin. „Sie wurde vergiftet und ist von den Toten auferstanden! Das ist Hexerei! Ergreift sie! Brüder! Schwestern! Stellt euch dem Kampf gegen das Böse!“

Die Menschen sahen sich verunsichert an, doch niemand rührte sich. Immer mehr Waffenträger tauchten im Licht der Morgendämmerung auf und bildeten einen Ring um die Ansammlung. Jowar packte die Prinzessin an den Haaren, riss sie an sich und hielt ihr einen Dolch an den Hals.

„Gestehe! Gestehe endlich!“, kreischte er.

Aivla stieg vom Pferd und schritt langsam die Stufen empor.

„Lass sie los“, sagte sie ganz ruhig, und Jowar wich mit Woreen im Arm einen Schritt zurück.

Die Königin wandte sich an die Menge. „Hört, was ich euch zu sagen habe!“, rief sie. „Die Prinzessin ist unschuldig! Ich habe das Geständnis ihrer Zofe, die die Tat begangen hat. Und ja, Ariad hat es im Auftrag einer Hexe getan. Doch diese Hexe ist weder Woreens Mutter, noch hat die Prinzessin irgendetwas mit ihr zu schaffen. Auch sie hätte fast den Tod gefunden, man hat ihr das Liebste genommen, und ihr wagt es, sie so zu beleidigen? Zu demütigen?“ Aivla zog das Schwert, und die Menge wich erschrocken zurück.

Wann hatte jemals ein Mitglied der königlichen Familie das Schwert gegen sein eigenes Volk erhoben? Die Menschen waren bestürzt, verwirrt und sahen Hilfe suchend zu Jowar, dem Reinsten, dem Auserwählten. Er hielt die Prinzessin wie einen Schild vor sich.

„Kniet nieder und beweist mir eure Treue!“, donnerte die Stimme der Königin. „Wenn nicht, werde ich jeden in diesem Land, der eine rote Kutte trägt, in den Kerker werfen und hinrichten lassen!“

Jowar musste entsetzt mit ansehen, wie sich nach kurzem Zögern einer nach dem anderen hinkniete.

Kapuzen wurden zurückgeschoben, und nun blickte er auf die gebeugten Köpfe seiner Abtrünnigen. Er wusste, dass er verloren hatte, dass er sterben würde, doch er würde nicht alleine in den Tod gehen. Ein böses Lächeln spielte um seinen Mund.

„Die Hexe werde ich mitnehmen!“, rief er und hob die Hand, um Woreen den Dolch ins Herz zu stoßen.

Sein Arm wurde gepackt, er wurde nach hinten gerissen und landete auf dem Rücken. Fassungslos starrte er in Wulfs funkelnde Augen, der sich von hinten angeschlichen hatte.

„Erinnerst du dich noch an den kleinen Jungen, dessen Mutter du vor seinen Augen gefoltert und verbrannt hast?“ Wulf spie ihm die Worte ins Gesicht.

„Wie soll ich mich erinnern. Ich habe viele Hexen der Gerechtigkeit zugeführt“, sagte Jowar, wissend, dass sein Ende gekommen war.

„Mein Schwert wird jetzt für Gerechtigkeit sorgen!“, schrie Wulf und schlug zu.

Die Gesichtszüge blieben vom Schrecken verzerrt, als Jowars Kopf in die Flammen rollte. Wulf bebte am ganzen Leib, am liebsten hätte er den verhassten Mann in Stücke gehackt, zerstört, bis nicht einmal mehr etwas für die Ratten übrig wäre.

Da spürte er Woreens Hand auf seinem Arm und blickte auf.

„Lass!“, sagte sie, umarmte ihn, und das brachte ihn wieder zur Vernunft.

„Komm, mein Kind!“, sagte Aivla und drückte Woreen an sich. „Wir dürfen uns jetzt nicht der Trauer hingeben. Noch ist es nicht ausgestanden. Bitte sprich zu ihnen. Kannst du das?“

Woreen nickte und wandte sich zu den Menschen, die vor Schreck über Jowars Ende wie gelähmt schienen. Aivla und Wulf sahen einander an. Das war nicht mehr die unbedarfte, ein wenig schüchterne, junge Frau, die Ewan geheiratet hatte. Sein Tod hatte sie verändert, ihr jegliche Furcht genommen.

„Hört mich an!“, rief Woreen. „Ich habe Prinz Ewan über alles geliebt. Mehr als mein Leben, dass ich jederzeit für ihn geopfert hätte. Und ich liebe dieses Land, das für mich eine Heimat geworden ist, wie ich sie noch nie hatte. Ich trage niemandem von euch etwas nach, ihr wurdet getäuscht, fehlgeleitet. Lasst uns neu beginnen, lasst uns einen Weg finden, wie wir gemeinsam im Andenken an König Wart und den Prinzen neu …“

Sie wurde von lautem Geschrei unterbrochen. Ein Ratsherr preschte mit seinem Gefolge auf Pferden heran.

„Alarm! Die Kriegsfeuer im Westen wurden entzündet! Ein bewaffnetes Heer hat den Fluss überquert!“ Außer Atem verneigte er sich vor der Königin. „Der General ist mit Streitkräften schon aufgebrochen, um sich ihnen zu stellen und ein Vordringen bis zum Schloss so lange wie möglich zu verhindern. Majestät, ich muss Euch in Sicherheit bringen.“

„Was hat das zu bedeuten?“, fragte Woreen erschrocken.

„Dass wir gut daran getan haben, deinem Vater nicht zu trauen! Als er damals an die Macht kam, haben wir entlang der Grenze und auf allen Hügeln Wachposten errichtet, kleine Garnisonen, die nun die Warnfeuer entzündet haben. Das bedeutet Krieg!“

Aivla wandte sich an Wulf. „Ich werde mich keinesfalls hinter den Schlossmauern verkriechen. Ich werde den Platz meines Mannes einnehmen und mich Bron an der Spitze meiner Soldaten entgegenstellen. So wie der König es getan hätte. Wirst du an meiner Seite reiten?“

Auf Wulfs Gesicht erschien ein zorniges Lächeln. „Es gibt nichts, was ich lieber tun würde, und es ist mir eine Ehre, Eure Majestät.“

Ein unbändiger, nie gekannter Hass loderte in Woreen auf. Ihr Vater hatte ihr alles genommen, was ihr etwas bedeutet hatte. Ihr ganzes Leben zerstört! Und nun versuchte er mit seiner unersättlichen Gier auch Tagland zu vernichten. Niemals hätte sie gedacht, zu solch einer Empfindung fähig zu sein, doch nun wollte sie nur noch eines: ihn tot sehen, ihn mit eigenen Händen umbringen!

„Ich reite mit euch!“, sagte sie zu Aivla. Erfüllt von einer namenlosen Wut wandte sie sich an die Menge.

„Ihr wollt das Böse bekämpfen?“, schrie sie, und alle Blicke richteten sich auf sie. „Dann bewaffnet euch und vernichtet an unserer Seite das wahre Böse! Zieht mit uns in den Kampf gegen König Bron und die Hexe Nomed!“

Zustimmende Rufe brandeten auf, die Menschen schüttelten die Fäuste und rannten davon, um sich Waffen zu holen.

Aivla blickte besorgt zu Wulf. „Du wirst Woreens Schwert sein.“

Um Leben und Tod

Feewyn erwachte von der Berührung rauer Finger auf ihrer Wange. Trotz aller Ängste um Tulka und Smelda war sie eingeschlafen. Als sie die Augen öffnete, war sie einen Augenblick orientierungslos. Heißer Atem schlug ihr ins Gesicht.

Efor! Er kniete über sie gebeugt im Stroh, und in seinen Augen glänzte ein begieriges Verlangen, wie sie es von Gelon nur zu gut kannte.

Sie stieß ihn heftig zur Seite und sprang auf die Füße.

„Oho, mein wildes Bürschchen", lachte Efor und rappelte sich auf. „Noch immer nicht abgekühlt!"

Feewyn sah sich um. Sie befand sich alleine mit ihm in der Hütte. Sie hatte nicht gemerkt, wie der Junge und die anderen sie verlassen hatten. Sie schielte zur Tür, die weit offen stand. Draußen wurde es hell, und es herrschte das Treiben, das sie tags zuvor mit Tulka aus sicherer Entfernung beobachtet hatte. Sie versuchte zu entwischen, doch Efor packte ihren Arm.

Ohne dass sie nachdenken musste, reagierte ihr Körper wie von selbst. Alles, was Tulka ihr beigebracht hatte, lief in geschmeidigen

Bewegungen und zielsicheren, harten Schlägen ab. Efor hatte keine Chance zu reagieren und landete rücklings auf dem Boden. Fassungslos starrte er sie an.

„Verflucht, du kleines Stück Dreck!“, brüllte er und rappelte sich auf.

Feewyn rannte los und prallte in der Tür gegen einen verdutzten Wachmann. Blitzschnell griff sie nach dem Schwert an seiner Hüfte, doch der Mann war nicht alleine. Kal hielt ihr sein Schwert an den Hals, und von hinten wurde sie von Efor am Kragen gepackt, zurück in die Hütte geworfen und eingeschlossen.

„Da bleibt das Bürschchen bis zum Kampf“, befahl Efor. Offenbar kochend vor Wut spähte er durch eine Lücke ins Innere. „Ich wollte mich eigentlich deiner annehmen, und du hättest ein gutes Leben als mein persönliches Haustierchen haben können“, rief er. „Aber bitte, wie du willst. Jetzt darfst du mit deiner Mutter im Ring gegen unsere Rothunde kämpfen. Ich bin sicher, du winselst noch um Gnade!“

„Efor! Da kommt Prinz Gelon“, rief Kal. Er schien verblüfft. „Was will der denn hier?“

„Wahrscheinlich noch mehr Sklaven, um seine schwimmenden Brücken zu bauen“, knurrte Efor, doch er verbeugte sich tief. „Eure Majestät, womit kann ich Euch zu Diensten sein? Sollten die Truppen nicht heute Morgen schon den Fluss überquert haben?“

„Das haben sie, und ich werde mich ihnen bald anschließen. Doch ich habe gehört, dass ihr die Stallmeisterin gefangen habt. Wo ist sie?“

„In einem unserer schönsten Käfige.“ Efor lachte. „Wie es sich für eine Verräterin gehört. Wir haben uns etwas ganz Besonderes für sie ausgedacht. Sie wird ein wenig für Unterhaltung sorgen, unsere Männer haben hier ja wenig Abwechslung. In der Grube wird sich zeigen, wer stärker ist: die Riesin Tulka oder unsere Rothunde.“

Gelons Augen weiteten sich, dann trat ein Grinsen über sein Gesicht. „Dieses Spektakel werde ich mir nicht entgehen lassen. Die Belohnung ist euch sicher. Doch sagt mir, war sie alleine unterwegs?“

Efor kratzte sich am Ohr. „Ein Jüngelchen war bei ihr, ein Bürschchen, dem ich eben den Kopf gewaschen habe.“

„Niemand sonst?“ Die Enttäuschung in Gelons Stimme war nicht zu überhören.

„Eine Nachtkatze, mein Prinz“, sagte Kal eifrig. „Ein mageres, altes Vieh, das wir mit der Stallmeisterin den Hunden zum Fraß vorwerfen.“

„Wo soll der Kampf stattfinden? Holt sie und bringt mich hin!“ Gelon brannte vor Ungeduld, zuzusehen, wie Tulka von den Hunden zerfleischt wurde. Doch er würde dafür sorgen, dass er von ihr noch erfahren konnte, wo Feewyn sich verkrochen hatte. Sie würde reden. Denn, Tulka war ja auch nichts weiter als ein Weib.

„Macht, was der Prinz befohlen hat", sagte Efor. „Ich komme gleich nach."

Feewyn hatte alles wie versteinert belauscht. Das war nun also das Ende. Tränen der Verzweiflung sammelten sich in ihren Augen, ein Schrei stieg in ihrer Kehle auf, und sie unterdrückte ihn mit aller Macht.

Ihre Zuversicht, ihre Hoffnung, dass es doch noch einen Weg in die Freiheit gäbe, löste sich auf wie Morgennebel. Es war ein aussichtloses Unterfangen gewesen. In dieser Welt waren sie machtlos, die Hürden unüberwindbar. Für sie gab es nur den Tod.

Aber wir haben es versucht! Feewyn ließ sich auf das Stroh sinken. Der Gedanke war tröstlich. Ich habe es versucht, und das ist mehr, als ich mir jemals zugetraut habe. Ich habe meine Ängste besiegt, weiß nun, wie stark ich sein kann! *Und ich werde stark bleiben, selbst im Todeskampf.*

Sie konnte Efors Silhouette sehen, er stand immer noch unschlüssig vor der Tür.

„Komm und hol mich!“, brüllte Feewyn und sprang auf. „Ich will an Tulkas Seite kämpfen, und ihr feigen Ratten dürft dabei zusehen!“ Sie hämmerte mit den Fäusten auf die Latten. „Mach die Tür auf und bring mich zu ihr, du stinkender Fischkopf!“

Die letzte der Minen. Die größte und älteste. Edin sammelte ihre Kräfte, um auch noch den Rest der Sklaven vom Kettar zu befreien. Sie wurde begleitet von Leibwandlern in Tiergestalt, ein kleines Heer aus zornigen Raubtieren mit scharfen Zähnen. Ein Großteil der befreiten Leibwandler war auf dem Weg zurück nach Ameer, sie waren alle noch viel zu geschwächt, um ihre Gabe zu nutzen, und es waren so viele. Cassias Wut über das, was man ihrem Volk angetan hatte, war ins Unermessliche gewachsen, hatte sie in ein Wesen verwandelt, vor dem selbst Ruven Angst bekam.

Edin wunderte sich, dass keine Wachen zu sehen waren. Hinter den Hütten schienen sie sich versammelt zu haben, johlten und lachten über etwas, das ihr verborgen blieb.

Wir werden uns um euch kümmern, dachte Edin, sobald wir die Gefangenen befreit haben. Sie verharrte vor dem Eingang eines Stollens.

„Geht voran“, flüsterte sie.

Noto kaute auf einem Stück Trockenfleisch und ärgerte sich. Es war längst über der Zeit. Man hätte ihn ablösen sollen, aber anscheinend vergessen. Er hasste den Dienst unter Tage. Die Dunkelheit, die Feuchtigkeit, die Hitze und den Gestank der Sklaven, die sich tagelang nicht waschen konnten. Er würde das nicht mehr lange mitmachen. Er würde zurückkehren in sein Dorf, er hatte seinen Sold gespart, für eine Weile würde es wohl reichen. Und danach? Es würde sich etwas finden.

Eine alte Frau stolperte im Vorbeigehen, und die abgeschlagenen Steine kullerten aus ihrem Korb direkt vor seine Stiefel. Ihr erschrockenes Gesicht glänzte vor Schweiß im Licht der Fackeln.

Noto machte sich nicht einmal die Mühe, von seinem Schemel aufzustehen. Sie war es nicht wert. Er holte im Sitzen mit der Peitsche aus und traf sie an der Schulter.

„Heb das auf, und mach, dass du weiterkommst“, sagte er gelangweilt.

Die Alte klaubte hastig alles zusammen und humpelte davon. Noto wollte gerade einen weiteren Bissen nehmen, als ihm auffiel, wie still es plötzlich war. Das Hämmern war verstummt, das Ächzen und Stöhnen verklungen, und auch die Flüche der Aufseher weiter unten waren nicht mehr zu hören.

Nur schabende Geräusche. Als krieche etwas über den sandigen Boden. Auf ihn zu!

Er sprang vom Schemel, griff nach einer Fackel und spähte in den Stollen, der von draußen zu ihm führte.

„Wer ist da?“, rief er.

Keine Antwort. Die Ablösung war das nicht, denn ihre schweren Schritte klangen anders.

Ein blaues Leuchten glitt über die tropfnassen Wände und bewegte sich auf ihn zu. Es ging von einer Frau mit langen weißen Haaren aus, die ausschritt, als wäre sie diesen Weg schon hunderte Male gegangen. Ihr langes Kleid wogte wie im Wind.

„Halt!“, brüllte Noto. „Wer bist du, und was hast du hier zu suchen?“ Ein mulmiges Gefühl stieg in ihm auf. Die Frau reagierte nicht. Mit weit ausgebreiteten Armen, als wollte sie die ganze Mine umarmen, schritt sie Beschwörungen murmelnd weiter. Funken sprühten aus den Fingerspitzen, schwebten wie Glühwürmchen an ihm vorbei in die Tiefe.

Die schabenden Geräusche waren nun ganz nahe, er hörte ein Zischen und blickte zu Boden.

Schlangen! Vielleicht ein Dutzend kroch um seine Stiefel, und er stieß einen entsetzten Schrei aus. Mit weit aufgerissenen Mäulern richteten sie sich züngelnd auf.

Dann bissen sie zu. Er bekam nicht mehr mit, wie Raubkatzen in den Stollen drängten und der Frau folgten.

Es schien, als hätten sich sämtliche Aufseher der Mine versammelt. Mindestens drei Dutzend höhnische Gesichter starrten ihr entgegen, als Tulka in Ketten gelegt herangezerrt wurde. Rufe und Lachen erschallte, Tulka konnte nicht alles verstehen, als man ihr die Fesseln abnahm, doch es schien sich um Wetten zu handeln. Sie hatte keine Zeit, den Männern etwas Unflätiges an den Kopf zu werfen. Sie wurde vorwärtsgestoßen, stürzte in eine Grube und landete direkt neben Smelda, die vergeblich versuchte, sich aus dem Netz zu winden, das um sie gewickelt war.

Tulka richtete sich hastig auf und befreite sie.

Die Katze sprang auf die Füße und schüttelte sich, als hätte man sie mit Wasser bespritzt. Tulka streckte die Hand aus, und Smelda hörte auf zu fauchen. Sie blickten einander in die Augen.

„Nun, meine Gefährtin“, sagte Tulka und streichelte ihr den breiten Schädel. „Das werden wohl die letzten Momente unseres Lebens sein. Doch lass dir sagen, es war mir eine Ehre, dich kennengelernt zu haben, und Danke, dass du an unserer Seite warst. Vielleicht hat Feewyn mehr

Glück.“ Tulkas Herz hatte das Gewicht eines Felsens, als sie an sie dachte. Sie wollte die Hoffnung nicht aufgeben, dass die Täuschung nicht aufgeflogen war. Dass es für Feewyn immer noch möglich war zu entkommen.

„Sei gegrüßt, Tulka, Stallmeisterin!“

Tulka hob den Kopf und sah hinauf zu den Männern. Gelon stand zwischen ihnen und grinste sie triumphierend an. „Hast du wirklich geglaubt, du könntest entkommen? Dich der Strafe entziehen, die auf Hochverrat steht?“

„Ich habe keinen Hochverrat begangen“, erwiderte Tulka in einem Ton, als interessiere sie das nicht weiter. „Ich habe nur einen dreckigen Hund in die Schranken gewiesen.“

Ein Raunen ging durch die gaffenden Männer, und Gelons Wangen färbten sich rot. „Gleich wird dir die Respektlosigkeit vergehen!“, brüllte er. „Gleich wirst du um Gnade winseln!“ Er beugte sich vor und stützte sich auf die Knie. „Doch ich könnte dich mit einem Wort hier herausholen. Sag mir einfach, wo Feewyn ist.“

Tulka spuckte aus, drehte ihm den Rücken zu und setzte sich neben Smelda auf die Erde.

„Lasst die Hunde los!“ Gelon kreischte vor Wut.

„Wartet, da will noch jemand mitspielen!“, rief Efor. Er zerrte Feewyn unter dem Arm eingeklemmt mit sich. Sie wehrte sich nicht, hielt den Kopf gesenkt.

„Damit du siehst, wie gut ich es mit dir gemeint hätte, schenke ich dir das“, knurrte Efor und drückte ihr einen kleinen Dolch in die Hand, bevor er sie in hohem Bogen in die Grube warf.

Tulka hatte ihr beigebracht, wie man einen Sturz möglichst unbeschadet überstand. Sie rollte sich reflexartig ab und war sofort wieder auf den Beinen. Die Kappe verrutschte, und nun quollen ihre rotbraunen Locken hervor.

Gelon zog scharf den Atem ein. *Das ist sie!*

„Holt sie rauf!“, brüllte er, doch es war zu spät. Sein Schrei ging im Gejohle der Männer unter.

Zwei Rothunde, die schon geifernd darauf gewartet hatten, stürzten sich in die Grube und umkreisten knurrend ihre Opfer.

Tulka, Feewyn und Smelda standen dicht beieinander und ließen sie nicht aus den Augen. Sie hatten kaum eine Chance, und das wussten sie.

„Ich habe einen Dolch“, sagte Feewyn, und Tulka warf einen Blick darauf. Ein lächerliches Ding, doch besser als nichts.

„Die Augen“, sagte sie. „Du musst versuchen die Augen damit zu treffen.“ Tulka ging in die Knie und packte einen großen Stein. Er wog schwer in ihrer Hand, doch er würde nicht ausreichen, um damit einer der Bestien den Schädel einzuschlagen.

Sie stürzten sich alle drei gleichzeitig auf die Hunde, die überrumpelt schienen, denn normalerweise versuchte ihre Beute zu fliehen.

Smelda krallte sich auf den Rücken eines Hundes und verbiss sich in seinem Nacken. Feewyn holte aus und stieß mit voller Wucht zu. Und sie traf tatsächlich sein Auge. Jaulend versuchte er die Katze abzuschütteln, doch Smelda kletterte an ihm herunter wie an einem Baumstamm und verbiss sich in seiner Kehle.

Der zweite Hund war von dem Heulen so abgelenkt, dass es Tulka gelang, auf seinen Rücken zu springen. Wüste Flüche ausstoßend hämmerte sie mit dem Stein auf seinen Schädel ein, und aus dem borstigen Fell strömte Blut. Er warf sie ab wie ein bockendes Pferd seinen Reiter, Tulka kam sofort wieder auf die Füße, und breitbeinig standen sie einander gegenüber und fixierten sich hasserfüllt.

Auch Smelda wurde abgeschüttelt. Neben Feewyn an die Wand gedrängt, versuchte sie ihre Kräfte zu sammeln. Sie hatte schon lange nichts mehr gefressen, man hatte ihr kein Wasser gegeben, und sie war alt. Eine reinblütige Nachtkatze hätte ein solches Alter nie erreicht. Sie spürte Feewyns Hand auf dem Nacken, und egal, wie sie sich fühlte, sie würde kämpfen bis zum letzten Atemzug.

Es herrschte ein infernalischer Lärm. Die Männer tobten und brüllten, feuerten die Hunde an und warfen mit Steinen nach ihnen, als sie zu zögern schienen, wieder anzugreifen.

Gelon hatte Efor am Kragen gepackt und schrie ihm ins Ohr, doch der konnte nicht verstehen, was er wollte.

„Der Junge? Ein Mädchen? Ich soll … was?“

„Du sollst sie da rausholen!“, kreischte Gelon und stieß ihn in die Grube. Das Geschrei der Aufseher verstummte vor ungläubigem Entsetzen.

Der nunmehr einäugige Rothund beugte sich zähnefletschend über ihn.

„Scher dich zur Seite, du hirnloses Vieh!“ Efor war außer sich. Er hatte sich beim Sturz den Arm gebrochen – und wie konnte dieser Kerl es wagen! Ganz egal, dass er der Prinz war, er würde ihn …

Der Himmel verdunkelte sich, Efor sah hinauf und traute seinen Augen nicht. Mächtige Raubvögel kreisten über ihnen, Schmerzensschreie zerrissen die Stille, und dann stürzten die ersten seiner Männer in die Grube. Schlangen hingen wie dicke Taue an ihren Körpern. Drei schwarzgefleckte Raubkatzen landeten auf ihren mächtigen Pranken in der Grube und sahen sich um.

Was bei allen Dämonen geht hier vor?, dachte Efor von Todesangst erfüllt, als er mit ansehen musste, wie die Hunde von ihnen niedergestreckt und getötet wurden. Er hatte keine Zeit, sich darüber Gedanken zu machen. Eine dicke Schlange wickelte sich um seinen Hals, immer enger zog sich ihr Leib zusammen, und so sehr er es auch versuchte, er konnte sich nicht aus dem Würgegriff befreien. Das Letzte, was er sah, war, wie sich eine Raubkatze dem hübschen Jungen näherte, der ein Mädchen war.

„Bleib ganz ruhig stehen", flüsterte Tulka. „Ich glaube nicht, dass die uns etwas tun wollen. Ich glaube, es sind Leibwandler." Sie hatte zwar noch nie einen der Menschen, die Tiergestalt annehmen konnten, gesehen, doch sie spürte, dass es so war.

Feewyn schien keinerlei Angst zu haben, denn sie beugte sich vor. Der Schädel der Raubkatze reichte ihr bis zur Brust. Tulka blickte in glänzende Augen, in denen sie nichts Böses erkennen konnte. Smelda schnurrte laut neben ihr, als Feewyn die Hand ausstreckte.

Nicht anfassen, wollte Tulka noch sagen, da geschah alles so schnell, dass sie nicht mehr reagieren konnte.

Ein Hagel aus Pfeilen prasselte auf sie nieder, die Katzen kletterten blitzschnell die Wände hinauf, und Tulka fiel auf die Knie. Ein Pfeil ragte aus ihrem Oberschenkel.

Feewyn bückte sich nach ihr und stieß einen Schrei aus, als auch sie von einem Pfeil in die Schulter getroffen wurde.

„Wir müssen raus aus dieser Falle“, keuchte Tulka und richtete sich mit schmerzverzerrtem Gesicht auf. „Ich hebe dich hoch, dann kannst du rausklettern.“

Feewyn versuchte, nach hinten zu fassen und den Pfeil herauszuziehen.

„Nicht!“, rief Tulka. „So machst du es nur schlimmer. Ich werde mich darum kümmern, aber jetzt schau, dass du hochkommst!“

Jede Bewegung schmerzte unerträglich, doch Feewyn stieg auf Tulkas verschränkte Hände und krallte sich in die bröckelnde Wand. Keuchend schob Tulka sie hoch, und endlich tauchte Feewyns Kopf über dem Grubenrand auf.

Was sie sah, raubte ihr den Atem. Es tobte ein unerbittlicher Kampf. Verwundete Aufseher lagen in ihrem Blut zwischen toten Tierwesen und Leichen. Und dazwischen irrten die befreiten Sklaven, die noch kaum begriffen, was vor sich ging. Jemand packte Feewyns Arm und zog sie hoch. Nach Atem ringend kam sie schwankend auf die Füße.

„Endlich!“, sagte eine Stimme, und ihr Herz blieb stehen.

Gelon stand ihr mit gezücktem Schwert gegenüber, um ihn herum kämpfte seine Leibgarde zu seinem Schutz.

„Mein Prinz!“, brüllte einer der Soldaten. „Es sind zu viele! Wir müssen fliehen.“

Feewyn wehrte sich mit aller Kraft, doch Gelon hielt sie eisern fest und zerrte sie mit sich. Zwei Gelbadler schlugen unruhig mit den Flügeln, als sie sich näherten. Sie wollten aufsteigen und konnten von den Wachen kaum im Zaum gehalten werden.

„Hoch mit dir!“, befahl Gelon.

Feewyn gab vor, willenlos zu gehorchen, doch als Gelon seinen Platz hinter ihr auf dem Adler eingenommen hatte, ließ sie sich fallen. Gelon bekam gerade noch den Pfeil zu fassen und riss ihr mit der mit Widerhaken bestückten Spitze einen Fetzen Fleisch aus der Schulter.

Der Schmerz war unermesslich, alles verschlingend, blaue Lichter tanzten vor Feewyns Augen, und dann versank sie in einer gnädigen Schwärze.

Sie spürte es nicht, als grobe Hände sie packten.

Dämmerung

Woreen rutschte aus dem Sattel und wäre hingefallen, wenn Wulf sie nicht aufgefangen hätte. Sie konnte sich kaum mehr aufrecht halten. Ein Tagesritt lag hinter ihnen, nur unterbrochen von einer kurzen Rast, als sie die Pferde ausgetauscht hatten. Sie hatte noch nie viel Zeit auf dem Rücken eines Pferdes verbracht, das war Feewyns größte Freude gewesen. Und nun fragte sie sich, ob sie jemals wieder sitzen konnte, ohne das Gesicht zu verziehen.

„Komm“, sagte Aivla und lächelte verständnisvoll. „Vielleicht hat die Frau eine Salbe für uns.“

Die Wirtsleute standen händeringend vor der Herberge und sahen sich fassungslos um. All die bewaffneten Reiter und die Königin höchstpersönlich, das hatte es an diesem verschlafenen Ort noch nie gegeben! Wie sollten sie all die Menschen und Pferde unterbringen? Verköstigen?

„Majestät, seid willkommen in unserer armseligen Hütte. Wir werden unser Bestes geben, damit Ihr …“

„Macht euch keine Umstände“, wurden sie von Aivla unterbrochen, „ein einfaches Bett für die Prinzessin und mich, die Männer werden draußen lagern. Etwas Wasser und Brot und vielleicht Futter für die Pferde sind ausreichend.“

„Alles, was wir haben, sollt Ihr bekommen!“, rief die Wirtsfrau und stolperte fast über ihren Rock, als sie beflissen die Tür zur Stube aufmachte. „Es ist uns eine Ehre, Eure Majestät!“

Es gab nicht nur Wasser und Brot, sondern auch eine warme Suppe und etwas getrocknetes Fleisch. Woreen dachte zuerst, dass sie keinen Bissen essen konnte, doch dann griff sie gierig zu.

„Geh schon voraus und leg dich hin“, sagte Aivla, als ein Bote eintraf. Er brachte Nachrichten von der Front, und der Ausdruck in seinem Gesicht, verhieß nichts Gutes.

Woreen wollte zuerst widersprechen, doch die bleierne Müdigkeit in ihren Gliedern, zog sie regelrecht in Richtung einer Schlafkammer.

Ich werde alles noch früh genug erfahren, dachte sie, als sie der Wirtin folgte. Morgen werden wir ihnen gegenüberstehen. Meinem Vater und seinem Heer. *Verdammt in alle Ewigkeiten sollen sie sein!*

Das also ist Tagland, dachte Toran und atmete den würzigen Duft des Waldes ein, über den die

Dämmerung hereinbrach. Auch als Gelons Leibwächter war es ihm noch nie vergönnt gewesen, dieses Land zu betreten. Noch hatte er nicht viel davon gesehen, als sie mit den beiden Adlern über die Grenze geflogen waren. Doch was er erblickt hatte, war wunderschön. Ein fruchtbares, blühendes Land. Abgesehen von den Flammen, die aus den Häusern der Dörfer in Grenznähe schlugen. Den Toten und Verletzen, die von oben betrachtet aussahen wie auf der Erde verstreute Würmchen. Als sie die Truppen erreichten, hatte Toran angenommen, dass sie sich nun endlich König Bron anschließen würden. Doch Gelon hatte seinen Adler kreisen lassen und ihn dann gewendet. Toran war ihm verwirrt gefolgt. Auf einer kleinen Lichtung waren sie schließlich gelandet, nicht weit vom Heerlager.

„Hier werden wir die Nacht verbringen“, hatte der Prinz befohlen und die noch immer bewusstlose Frau vom Adler gehoben. Sie hing in seinen Armen wie eine Stoffpuppe, und Gelon legte sie unter einem Baum ins Gras. Dann setzte er sich neben sie und starrte sie ausdrucklos an.

Toran wusste, dass es keinen Sinn hatte, ihn anzusprechen. Er war lange genug der Leibwächter des Prinzen, er kannte ihn nur zu gut. All seine dunklen Seiten und Schwächen. Und seine Besessenheit, das zu bekommen, was er wollte.

Doch jetzt schien er endgültig den Verstand verloren zu haben.

Der König wird ihm das niemals verzeihen, dachte Toran wütend. Er missachtet seine höchste Pflicht, widersetzt sich dem Befehl – und für was? Für ein Weib! Das wird böse enden, und mein Kopf wird wohl zuerst rollen!

Vielleicht sollte ich sie eigenhändig umbringen!

Der Schmerz hielt Feewyn umfangen wie ein brennendes Tuch. Blau leuchtend tauchte er mit ihr in das kalte Meer, grub sich mit ihr unter die Erde und flog mit ihr über den Himmel. Ihr Körper wollte sich auflösen, eine neue Form annehmen, eine neue Gestalt, und ihr Verstand versuchte, irgendwo Halt zu finden.

Doch der Schmerz war stärker.

„Danke“, sagte Tulka und betastete den Verband um ihren Schenkel. „Ich spüre schon fast nichts mehr.“

„Dann kann ich mich ja jetzt um die anderen Verwundeten kümmern“, erwiderte Edin und entfernte sich eilig.

Tulka sah ihr nach und kraulte Smeldas Nacken, die zusammengerollt neben ihr vor einer der Hütten lag. Sie versuchte zu verarbeiten, was geschehen war, lehnte den Kopf an die Holzwand und blickte zum Horizont. Eine blutrote Linie wurde von der hereinbrechenden Nacht verdrängt.

„Hier“, sagte Ruven und setzte sich neben sie. „Ich habe einen Krug Wein gefunden, möchtest du einen Schluck? Er ist zwar etwas sauer, doch …“

„Gib her!“ Tulka nahm ihm den Becher aus der Hand und nahm einen kräftigen Schluck. Sie hatte sich in ihrem Leben noch nicht oft betrunken, doch jetzt war ihr danach. Sie war immer noch durcheinander, fühlte sich wie in einem Traum. Eine Raubkatze, die sich vor ihren Augen in Ruven, den Ziehsohn des Königs verwandelt hatte. Seine Mutter Cassia, die die Herrin der Leibwandler war und auch Feewyns Mutter. Und beide Kinder waren unter Nomeds Augen aufgewachsen! Ruven hatte ihr die ganze unfassbare Geschichte erzählt und ihr Edin vorgestellt. Die Hexe, der die Leibwandler den Sieg zu verdanken hatten. Ja, sie hatten gesiegt, und die Sklaven waren frei. Doch sie hatten nicht verhindern können, dass Gelon Feewyn entführen konnte.

Ich, ich habe es nicht verhindert, dachte Tulka, und ihr Hals schnürte sich zu.

Ruven nahm ihre Hand und drückte sie. „Wir finden sie. Edin hat mir versichert, dass Feewyn noch am Leben ist. In der Morgendämmerung werden wir den Fluss überqueren, alle Leibwandler, die kräftig genug sind, um zu kämpfen. Bron rechnet nicht mit uns, und wir werden ihm in den Rücken fallen. Er wird den neuen Tag nicht überleben, das schwöre ich! Und Gelon, wenn er Feewyn etwas angetan hat …“ Er stockte.

Tulka rückte ein Stück von ihm ab. Sein Zorn, sein Hass auf seinen Ziehvater und Gelon, entfachte ein blaues Leuchten. Sein Gesicht nahm animalische Züge an, und sie machte sich darauf gefasst, plötzlich neben einer Raubkatze zu sitzen. Tulka hatte keine Ahnung wieviel Menschliches dann noch übrig blieb, um zu erkennen, wer der Feind war. Für Tulka war alles ein Rätsel.

„Ich werde wohl alleine über die Brücke humpeln“, sagte sie und griff nach dem Krug, um sich nachzuschenken. „Ich kann weder fliegen noch mich in einen Fisch verwandeln.“

Ruven grinste. „Wir könnten dich auf eine ausgehängte Tür setzen und wie einen Baumstamm übers Wasser schieben.“

Wie entwürdigend, dachte Tulka. Ein Grund, um den Krug gleich ganz zu leeren.

„Nama, Schwester, hört du mich? Nomed ist schon ganz nah“, flüsterte Edin. Sie stand abseits der Mine unter einem Meer funkelnder Sterne.

„Ich bin da.“ Namas Stimme erklang in ihrem Kopf. „Und ich werde morgen bei dir sein.“

Edin schlang sich die Hände um den Oberkörper. Doch es war nicht die kühle Nachtluft, die sie frösteln ließ. Es war das Wissen, dass Nomed auf dem Weg war. Und sie war nicht alleine. Wie eine Feldherrin wurde sie von einem stummen Heer begleitet. Einem Heer aus wiedererweckten Toten. Seelenlosen Geschöpfen, die durch Menschenhand nicht aufzuhalten waren. Die auf Nomeds Befehl alles niedermetzeln würden, was sich ihnen entgegenstellte.

„Vielleicht ist es Zeit, Abschied zu nehmen. Denn ich weiß nicht, ob ich stark genug sein werde“, sagte Edin. „Ich werde mein Leben geben.“

„Sag das nicht!“, rief Nama. „Bitte sag das nicht!“

„Du weißt, dass es keinen anderen Weg gibt.“

„Doch! Den gibt es! Ich habe in den verbotenen Schriften gelesen.“

„Du darfst die Worte nicht aussprechen, niemals! Schwöre es mir!“

Nama blieb stumm, und Edin wusste, was das zu bedeuten hatte. Dass auf der Haut ihrer Schwester nun graue Schuppen wucherten.

Ein blaues Leuchten

Es ist das Beste für ihn, dachte Toran, als er das noch immer bewusstlose Mädchen auf den Adler hob. Er wird wieder zur Vernunft kommen, wenn Feewyn fort ist. Tot.

Nervös sah er sich nach dem Prinzen um, der schlafend unter dem Baum lag. Es ist nicht weit bis zur Gefechtslinie, redete Toran sich ein. Er kann sich im Kampf beweisen, und der König wird ihm verzeihen.

Die ersten Vögel begrüßten zwitschernd das aufschimmernde Morgenlicht, und leise flüsternd gab er den Befehl. Die beiden Adler breiteten ihre Schwingen aus und stiegen in den Himmel.

Gelons wütende Schreie gellten hinter ihnen her, doch Toran blickte nicht zurück.

Kühle Luft streichelte ihre Wangen, und Feewyn öffnete die Augen. Die Sonne schob sich über den Horizont. Ich fliege, dachte sie verwirrt, ich fliege dem Morgen entgegen.

Das aufkeimende Glücksgefühl erlosch jäh, als sie begriff, in welcher Lage sie sich befand. Auf dem Rücken eines Gelbadlers, doch der Mann, der sie vor sich umklammert hielt, war nicht Gelon. Es war einer seiner widerlichen Leibwächter. *Wo ist er?*

Sie wandte den Kopf, doch der Adler, der sie begleitete, hatte keinen Reiter.

„Bist du endlich wach?“, fragte Toran. „Dann genieß die Aussicht, solange du noch kannst. Es ist höchste Zeit, dich aus Gelons Leben zu tilgen. Ich dachte, er würde dir wie einem Huhn die Gurgel durchtrennen, sobald er dich erwischt. Aber anscheinend bringt er das nicht über sich, also werde ich das übernehmen. Du hast uns jetzt genug Ärger gemacht!“ Er riss ihren Kopf an den Haaren zurück, und sie war gezwungen, ihn anzusehen.

„Hübsch bist du ja, obwohl du wenig auf den Knochen hast“, knurrte er. „Aber die ganzen Scherereien nicht wert. Also, schau dich um. Wo möchtest du sterben?“

Wir sind in Tagland!

Das wurde ihr klar, als die Adler über grüne Auen schwebten. Auf welch grausame Weise hatte sich nun ihr Traum erfüllt! Doch wenigstens hatte sie Tagland einmal gesehen, und nun wollte sie diesen Anblick bis zum letzten Moment auskosten.

„Siehst du das da unten? Da lagern unsere Leute. Sie machen sich zum Aufbruch bereit. Soll ich dich direkt vor König Brons Füßen vom Himmel fallen lassen?“ Er lachte meckernd. „Ich könnte mir vorstellen, dass er sich über mein Präsent freuen würde."

Feewyn spürte, wie ein Ruck durch Torans Körper ging.

„Was bei allen Dämonen ist das?", rief er und lenkte die Adler in Richtung einer Hügelkuppe.

Feewyn kniff die Augen gegen das blendende Licht der aufgehenden Sonne zusammen, und dann sah sie es auch.

Hinter dem Wald einer Hügelkuppe hatte sich ein Heer aufgestellt. Flaggen wehten im Wind, die nicht Westlands Wappen trugen, und Feewyns Herz machte einen freudigen Sprung. Brons Pläne, Tagland kampflos einzunehmen, schienen sich zu zerschlagen.

„Keine Zeit mehr für Tändeleien, ich muss den König warnen", sagte Toran und stieß sie vom Rücken des Adlers.

Woreen tauchte die Hände in den Eimer und wusch sich das Gesicht. Mit dem kleinen Stück einer Lederschnur versuchte sie ihre langen Haare zusammenzubinden. Es wollte ihr nicht recht gelingen. Sie war es nicht gewohnt, das selbst zu machen, und es gab keine Spangen und Klammern, die sie hätte benutzen können. Doch es war ihr völlig egal, dass sie gerade ganz und gar nicht wie eine Prinzessin aussah, ihre Gedanken kreisten einzig um die Begegnung mit ihrem Vater. Noch war die Nachhut der Armee nicht eingetroffen, sie mussten alleine versuchen, ihn aufzuhalten.

Weitere Boten hatten schlimme Nachrichten überbracht, als sie vor dem Morgengrauen die Herberge verlassen hatten. Wie Ratten waren die Clans in die Dörfer gefallen, hatten plündernd und mordend den Widerstand der Bewohner gebrochen, während Bron mit seinen Soldaten siegessicher weitermarschierte.

Woreen zuckte zusammen, als plötzlich Schreie ertönten.

„Gelbadler! Schießt! Schießt!"

Sie hob den Kopf. Zwei Adler kreisten über ihnen, und Dutzende Pfeile flogen in den Himmel. Schrille Pfiffe erklangen, und einer der Vögel stürzte wild mit den Flügeln schlagend ab. Der andere floh Richtung Westen.

Er hat Späher ausgeschickt, dachte Woreen, wenn er das nicht sogar selbst war.

Feewyn versuchte noch, sich festzuhalten, doch die Federn des Adlers glitten durch ihre Finger wie feinst gesponnener Stoff. Die Erde raste auf sie zu, ihr Herz stand still, und in ihrem Kopf herrschte eine vollkommene Leere. Kein Gedanke, keine Angst, nur Stille.

Sie breitete die Arme aus und flog. Denn es war nicht mehr ihr Körper der torkelnd durch die Luft segelte. Mit weit aufgerissenen Augen starrte sie auf die Flügel, die aus ihren Schultern gewachsen waren, auf das Gefieder, das goldbraun schillernd in der Morgensonne glänzte. Sie stieß einen verängstigten Schrei aus, doch aus ihrem Mund, der zu einem gekrümmten Schnabel geworden war, drang nur ein leises Krächzen.

Sie sank tiefer, geriet gefährlich nahe an die Baumkronen und schlug unbeholfen mit den Flügeln, um wieder höher zu steigen. Es gelang ihr nicht. Sie stürzte zwischen spitze Äste, die ihr ein paar Federn ausrupften, knallte mit dem Kopf gegen eine Astgabel und landete im feuchten Gras.

Ihr Herz raste, und leise fiepend blieb sie liegen, während die Welt sich um sie drehte.

Wulf war mit einem Kundschafter auf dem Weg zurück zur Königin, als er die Pfiffe der Adler hörte und aufschaute. Noch bevor sie von den Pfeilen unter Beschuss genommen wurden, sah er, wie jemand abstürzte. Und er sah noch etwas. Ein blaues Leuchten und dann einen kleinen Vogel, der auf die Bäume zu flatterte.

Er wusste, was das zu bedeuten hatte. Das war ein Leibwandler. Als kleiner Junge war seine Mutter einmal mit ihm nach Ameer gereist. Einer wunderschönen Stadt, in der sie willkommen gewesen waren. Die dann zerstört worden war und ihre Bewohner ermordet. Vielleicht war das einer der Letzten ihrer Art?

„Reite voraus, ich komme gleich nach", sagte er und wendete sein Pferd. Das Wesen konnte nicht weit sein. Tatsächlich vernahm er bald ein schmerzerfülltes Piepsen, und ein blaues Licht schimmerte zwischen den Baumstämmen auf. Er stieg vom Pferd und eilte darauf zu.

Eine junge Frau lag mit verkrümmten Gliedern im Gras und blickte ihm verängstigt entgegen.

Wulf hob beschwichtigend die Hände. „Keine Angst, ich tue dir nichts. Kann ich dir helfen? Hast du dich verletzt?"

Die Frau stützte sich an den Stamm und rappelte sich auf. „Es ist nichts … nichts gebrochen", stammelte sie, betrachtete ungläubig ihre Arme und sah sich verwirrt um. „Ich weiß nicht, was geschehen ist, ich bin gefallen, und dann, dann bin ich …"

„Du bist ein Leibwandler", sagte Wulf. „Wusstest du das denn nicht?"

„Ich …, nein, das kann nicht sein!"

„Dass du nach diesem Sturz jetzt noch lebst, sollte dich eigentlich überzeugen. Doch hör zu, ich muss schnellstens zur Königin zurück. Du kannst mit mir kommen, und man wird sich um dich kümmern."

„Königin?"

Der seltsame Ausdruck in ihrem Gesicht weckte Wulfs Misstrauen. „Ja, Königin Aivla. Sie wird das Heer gegen Bron anführen."

„Und die Prinzessin? Woreen? Wo ist sie?"

„Auch Prinzessin Woreen ist hier. Aber warum …"

Das Mädchen brach in Tränen aus, und es dauerte einen Moment, bis Wulf erkannte, dass es Freudentränen waren.

Und es waren nicht die einzigen Tränen die flossen. Als sie ins Lager kamen und Woreen die Frau erblickte, rannte sie lachend und weinend auf sie zu.

„Feewyn! Feewyn!"

Wulf und Aivla blickten einander überrascht an. Das also war Feewyn, Woreens einzige Freundin, um die sie getrauert hatte. Die jungen Frauen lagen einander in den Armen, kaum fähig, ein vernünftiges Wort zu reden, und schienen sich nie wieder loslassen zu wollen. Ein Moment reinster Freude, der erlosch wie eine Kerze im Wind.

„Euer Majestät, der Feind ist im Aufbruch. Seid Ihr bereit?“, fragte der General.

Der Sturm

„Ich lasse dich nicht gerne alleine zurück“, sagte Cassia und drückte Edin bekümmert an sich. Doch es gab keinen anderen Weg. Jemand musste Nomed aufhalten, und nur eine Hexe konnte das tun.

Edin schob sie mit einem leisen Lächeln von sich. „Ich bin nicht alleine. Deine treuste Dienerin wird an meiner Seite stehen.“

Cassia beugte sich zu Smelda und strich ihr über den Schädel. Ihr Fell fühlte sich rau an, und ihre Augen hatten den Glanz der Jugend verloren.

„Du bist die tapferste Frau, die ich kenne“, flüsterte Cassia mit Tränen in den Augen. „Ich liebe dich, meine Smelda, und was auch immer heute geschieht, ich werde dich bis zum Ende der Zeit in meinem Herzen tragen.“

Die Nachtkatze stupste ihr mit der Nase ins Gesicht, und Cassia wandte sich ab.

„Folgt mir!“, schrie sie zornerfüllt und breitete ihre Schwingen aus. „Folgt mir in den Kampf gegen den Tyrannen!“

Tulka trabte auf einem rotbraunen Hengst über die schmale Brücke und hoffte, dass sie nicht unter ihr einstürzte und ihre Reise nun doch noch ein abruptes Ende nahm. Aus den Augenwinkeln sah sie, wie ein Großteil der Tierwesen den Fluss schwimmend durchquerte, über ihrem Kopf schlugen unzählige Flügelpaare.

Tulka hatte dem Hengst, den ihr Ruven gebracht hatte, misstrauisch in die Augen gesehen.

„Wer steckt da drin?“, hatte sie gefragt.

Ruven hatte schallend gelacht. „Das ist ein Pferd, ganz einfach nur ein Pferd.“

Tulka hatte erleichtert geseufzt und sich in den Sattel geschwungen. Mit dem Gedanken, auf etwas in die Schlacht zu reiten, was eigentlich ein Mensch war, damit konnte sie sich nicht anfreunden.

Die Brücke hielt stand, und sie kam unbeschadet an das andere Ufer. Mit einem Schrei trieb sie den Hengst an und galoppierte den Leibwandlern nach. Heulenden Wölfen, brüllenden Raubkatzen und pfeilschnellen Raubvögeln.

„Mach dich auf etwas gefasst, du Dreckskerl von König!“, brüllte sie. Es klang fast animalisch.

Getrieben von einem namenlosen Zorn hetzte Gelon durch den Wald in Richtung des Heerlagers. Zweige peitschten ihm ins Gesicht, und er schlug blind vor Wut nach ihnen. Er brannte darauf, sich seinem Vater anzuschließen, er wollte kämpfen, seinen Hass in einem Blutbad austoben.

Den Ersten, den er in Stücke schlagen würde, war Toran, sollte er es wagen, ihm unter die Augen zu kommen. Was er getan hatte, war unverzeihlich!

Feewyn war tot, daran bestand kein Zweifel. Das hatte Gelon gewollt, das hatte ihn angetrieben. Ihren besudelten Körper zu betrachten, während ihr Augenlicht erlosch. Doch er hatte es selbst tun wollen, den Zeitpunkt selbst bestimmen. Vielleicht erst in ein paar Stunden, vielleicht sogar erst in ein paar Tagen. Und nun hatte Toran den Treueschwur gebrochen und sie ihm genommen.

Bron hob die Hand, und die Soldaten, die ihm in langgezogenen Reihen folgten, zügelten die Pferde. Hinter ihnen reckten die Bogenschützen die Hälse. Sie standen am Rand einer Talsenke und beobachteten den Reiter, der aus dem Schatten des Waldes auf der anderen Seite aufgetaucht war und nun auf sie zu galoppierte.

König Bron erkannte sie schon von weitem. Woreen. Ihre langen Haare wehten wie ein leuchtendes Seidentuch im Wind, und als sie näherkam, sah er, dass sie einfache Reitkleidung trug und die Füße in staubbedeckten Stiefeln steckten. Er war überrascht, als er das Schwert an ihrem Gürtel bemerkte. Es hatte dem Prinzen gehört. *Meine Tochter trägt eine Waffe?* Welch ein ungewohnter Anblick. Er lenkte sein Pferd zu ihr, als sie in der Mitte der Senke anhielt.

„Mein Kind, ich bin erleichtert, dich wohlbehalten vorzufinden“, sagte er. „Ich habe um dein Leben gefürchtet.“

Sie sah ihn aus schmalen Augen verächtlich an. „Mein Leben war dir noch nie etwas wert, spar dir deine Worte. Du hast diesen Überfall von langer Hand geplant.“

Diese selbstbewusste, zornige Frau hat kaum mehr Ähnlichkeit mit meiner Tochter, dachte Bron, aber sie ist mir immer noch Gehorsam schuldig. Er wollte sie zurechtweisen, doch Woreen richtete sich im Sattel auf.

„Kehr um. Noch hast du die Möglichkeit, ein weiteres Blutvergießen zu verhindern“, sagte sie mit kalter Stimme.

„Ich bin hier, um dich zur rechtmäßigen Königin von Tagland zu krönen. Gegen jeden Widerstand aus dem Volk, das vielleicht erst noch einsehen muss, dass …“

„Tagland braucht keine neue Königin“, sagte Woreen und deutete zum Waldrand. „Kehr um!“

Sie lebt! Bron starrte fassungslos auf die Gestalt, die auf dem Rücken eines Pferdes aus dem Schatten der Bäume aufgetaucht war. Selbst von hier konnte er den Königsstein auf dem Reif funkeln sehen.

Aivla! Und sie war nicht alleine. Dutzende, nein Hunderte Soldaten quollen aus dem Wald und galoppierten den Hügel hinab auf ihn zu.

„Kehr um!“, schrie Woreen und wendete ihr Pferd.

Als sie zurück zur Königin ritt, teilte sich Taglands Heer vor ihr wie eine Ehrerbietung.

Bron gab das Zeichen zum Angriff, und von beiden Seiten schwirrten Wolken aus Pfeilen, die Pferde prallten ineinander, Schwert traf auf Schwert, und das Gras färbte sich rot.

Smelda stieß ein klägliches Raunzen aus. Sie stand alleine mit Edin am Flussufer, ihr Atem schwebte in weißen Wölkchen vor ihren Augen, gefror in der Luft und rieselte in funkelnden Splittern auf die Erde.

Es war so kalt, wie Smelda es auch in den schlimmsten Wintern nicht erlebt hatte. Es herrschte ein Frost, der ihren Körper bis ins Innerste durchdrang und regelrecht erstarren ließ. Entlang des Ufers knarrte und ächzte unaufhörlich das dornenbesetzte Geäst, das Edin aus der Erde heraufbeschworen hatte. Wurzeln, die sich aus dem Boden gegraben, sich ineinander verflochten hatten und nun eine undurchdringliche Mauer bildeten. Einen unüberwindbaren Wall für das, was nun aus dem Nebel erschien, in dem die Welt versunken war.

Nomed. Wie eine Erscheinung war sie aufgetaucht. Wunderschön anzusehen in dem schillernden Kleid, wie aus Rabenfedern gemacht. Ein widerlicher Geruch wehte in Smeldas Nase, als die Wesen näher kamen, die sie begleiteten. Es roch nach fauligem Fleisch, nach Verderben. Smelda fauchte angewidert.

„Wie schön du bist", sagte Edin, als sie sich vier Mannslängen entfernt gegenüberstanden. „Dein Gesicht, die Haare und die Hände so makellos, so rein. Doch sag mir, wie sieht es unter deinem Kleid aus? Findet sich da noch unsere Schwester, der unsere Liebe gehört?"

Nomed funkelte sie an. „Du solltest dir um dich selbst Sorgen machen." Sie lachte böse. „Ich sehe, du versuchst mich und meine Streiter aufzuhalten. Das wird dir nicht gelingen, du bist viel zu schwach. Also nimm deine Katze und geh nach Hause. Verbring deine letzten Jahre in Frieden mit Nama hinter dem warmen Ofen."

Edin schüttelte den Kopf. „Du weißt, das kann ich nicht tun." In ihren Augen lag ein tiefer Schmerz, als sie die Hände hob und Worte aussprach, die wie ein dunkles Lied klangen.

Ein Wind fachte auf, wuchs zu einem brausenden Tosen, und die ersten der Untoten wurden zu Boden gefegt. Verrottete Kleidungsfetzen flogen durch die Luft wie Blätter im Herbst, und aus Nomeds Augen sprühten Funken.

„Du wagst es!“, schrie sie und streckte die Hände aus. Stemmte sich gegen den Wind und stieß Beschwörungen aus.

Edin schwankte, doch sie hielt stand. Smelda spürte jedoch, dass ihre Kräfte bald nachlassen würden. Und noch etwas konnte sie wahrnehmen. Etwas, das sich von hinten an Edin heranschlich.

Tarr hatte Mühe, sich aufrecht zu halten. Mit gesenktem Kopf stemmte er sich gegen den Sturmwind, den die Schwester seiner Herrin entfacht hatte. Er hatte nicht erwartet, dass Nomed auf einen solch heftigen Widerstand stoßen würde. Es bereitete ihm Sorgen, und er musste etwas tun. Er fürchtete um sein eigenes Leben, wenn die Herrin versagte. Der Nebel lichtete sich immer mehr, und ihm blieb nicht viel Zeit.

Ein Stück eines vom Wind zerfetzten Gerippes prallte ihm gegen die Brust, und wütend schlug er es zur Seite. Er hatte einen weiten Bogen um Edin gemacht, und nun stand er zwei Mannslängen hinter ihr und umklammerte seinen Dolch.

Doch was war das? Wie ein Geist war noch eine Hexe neben Edin aufgetaucht. Sie war da und doch nicht, er konnte durch sie hindurchsehen wie durch trübes Glas. Aus ihren erhobenen Händen schossen feurige Blitze, und Nomeds Stimme klang unmenschlich, als sie vor Wut aufschrie.

Tarr stürzte sich auf Edin und wurde von einem schwarzen Schatten niedergerissen. Entsetzt starrte er in einen mit spitzen Zähnen bestückten Fang, sah in funkelnde Augen und stieß zu.

Ich habe sie am Hals erwischt, dachte er befriedigt und dann zerfleischte ihm die Nachtkatze die Kehle.

Woreen, Aivla und Feewyn beobachteten die Schlacht vom Hügel aus. Es war ein schrecklicher Anblick, der ihnen die Tränen in die Augen trieb. Was für ein furchtbares Blutvergießen – und wofür? Die Machtgier eines Wahnsinnigen.

Wulf, der mit drei Männern der Leibgarde bei ihnen Wache hielt, versuchte, sein Pferd zu beruhigen. Die Tiere tänzelten unruhig hin und her, bereit, ihrem Instinkt zu folgen und zu fliehen.

„Es sieht nicht gut aus“, sagte Feewyn und tastete nach dem Schwert, das man ihr überlassen hatte.

„Nein“, sagte Aivla. Ihr Herz blutete, ein Gefühl der Ohnmacht, und eine namenlose Wut ließen sie beinahe aufschreien. Sie musste sich zurückhalten, um nicht kopflos mitten in das Zentrum des Kampfes zu galoppieren.

„Was ist das? Seht doch!“, rief Feewyn.

Von Westen näherte sich rasend schnell eine Herde aus unterschiedlichsten Tieren, und aus dem Himmel stürzten sich Raubvögel in das Kampfgeschehen.

„Leibwandler!“ Wulf starrte ungläubig nach oben. „Das sind Leibwandler!“

Unzählige griffen Brons Streiter an, wüteten wie im Blutrausch unter ihnen, und Woreen fasste Hoffnung, dass sich das Blatt nun wenden konnte.

„Tulka!“, schrie Feewyn. „Da ist Tulka!“ Sie schlug mit den Zügeln auf ihr Pferd ein und galoppierte los.

„Was tust du? Feewyn! Bleib hier!“, rief Woreen entsetzt. „Hol sie zurück!“, befahl sie Wulf.

Der schüttelte bedauernd den Kopf. „Das kann ich nicht tun. Ich habe Ewan versprochen, auf dich aufzupassen. Ich werde nicht von deiner Seite weichen.“

Aivla griff nach den Zügeln von Woreens Pferd. „Lass dir nicht einfallen, Feewyn zu folgen. Ich kann dich nicht auch noch verlieren.“

Hilflos musste Woreen mit ansehen, wie Feewyn mit gezogenem Schwert durchs Kampfgetümmel ritt – geradewegs auf die Stallmeisterin zu, deren Ross zu Fall gebracht worden war.

Tulka landete unsanft im Gras, doch das war nicht das Schlimmste. Ihre Beine lagen eingeklemmt unter dem Pferd, das laut wiehernd vergeblich versuchte sich aufzurichten.

„Seid gegrüßt, Stallmeisterin. Dreckige Verräterin!“

Tulkas Herzschlag setzte aus. Über sie gebeugt stand Prinz Gelon. Die Klinge seines Schwerts war blutbesudelt, und der Ausdruck in seinem Gesicht war der eines Wahnsinnigen.

Das ist dann wohl also mein Ende, dachte Tulka und ließ sich ins Gras zurücksinken. Sie schloss die Augen, denn das Letzte, was sie sah, sollte auf keinen Fall dieser Mistkerl sein.

Ein Schmerzensschrei ließ sie hochschrecken. Gelon hielt sich den Oberarm, aus dem Blut sprudelte wie aus einer Quelle.

„Mein Mädchen!“, rief Tulka. Die überschwängliche Freude verlieh ihr neue Kraft, und sie drückte und schob, um freizukommen.

Feewyn tänzelte auf ihrem Pferd um Gelon und trieb ihn von ihr weg.

„Du!“ Ungläubig starrte er sie an.

„Ja, ich! Die Unberührbare!“, schrie Feewyn und schlug ein zweites Mal zu. Gelon schaffte es nur knapp ihrem Hieb auszuweichen.

Sie hatte eine tiefe Wunde in seinen rechten Arm geschlagen, Gelon konnte sich kaum noch wehren, und sie würde keinen Moment zögern, ihn zu töten. Daran ließ das entschlossene Funkeln in ihren Augen keinen Zweifel.

Der Wunsch, sie niederzustrecken, sie an ihren Haaren über das Schlachtfeld zu schleifen und durch ihren Tod die unerträglichen Gefühle, die in ihm tobten, endlich auszulöschen, wurde schier übermächtig.

Doch sein Verstand hielt ihn davon ab, es zu versuchen. Denn nun waren sie eingekesselt von den rasenden Bestien, immer mehr von Brons Männern kamen zu Tode, und er wollte überleben.

„Wir sehen uns wieder!“, brüllte er und kämpfte sich mit der Unterstützung seiner Soldaten einen Weg frei.

Feewyn wollte ihm nachsetzen, doch Tulkas lautes Stöhnen hielt sie davon ab, und sie sprang aus dem Sattel.

„Hast du dir was gebrochen?“, fragte sie besorgt und kniete sich zu ihr ins Gras.

„Ich glaube nicht, aber könntest du mir vielleicht erst mal helfen, bevor du dich weiter prügelst? Du Mädchen, du!“

In all dem Schrecken mussten sie lachen.

Smelda stand würgend neben ihrem Opfer. Das Blut der Kreatur klebte wie eine schleimige Masse in ihrem Maul, und sie wankte. Sie drehte sich zu den Hexen um, die immer noch standhielten. Sie wollte zu ihnen laufen, doch ihre Beine versagten. Eine abgrundtiefe Müdigkeit erfasste sie, und sie wusste, woher die Schwäche kam. Das Fell auf ihrer Brust war getränkt von Blut. Es war ihr eigenes.

Sie würden den Kampf verlieren. Bron musste sich das Unfassbare, eigentlich Unmögliche eingestehen, als er sich umsah.

Leibwandler! Wie war das nur möglich. Hatte er sie denn nicht fast vollständig ausgerottet und den Rest versklavt? Und wo blieb Nomed? Hatte sie ihn verraten und ließ ihn im Stich? Er wollte das nicht glauben, und er hatte keine Zeit, darüber nachzudenken. Es gab nur noch eine Möglichkeit Tagland in die Knie zu zwingen und einen neuen König auszurufen.

Er befahl seine besten Männer zu sich, durchbrach die Linien und ritt in gestrecktem Galopp mit ihnen den Hügel hinauf.

Die Königin muss sterben und, wenn es nötig ist, auch meine Tochter.

„Passt auf!“, brüllte Wulf, und seine Männer scharten sich mit ihren Pferden um Aivla und Woreen.

Aivla zog ihr Schwert.

„Meine Königin!“, rief Wulf. „Es sind zu viele, wir können ihnen nicht standhalten. Ihr müsst fliehen!“

„Nein“, sagte Aivla mit grimmiger Miene. „Ich werde es ihm nicht leichtmachen, doch bring die Prinzessin in Sicherheit!“

Woreen lenkte ihr Pferd vor das der Königin. „Er wird mich zuerst umbringen müssen.“ Ihre Stimme klang ruhig und gefasst.

„Wir lassen sie gar nicht erst zu Euch!“, rief Wulf und gab den Männern den Befehl zum Angriff.

Ruven hatte Feewyn und Tulka entdeckt und wollte zu ihnen, als er seinen Ziehvater entdeckte und auf Anhieb begriff, was sein Ziel war. Er kämpfte in Gestalt einer gefleckten Raubkatze, in einem Körper, der wohl schon immer ein Teil von ihm gewesen war, und nun brüllte er so laut, dass seine Stimme das Gefechtsgeschrei und das Klirren der Schwerter übertönte.

Ruven raste los, duckte sich unter scharfen Klingen, sprang mit weiten Sätzen über Tote und Verletzte. Gefolgt von Cassia und anderen Leibwandlern, die seinen Ruf gehört hatten. Die Angst, zu spät zu kommen, trieb ihn bis ans Äußerste an, seine Pranken flogen förmlich über den Boden, als er sah, wie die Leibgardisten der Königin niedergestreckt wurden und Woreen auf ihrem Pferd zur Seite gedrängt wurde.

Jeglicher Gedanke setzte aus, und seine Augen fixierten den breiten Rücken seines Ziehvaters, der in diesem Moment das Schwert gegen Aivla erhob. Mit einem mächtigen Satz sprang er ihn an, trieb ihm die Krallen ins Fleisch und riss ihn zu Boden. Ruven stand über ihm und starrte hasserfüllt in Brons Augen.

Der König musste hilflos mit ansehen, wie seine Männer getötet wurden. Er wusste, dass es nun vorbei war. Bron war wie betäubt.

„Nomed“, rief er, als ein blaues Leuchten neben ihm aufblitzte.

„Die Hexe kann dir nicht helfen, du bist allein.“ Eine Frau, deren Anblick ihn an Feewyn erinnerte, beugte sich über ihn. „Erkennst du mich noch nach all den Jahren, die ich in deinen Katakomben gelitten habe?“

„Cassia.“ Er war fassungslos. Nomed hatte ihn belogen. Sie hatte seine schlimmste Feindin in seiner eigenen Burg am Leben erhalten. Warum nur?

Um das Gesicht des Raubtiers, das ihn mit der Pfote auf den Boden gedrückt hielt, schimmerte ein schwaches Licht, und für einen kurzen Moment nahm es fast menschliche Züge an.

„Das ist Ruven“, sagte Cassia und fuhr der Raubkatze über den Schädel. „Mein Sohn ist zu aufgewühlt, und so kann er seine menschliche Gestalt jetzt nicht zurückerlangen. Aber glaube mir ruhig, es ist dein Ziehsohn Ruven, der dich niedergestreckt hat.“

Was für ein Verrat! Welch eine monströse Niedertracht! Brons Gedanken überschlugen sich, und er dachte, er würde den Verstand verlieren.

„Ich werde euch alle töten“, keuchte er hasserfüllt und versuchte, sich um sich schlagend zu befreien. „Fürchtet meine und Nomeds Rache!“

„Du wirst nie wieder jemanden töten.“ Aivla flüsterte, als sie zu ihm trat, und doch klang ihre Stimme laut in seinen Ohren. Ihr Gesicht war so weiß, wie ein Tuch.

„Dies ist das Schwert meines geliebten Königs, und ich bin seine Hand."

Sie trieb ihm die Klinge tief ins Herz.

Nomed

Die Welt stand still. Jede Faser ihres Körpers loderte vor Qual.

Er ist tot!

Nomed konnte den Todesstoß in ihrem eigenen Herzen spüren. Jegliche Kraft wich aus ihr, und sie ließ die Arme sinken. Sie blickte zu Edin und Nama, die ihr vereint durch ihre Liebe zueinander Widerstand geleistet hatten. Noch immer war sie durch das gemeinsame Blut mit ihnen verbunden. Auch sie konnten spüren, dass ihr Geliebter den Tod gefunden hatte. Was Nomed in den Augen ihrer Schwestern sah, war Mitleid.

Der Sturmwind flachte ab, das Ächzen und Stöhnen der Dornenwand verstummte. Nomed war wie versteinert, doch mit jedem Gedanken, der ihren Kopf füllte wie ein leeres Gefäß, kehrte das Leben zurück.

Ein neues Leben in einer neuen Gestalt.

Die alle vernichten würde! Auch sie selbst.

Sie blickte auf ihre Handflächen. Graue Flecken wucherten wie fauliges Moos aus dem Fleisch, und sie wurde von einer grenzenlosen Angst verschlungen.

Es gab nun kein Zurück mehr. Hilfesuchend sah sie zu ihren Schwestern.

„Wir haben dich gewarnt", sagte Nama. Tränen strömten ihr über die Wangen, während sich ihre Gestalt auflöste wie eine zarte Wolke. „Nun können wir dir nicht mehr helfen."

Eine Knochenhand zerrte an ihrem Kleid, und Nomed schrie auf. Das, was von ihrem Heer der Untoten noch übrig war, bewegte sich auf sie zu. Kriechend, stampfend, unaufhaltsam.

Sie hatte keine Macht mehr über sie. Tarr, der ihr ohnehin nicht hätte beistehen können, lag zerfleischt hinter Edin. Sie war allein.

Schwarze Federn flogen durch die Luft, als die Hand an ihrem Saum riss und versuchte, sie zu Fall zu bringen. Nomed schwang sich panisch auf ihr Pferd und galoppierte davon.

Peitschte auf das Tier ein, das furchtsam wieherte, denn es konnte die Mordlust der Verfolger spüren, die ihnen lautlos dicht auf den Fersen blieben.

Es gab nur einen Ort, wohin sie ihr vielleicht nicht folgen konnten. Einen Ort, der so viele dunkle Geheimnisse barg, dass selbst die Hexen es nie gewagt hatten, ihn zu betreten.

Das Pferd brach tot zusammen, als Nomed am Ende ihrer Kräfte den Saum des Flüsterwalds erreichte. Zögernd verharrte sie davor.

Durch die mächtigen Baumkronen fiel kein Sonnenstrahl auf die Erde. Die knorrigen Stämme wirkten wie aus Stein gehauen, und die Astlöcher starrten sie wie schwarze Augen an. Kein Lufthauch bewegte sich, als Nomed vor Angst bebend über den dichten Teppich aus Moos in den Wald ging. Kein Mensch und kein Tier war zu sehen.

Und doch hörte sie ein Wispern und Flüstern von unzähligen Stimmen.

„Wer ist das?"

„Wer ist das?"

„Nur eine Hexe, eine gefallene Hexe."

„Ist sie stark genug?"

„Das wird sich zeigen."

Ein Riss tat sich im Boden auf, und Nomed stürzte mit einem Schrei in die Tiefe.

Das Flüstern verstummte, als sich das klaffende Loch wieder schloss wie ein Mund. Nur noch eine Narbe schimmerte auf dem Teppich aus Moos.

Ein kleiner Vogel

Zwei Monde waren seit der Schlacht über den Himmel gewandert, und der Herbst hatte die Blätter bunt bemalt. Die letzten Äpfel glänzten rot im Licht der Sonne. Edin lächelte, als ein blau schillernder Vogel in ihrem Garten landete.

„Sei uns willkommen, Feewyn“, sagte sie und nahm die junge Frau, als sie ihre Gestalt gewandelt hatte, in die Arme. „Wie ich sehe, kannst du inzwischen gut mit deiner Gabe umgehen.“

Feewyn strahlte sie an. „Ja, ich kann es manchmal selbst nicht glauben. Alles, was geschehen ist, kommt mir immer noch vor wie ein seltsamer Traum.“

Smelda, die bei Nama neben der Bank vor dem Haus gelegen hatte, lief auf sie zu. Ihre Bewegungen waren nicht mehr so geschmeidig, sie war sehr mager, und das Fell um ihre Schnauze fast vollständig ergraut.

„Smelda! Meine Smelda!“ Feewyn legte ihr die Arme um den Hals, und die Nachtkatze schnurrte laut, als sie ihr den Nacken kraulte. „Geht es dir besser? Ist alles gut verheilt?“

„Das Band, das ich ihr um den Hals gebunden habe, hat das Schlimmste verhindert. Und wir werden sie weiter aufpäppeln, doch es ist das Beste, wenn Smelda den Winter hier bei uns verbringt."

Feewyn musste nicht fragen, weshalb Edin wusste, dass sie vorgehabt hatte, Smelda mit sich nach Ameer zu nehmen. Die Hexen schienen alles zu wissen.

Nama deutete auf den Tisch, auf dem drei Becher und ein Krug bereitstanden. „Ein Saft aus den süßesten Beeren unseres Gartens. Möchtest du?"

Feewyn nickte dankbar.

„Du willst nun also deiner Mutter und Ruven beim Wiederaufbau der Stadt helfen?", fragte Nama. „Zum ersten Mal die Heimat deines Volkes sehen?"

„Ja, das will ich", sagte Feewyn. Sie schüttelte den Kopf. „Doch fühlt es sich seltsam an. Ich habe meine Mutter gefunden, ich bin mächtig stolz auf sie, aber ..."

„Sie ist dir noch fremd, nicht wahr?", sagte Edin.

„Ja. Meine Gefühle für Woreen, Tulka und Ruven sind viel stärker, und fast schäme ich mich deswegen."

„Das wird sich ändern, mach dir darüber keinen Kopf." Edin schenkte nach. Der Krug schien niemals leer zu werden.

„Woreen ist natürlich traurig, dass ich sie verlasse, doch sie versteht es. Und ich bleibe ja nicht lange fort. Tulka wird auf sie achtgeben." Feewyn lachte. „Tulka ist jetzt ihre Stallmeisterin! Wer hätte sich das jemals vorstellen können! Und sicher wisst ihr, dass Woreen ein Kind erwartet. Königin Aivla ist außer sich vor Freude, dass ihr nun etwas von ihrem Sohn bleibt."

Edin und Nama schmunzelten. „Oh ja", sagte Edin. „Das wissen wir, und wir wissen auch, dass es ein Junge ist. Es wird sein, als blicke die Königin in Ewans Gesicht."

„Ja?" Feewyn wünschte sich, sie könnte das den beiden auf der Stelle erzählen. „Sie werden überglücklich sein." Dann runzelte sie sorgenvoll die Stirn. „Und wisst ihr auch etwas über Prinz Gelon? Man sagt, dass er mit dem Rest der Truppen zurück nach Westland geflohen ist."

Edins Gesicht verfinsterte sich. „Das stimmt. Er hat genug damit zu tun, die aufgebrachten Clans im Zaum zu halten und seinen Platz als rechtmäßiger Thronfolger einzufordern. Man gibt nicht nur seinem Vater die Schuld für all die gefallenen Männer und Verwundeten. Gelon wird es nicht leicht haben, und es könnte sein, dass es einen Bürgerkrieg in Westland gibt."

Feewyn schauderte. Krieg, Gewalt! Wann hörte das sinnlose Blutvergießen endlich auf? Und es gab noch etwas, das sie zutiefst beunruhigte.

„Nomed?", sagte Edin. Sie hatte Feewyns Gedanken gelesen. „Wir wissen nicht, was aus unserer Schwester geworden ist. So sehr wir uns auch bemühen, es gelingt uns nicht, den Bann des Flüsterwalds zu durchdringen."

„Dann könnte sie also noch am Leben sein?", fragte Feewyn.

„Oh ja, das können wir spüren. Etwas von ihr ist immer noch da."

Als sich Feewyn später verabschiedete, ihre Flügel ausbreitete und in den Himmel stieg, konnte sie nicht vergessen, was sie in den Augen der Hexen gesehen hatte.

Angst.

Wulf

Wulf erwachte, weil seine Stiefel ihn drückten. Schlaftrunken riss er sie sich von den Füßen und ließ sich zurück auf das Kissen sinken. Er war viel zu erschöpft, um aus dem Bett zu steigen und sich auch noch auszuziehen.

Doch es war ein guter Tag gewesen. Er hatte etwas Zeit mit der Königin und Woreen verbracht, die sich nun gemeinsam um die Staatsgeschäfte kümmerten. Unter den misstrauischen Augen der Ratsherren und des Adels. Es war das erste Mal in der Geschichte des Landes, dass es von zwei Frauen regiert wurde. Und Wulf würde die Ohren gespitzt halten, um allfällige Intriganten davon abzuhalten, Ränke zu schmieden. Und es gab immer noch genug Leute, die weiterhin in die Tempel des Reinsten pilgerten, bald würde man den neuen obersten Priester ernennen. Blieb nur zu hoffen, dass er nicht so machtgierig und fanatisch wie Jowar war.

Den Rest des Tages hatte er mit der neuen Stallmeisterin verbracht. Tulka. Als Wulf sie das erste Mal gesehen hatte, war ihm der Mund offen geblieben angesichts ihrer Größe und Stärke. Sie hatte ihn mit einem frechen Spruch zum Lachen gebracht, und seit diesem Moment waren sie in Freundschaft verbunden.

Wulf liebte es, sich im Kampf mit ihr zu messen. Und zu seiner Verblüffung und auch Beschämung war er noch nicht oft als Sieger vom Platz gegangen. Welch ein Weib!

Während er noch an sie dachte, schlief er wieder ein. Und hatte das Gefühl zu fallen. In tiefste Finsternis zu stürzen, und sein Herz begann rasend schnell zu schlagen.

„Es wird Zeit, dir das Wissen anzueignen“, sagte eine Stimme klar und deutlich in seinem Kopf.

Wulfs Augenlider flatterten.

„Du bist der Sohn einer Hexe, du hast ihr Blut und ihre Gabe, und wir brauchen dich.“

Wulf riss die Augen auf. Er stand in einem Garten, in dem ein paar Apfelbäume schwer an ihrer Last trugen. Aus dem Schornstein eines kleinen Hauses kräuselte sich ein Rauchfaden. Und dahinter, nicht weit davon entfernt, lag ein dichter Wald, und alles in ihm schnürte sich zusammen. Er wusste, welcher Wald das war.

Der Flüsterwald.

Und er konnte spüren, dass darin etwas vor sich ging, was nicht sein durfte.

„Komm zu uns!“, rief die Hexe. Denn das war es, was sie war.

Mit einem Ruck erwachte Wulf und richtete sich auf.

Und er wusste, dass sein Leben am Hofe nun vorbei war.

Was ich noch sagen wollte

Wie schön, dass Sie mir bis hierhin gefolgt sind. Ich hoffe, ich konnte Sie gut unterhalten. Was wird aus Feewyn, Woreen, Wulf und all den anderen? Und was ist mit Nomed geschehen? Nun, ich bin mir ziemlich sicher, dass sie mir ihre Geschichte erzählen werden.

Ich bin gerne im Kontakt mit meinen LeserInnen, und ich würde mich freuen von Ihnen zu hören. Sie erreichen mich unter www.connyluescher.ch

Also vielleicht bis bald?

Herzlichst

Ihre

Constanze de Forest

Weitere Bücher und ebooks der Autorin unter dem Namen ***Conny Lüscher***:

Rotlöckchens Grab

Böse Konsequenzen

Die sonnige Zeit

Erkenne das Böse

Hornissenbrut

Stummer Schrei

Nur noch Stille

Mörderische Turbulenzen in der Bäderstadt
Mord in der Bäderstadt
Baden kann tödlich sein
Leana